徽州古村落

主编　李传玺

安徽省省级文化强省建设专项资金项目

『经典中国国际出版工程』资助项目

时代出版传媒股份有限公司
安徽科学技术出版社

图书在版编目(CIP)数据

徽州古村落/李传玺主编.—合肥：安徽科学技术出版社，2015.1
ISBN 978-7-5337-6318-3

Ⅰ.①徽… Ⅱ.①李… Ⅲ.①村落-介绍-徽州地区 Ⅳ.①K925.4

中国版本图书馆 CIP 数据核字 (2014) 第 094558 号

Huizhou Gucunluo
徽州古村落 主编 李传玺

出 版 人：黄和平 选题策划：期源萍 责任编辑：期源萍 李亚妮
责任校对：戚革惠 责任印制：李伦洲
出版发行：时代出版传媒股份有限公司 http://www.press-mart.com
安徽科学技术出版社 http://www.ahstp.net
(合肥市政务文化新区翡翠路1118号出版传媒广场，邮编:230071)
电话：(0551)63533323
印 制：安徽金日印刷有限责任公司 电话：(0551)65654069
(如发现印装质量问题，影响阅读，请与印刷厂商联系调换)

开本：889×1194 1/16 印张：25.5 字数：500千
版次：2015年1月第1版 2015年1月第1次印刷

ISBN 978-7-5337-6318-3 定价：288.00元

魂萦梦绕老徽州（代序）

是什么使千千万万徽州游子对自己的家乡永远魂萦梦绕?

是什么使千千万万曾经去过徽州的人对徽州一见钟情，一生眷恋?

是徽州文化，是源于程、朱的新安理学，是以江永、戴震为主要代表的徽州朴学，是以程嘉燧、李永昌等天都十子以及渐江、查士标等新安四家为主要代表的新安绘画……

是从汪华一直到陶行知的往哲前贤。

是黄山、齐云山、新安江等名山胜水。

是依山傍水、聚族而居、一色粉墙黛瓦马头墙的无数古村落。

更是这里淳朴的民风、优良的习俗、人际的和谐、天人的合一，以及饱受徽州文化熏陶的聪慧而又朴实的徽州人。

我就是在徽州绩溪县霞水村出生与成长的。

正是绩溪霞水，正是老徽州塑造了我的基本素质和基本性格，这就是徽骆驼、绩溪牛的素质与性格。我家中悬挂的一副楹联“于境知足，于学知不足／见义有为，见利有弗为”，就使我一生受益无穷。

有人在研究我倡导的绿色文化绿色美学时，联系到我的一生经历，说我其实是从绿色的原点走向绿色的未来的。

是的，我来自徽州那绿色的海洋，我希望整个世界都是绿色的海洋；我来自那一个人自身和谐、人与人和谐、人与自然和谐的小世界，我希望有一个人自身和谐、人与人和谐、人与自然和谐的大世界。

追求和谐的徽州文化的主要载体就是徽州的村落。

李传玺先生主编并主撰的这一册《徽州古村落》，是从徽州无数古村落中选择了其中的 20 个来一一认真采访，一一深情叙说，值得人们细细咀嚼、细细琢磨、细细品味的好书。

且让我们跟从叙说者的导引去神游一下这一个个古村落：雄村，从竹山书院，可以读到正厅的一副楹联：“竹解心虚，学然后知不足 / 山由篑进，为则必要其成。”瞻淇，那里是清代著名数学家汪莱的出生地，他的故居依然完好。昌溪，那里是一代奇士吴承仕的出生地。他曾在清代和民国做过官，后来是著名的学者、教授，1936 年参加了共产党，一直用马克思主义的观点研究中国传统文化。棠樾，那里有作为徽州牌坊文化的代表的著名牌坊群。那里一直孝悌传家，历史上出现过众多的忠孝节义之人。呈坎，从那被古建专家赞为“国宝”的罗东舒祠，可以了解到誓不仕元，隐居治学终生的罗东舒。唐模，了不起！那里天然景观与人造景观双美合成绝美，景观与人文双美合成绝美，斯文与壮烈又双美合成绝美。这些美就也反映在一些楹联中：“喜桃露春浓，荷云夏净，桂风秋馥，梅雪冬妍，地僻历俱忘，四序且凭花事告 / 看紫霞西耸，飞布东横，天马南驰，灵金北倚，山深人不觉，全村同在画中居。”“文章唯读周秦汉 / 儒术兼通天地人。”“忠厚传家久 / 诗书继世长。”使我深受震撼而于心极其不忍的则是祭祀张巡、许远的忠烈庙中的一副联语：“童可烹，妾可杀，城不可亡，矢志保江淮半壁 / 生同岁，死同年，神亦同祀，精忠比日月双辉。”万安，那里有著名的吴鲁衡罗经老店，那里还是陶行知最早读书求知的地方。宏村，那里别出心裁的科学的村落水系设计，被国外著名建筑学家称为“研究中国古代水利史的活教材”。西递，古代民居建筑的宝库，明清民居博物馆。这里也是唐昭宗小皇子由胡清养大名叫胡昌翼的成长地。这李改胡的胡姓一脉后来出了胡适。那里的惇仁堂有一副楹联：“几百年人家，无非积善 / 第一等好事，只是读书。”那里的旷古斋则有一联云：“孝悌传家之本 / 诗书经世文章。”南屏，那是中国古祠堂建筑博物馆。那里出了一个著名徽商李宗媚，他在致富之后，不断捐资举办公益事业，至今仍为人们所称道。渚口，那里有个贞一堂，曾经藏书万卷。龙川，那里在明代，一门出过三尚书。其中兵部尚书胡宗宪曾为平定沿海倭患立下大功。那里的胡氏宗祠有象征和谐、和平的木雕。那里的一口大钟，上面所铸“国泰民安”四字，国字中间少一点，意在主张国家取于民要少一点。民字的“乀”出了头，揣其意是主张人民应该处于国家主人的地位。胡宗宪曾劝降入了日本国籍引倭犯境的汪直，而汪直却被清廷严令处死。此事之是是非非，一直争议不断，成了一个今后也值得研究的课题。上庄，这是大学者胡适的最初成长地，对胡适的评价，可能永远是“仁者见仁，智者见智”，但他和陈独秀一道领导新文化运动和在抗战期间争取美援增强了抗日力量的功绩，还有他在学术研究方面的贡献，总是无法抹杀的。那里还出了一个以制墨著名的胡开文，他显然也为中国文化的发展作出了特有的贡献。霞水村，我的出生地，我读我女儿胡迟写的这一篇《回不去的故乡》时，一直热泪盈眶，甚至想放声大哭。几十年的沧桑巨变，山在，但大树难见了。水在，但浅了，污了。一个夹岸有很多千年古树的水口更已惨然消逝，一个始建于唐代的虹龙桥已经残破，明末至民国的一些老屋都在渐渐倒塌，以前曾有的学校、图书馆、公园都不见了踪影。村中只剩老幼，年轻的都外出打工了。全村显得十分萧瑟。只有在每年油菜花盛开时，省内外众多摄影家来此赏景与摄影，霞水及其邻村才有一派热闹景象。江村，从江氏宗祠会读到这样两副楹联“先进何曾崇左道／后来切莫走旁门”;“贤良方正开支族／隐逸潜修建德基”。汪口，那里是古老的商埠，但却有许多书院书屋。养源书屋和存舆斋书院至今还很完好，这正是徽商是儒商的鲜明物证。理坑，那里曾因理学的辉煌而辉煌，又因理学的式微而式微，但成片的明清古建筑犹然显示着理坑的往昔辉煌。虹关，那里有詹氏制墨家族，有经营纸业的“纸头大王”，有最长者为 2.48 米的长人之家。岭下，那里是苏辙后代长期栖息繁衍的地方，那也是著名女作家苏雪林的祖籍。邻近的杜家村的始祖则是唐代著名悯农诗人杜荀鹤。查济，虽是泾县的村落，但其村落的构成模式，民居的建筑风格以及民风、习俗都极类似徽州的村落。那里的桃花潭曾被李白赞为“别有天地非人间”。那里还残存元代的建筑，那里又还有不同于马头墙的凤形墙。

如果有人问我在这20个村庄中愿到哪一个村庄去安居，我将回答：我愿到唐模去度过余生，但还是希望死后能够魂归故里——我那一生最魂萦梦绕的霞水村。因为，我该到那里去和我饿死于“大跃进”时代的父母和因病缺钱医治而早夭的弟妹相聚于九泉。

我还必须说，徽州以至皖南所有的古村落都各有各的美，也各有各的沧桑之变，都值得人们去游历，去品味，去探究。这本书不过是向人们呈现了全豹之一斑。当然，由于这本书的编写者富有学养和才情，这“一斑”特别显得精彩，特别令人向往。

我也还必须说，历史总在发展，社会总在进步，徽州以至皖南都一定会有大量又新又美的新农村不断涌现。

我们还是不该太多地向后看，去发思古之幽情，而该更多地向前看，去创造与欣赏那灿烂的愿景。

2014.8.2于合肥琥珀山庄红尘绿屋

Huizhou— My Dreaming Haunting Place (Preface)

Guo Yin

Why do millions of wanders from Huizhou never forget their haunting hometown?

Why do millions of visitors who ever toured Huizhou adore it at first sight and become a lifetime lover?

Here are the reasons.

Because of Huizhou culture, of the Cheng-Zhu School of Neo-Confucianism, of Hermeneutics of the Qing Dynasty represented by Jiang Yong and Dai Zhen, and of Xi'an-style painting mainly represented by Cheng Jiasui, Li Yongchang, Jian Jiang and Zha Shibiao.

Because of the sages and saints like Wang Hua and Tao Xingzhi.

Because of the scenic attractions like the Huangshan Mountain, the Qiyun Mountain and the Xin'an River.

Because of the numerous ancient villages near the mountain and by the river where Huizhou clan lives.

Because of the simple moral, good custom, harmonious social relation and unity of nature and man. What's more, smart Huizhou people who cultivated by the great culture count most.

I was born in Xiashui Village, Jixi County and grew up there.

My personality and character is shaped by the spirit of hometown, namely represented by Huizhou camel and Jixi cow.

My green culture and green aesthetic theory reminds people of my life experience. They say I live in green from origin to the future.

That's true, because I came from Huizhou like a green ocean, and I wish the whole world looked like a flourishing scene of prosperity. I came from a small world in which the relation of inner self, human and nature is so harmonious and I wish we could live in a universe like that.

The main carrier of harmonious Huizhou culture is the Villages.

The book *Ancient Villages in Huizhou*, which is compiled and written by Mr. Li Chuanxi, chooses 20 of the villages to interview and narrate the story of them. It is a book that deserves careful reading and time spending.

Let us follow the guidance of the narrator to travel the ancient villages one by one: Xiongcun Village, there is a couplet in Zhushan Academy saying "Being open like hollow bamboo, learnt and found flaws; Piled up by earth to form hills, making success from scratch." Zhanqi Village, it is the birth place of famous mathematician Wang Lai in the Qing Dynasty and still has his intact former residence. Changxi Village is the hometown of a legendary man Wu

Chengshi, who was a famous scholar. Mr Wu worked as an officer in the Qing Dynasty and Republic of China, who joined the communist party in 1936 and later studied traditional Chinese culture from the perspective of Marxism. In Tangyue Village, we have world-famous memorial archways called "Paifang" which represented typical local culture of Huizhou. Many celebrities came from there and possessed the Chinese virtue namely "loyalty, filial piety, chastity and righteousness" . In Chengkan Village, we could visit Luo Dongshu shrine, the "national treasure" and learn the story of Luo Dongshu, a scholar who refused to be an official and pursue his lifelong studies in seclusion. Tangmo Village, it is a place where the beautiful natural landscape and man-made scenery stay in harmony with delicacy and splendor. In Wan'an Village, there is a famous ancient compass shop called "Wu Luheng" , and it is also the place where great Chinese educator Tao Xingzhi started pursuing knowledge. Hongcun Village has a unique design of water system, which is called " the textbook to research history of ancient Chinese water system" by architects all over the world. Xidi Village is the treasure house of ancient residential architecture and folk house museum of the Ming and Qing Dynasties. Nanping Village is the museum of ancient Chinese ancestral shrines. A famous Huizhou merchant called Li Zongmei constantly donated for public welfare undertakings after he got rich and he is still praised for his contribution. In Zhukou Village, an old library Zhen Yi Ge collects thousands of valuable books. In the Ming Dynasty, three ministers came from a family in Longchuan Village, and Hu Zongxian, the Defense Minister made great contributions to pacify the pirates. The woodcarving sculptures in Hu's ancestral hall stand for harmony and peace, and a giant clock there casted four Chinese characters saying " Guo Tai Min An" , which means "May the country be prosperous and the people live in peace" . Shangzhuang Village is the birth place of famous scholar Hu Shi, a celebrity of controversy in Chinese history. He devoted himself to The New Culture Movement and The Second Sino-Japanese War, and he contributed greatly in academic research, which deserves our respect for sure. Hu Kaiwen, also a merchant from Shangzhuang Village, was well-known for ink industry and made unique contributions to the development of Chinese culture.

When I read *Hometown of Oblivion* written by my daughter, Hu Chi, I wailed and burst into tears. Having been through vicissitudes for decades, Xiashui Village, my birthplace, looks shabby and desolate, and will present a thriving image together with its nearby villages only if photographers, locals or foreigners of Anhui Province, come here to tour and take photos when rape flowers are fully blooming. You can appreciate the grandness of the ancestral hall of the

Jiang family in Jiangcun Village. Although being an ancient commercial hub, Wangkou Village boasts many academic institutes, among which Yangyuan Study Hall and Cunyuzhai Academic Institute are perfectly preserved until today, vividly demonstrating the Confucian identity of Huizhou businessmen. Likeng Village is famed for the far-flung goodwill of the Cheng-Zhu School of Neo-Confucianism and runs down with the downhill of Cheng-Zhu School, whose widespread historic architecture of the Ming and Qing Dynasties showcase its bygone glory. Hongguan Village is the place where several renowned families live, including the Zhan family of ink producing, the King of Paper running businesses of paper making, and a family full of tall people with the tallest being 2.48 meters. Lingxia Village is the settlement in which the generations of Su Zhe reside and the hometown of the famous female writer Su Xuelin. The forefather of the nearby Dujia Village is Du Xunhe, who is a famous poet showing sympathy to peasants from the Tang Dynasty. Zhaji Village, whose structural layout, architectural style of dwelling houses, and customs and folklore are similar to those in villages of Huizhou, although being a village governed by Jingxian County, offers the Lake of Peach Flower praised by Li Bai as "heaven on earth" , architecture from the Yuan Dynasty remaining until today, and Phoenix-Shaped Roofs which differ from the Ma Tou Roofs.

If someone asks me which one I prefer to spent my rest life among the 20 villages, I'd like to choose Tangmo Village to live but return to Xiashui Village, the haunting hometown after my death. That's where I have my family-gathering in Heaven.

The old villages scattering in Huizhou and Southern ui are beautiful and witness the vicissitudes of history. They are worth touring, exploring and researching. This book just presents a drop in the bucket. However, due to the knowledge and talent of the author, this very "drop" is the most wonderful and fascinating one.

The history and society keep developing, and more llagen Huizhou are emerging in large numbers.

Now we may stop looking back to the history, let's agine and create a bright future.

（译：杨菁菁）

前　言

1

作庄子逍遥游，背负青天朝下看，在黄山脚下的青山绿水间，点缀着一片片粉墙黛瓦。

如果把这些山水比作贝壳，那么这些“粉墙黛瓦”就应该是它们怀抱着的一粒粒莹润的珍珠。

它们就是徽州古村落。

古徽州一府六县及其周边县区，如旌德、太平、泾县等，共有古村落5 000多座。

它们塑造了独特的外在品貌，孕育了深厚的文化内涵，产生了悠远的历史影响。

徽州，以地方命名的三大独立学科（藏学、敦煌学和徽学），它占据其一。以古村落成为世界文化遗产，在中国，更是独领风骚。

它吸引着海内外大量游客前来浏览品鉴，奔波累了的灵魂，在它幽深的街巷中，获得了休憩，获得了滋养。

要树立文化自信，从日常生活到文化教育各方面均有高度建树的徽文化，行走着无数名家大师的徽文化，仍是自信不可或缺之源，丰沛给养之根。

2

虽然徽州山区在原始时代即有先民在这里生活，但一直相对封闭，开发较晚。

春秋、战国时期，这里先后属吴、越、楚三国领地。秦朝设黟、歙二县，属鄣郡（今浙江长兴县）；汉元狩二年（前121）改为丹阳郡；东汉建安十三年（208）孙权征服黟、歙一带“山越”，设始新、新定、黎阳和休阳县，加黟、歙共六县，建新都郡（今新安江上游），隶扬州。

据陈去病《五石脂》记载：“昔禹会诸侯于会稽，防风氏后至，戮之，其骨专车，盖即汪芒也。其国在今湖州山中。楚灭于越，遗黎四窜，汪芒氏入歙，当在斯时，故时号山越。及秦立郭郡，彼土日辟，汪芒有所逼迫，而不得不西窜于歙，居今绩溪境内。递嬗至孙吴，山越始灭，而汪芒之裔，遂列于编氓。”从这个记载看，徽州一带先民应该属于河姆渡分支，直到孙吴时期才正式成为国家的编户齐民，并与进入这一地区的外来移民逐渐融合。徽州大地至此敞开了大门，开始进入快速发展的时期。

晋太康元年（280）吴灭，新都郡改为新安郡。新安首次出现。至南朝陈天嘉三年（562），辖歙、黟、海宁、始新、遂安、寿昌六县。隋开皇九年（589），改新安郡为歙州。歙州首次出现。大业三年（607），复改歙州为新安郡，大业十二年（616），歙县人汪华起兵占据新安郡，号称“吴王”。唐武德四年（621），汪华归附唐朝，封越国公，又改新安郡为歙州，州治歙县。开元二十八年（740），划休宁县西乡和乐平县怀金乡建婺源县，属歙州。永泰二年（766），析歙、休宁二县地设归德县，划黟县赤山镇和饶州浮梁县一部设祁门县，划歙县华阳镇设绩溪县，均属歙州。大历五年（770）废归德县，地复归歙、休宁二县，歙州领黟、歙、休宁、祁门、婺源、绩溪6县。一府六县的格局正式形成。宋宣和三年（1121），宋徽宗改歙州为徽州，州治歙县，总面积1万多平方公里。徽州正式出现。

元至元十四年（1277），改徽州为徽州路。至正十七年（1357），改徽州路为兴安府。至正二十四年（1364），改兴安府为徽州府。明洪武元年（1368），徽州府直隶中书省。清顺治二年（1645），徽州属江南省。康熙六年（1667），设安徽省，属安徽布政使。民国建立，裁府留县，各县直属安徽省。1934 年，蒋介石为便于统一剿共，将婺源县划入江西，抗战胜利后，在胡适等人的呼吁下，1947 年婺源复归安徽，1949 年 5 月，婺源和周边江西地区一同被解放，又归于江西。新中国成立后，成立徽州专区，辖除婺源县外的其他五县。1971 年，徽州专区改为徽州地区。1987 年 11 月 27 日，绩溪县改属宣城地区。1988 年撤销徽州地区，成立黄山市，辖四县三区，四县即歙县、黟县、休宁县、祁门县，三区即屯溪区、由原宁国府太平县改建的黄山区、由歙县西乡划建的徽州区。

本书所介绍的徽州古村落，是以古徽州建制即原六县为主体，适当选取了周边黄山区（原太平县）、旌德县和泾县的三个古村落。

3

徽州是一个移民社会。先移入，后移出。

到南宋为止，徽州是一个移入的社会。除了平时正常稳定的年份，许多到此做官的，感于此处山清水秀，社会安宁，便不再归去，而把家安在这里，徽州经历了三次大的移民高潮，西晋末年、唐代末年和北宋末年，朝代更迭，中原大乱，北方强宗大族纷纷南渡求生避难，有长江天险、有高山阻隔的徽州山区于是成了“桃花源”。民国《歙县志》有较全的描述：“邑中各姓以程、汪为最古，族亦最繁……其余各大族，半皆由北迁南，略举其时，则晋、宋两南渡及唐末避黄巢之乱此三期为最；又半皆官于此土，爱其山水清淑，遂久居之，以长子孙焉。”如西晋“永嘉之乱”，则有程、鲍、俞、余、黄、戴等十五姓移入徽州；唐末黄巢之乱时，中原世家大族共有陆、姚、蒋、范、陈、孙等四十八姓迁入徽州。迁徽后的世家大族仍聚族而居，重视教育，崇尚儒雅，为徽州地区带来了中原文明。随着人口繁衍、族群扩大，迁徽士民反客为主，成为徽州的主要居民，中原文化也渐渐占据主导地位。

南宋定都临安（今杭州）后，政治经济文化中心随之南移。由于徽州离临安不远，其地位随之大幅提升。“中兴实为辅郡，四朝涵育，生齿日繁，地利日辟，人力日至”，徽州开始进入高速发展繁荣的时期，但问题也接踵而来。相对于耕地而言的人口比重大幅上升。从唐代大历五年（770）开始，徽州的行政区划基本上没有大的改变，辖区面积同样比较固定。清道光《徽州府志》记载，清代徽州府东西长 390 里，南北宽 220 里，有人根据现代算法，精确计算出总面积为 1 2548 平方公里。北宋元丰年间（1078—1085），徽州地区主户 103 716 户，客户 2 868 户，两者合计共 106 584 户，总人口在 53 万多，人均耕地保持在 4 亩以上，到了明代中叶，人口增加到了 140 多万，人均耕地则降到了 2 亩以下。持续而紧张的人口压力给徽州人的生存带来了极大的困难，而山地的贫瘠更加重了这一困境。为了弥补粮食生产的不足，徽州人除了改进农作物品种提高产量，充分利用山中林木资源并种植经济作物外，开始摒弃以经商为耻的传统观念，大规模四出经商。明代鼓励商人输运粮食到边塞换取盐引，给予贩盐者“开中法”制度，给徽商的发展开辟了广阔的前景。“前世不修，生在徽州，十三四岁，往外一丢”，正是这种写照。而从明弘治到清道光的三百多年间，徽商纵横天下，以至于出现“无徽不成镇”之说。

经商致富后的徽州人，仍然心系家乡。他们带回了财富，当然也带回了文化上的新鲜因子。首先，建造深宅大院、祠堂庙宇，竖立牌坊，修桥铺路，推动了村落的建设，促进了家乡的经济繁荣，甚至改变了整个徽州的物质面貌。如今的徽州古村落正是在那时奠定了格局，确定了规模，树立了形象。其次，广设学堂、大修族谱、刻书藏书、养戏班、办文会，从各个方面反哺文化教育事业，进一步筑牢了徽州文化昌盛的物质基础，为后世留下了一大笔宝贵的文化遗产和精神财富。其三，也是最关键的，尽管此时徽州理学是强势文化，属主流意识形态，但随着徽商足迹遍布各地，徽商们也开始吸取各地异质的文化因子，并伴着商品经济出现的商业文明，把它们传输回徽州。徽州无形中成为那个时代经济与文化的辐射之地和交汇中心，不仅于经济上聚天下之财富，更在文化上得五方与时代的风气，使得徽州文化在坚持自身内核品格基础上，始终保持着开放纳新为我所用的态势、外圆内方浑朴自励的清醒。徽州文化由此，徽州文化在各个领域独步天下，独领风骚。

4

这种不断的交汇交融，给古村落建设带来了全面影响。

建筑上，徽民居是立体干栏式和平面四合院方式的组合。受地形地貌及气候潮湿的限制，徽州山区的原住民（山越）在修筑房屋时，充分利用山林资源，往往采用干栏式的架构，即用木头搭起框架，然后再用砖石填充砌起墙壁；大量中原移民进入后，带来了四合院的格局，即四面围起，每家每户自成一体。因此，古徽民居的状貌应是原山越居住文化与中原居住文化在对徽州山区自然条件适应过程中的自然融合。大门，重视门向，一般朝东或朝南，门头的布置与雕刻十分精美，大门有的采用厚木板，外贴方砖，再穿圆头铁钉以固定，用来防火防盗。穿过大门是一天井，四水归堂，寓肥水不流外人田，聚财聚气。正厅一般敞豁，便于采光通风，一般都题有堂名，挂有代表家训的对联。正中供桌上起先摆设花瓶和铜镜，后来出现自鸣钟后，又摆上自鸣钟。这些既有实用功能（镜用来正衣冠，钟用来计时，瓶往往用来搁主人的帽子，有帽子表示主人在家），又起到装饰作用，但最主要的是祝福希冀，寓意终生平静安宁。正厅两边是主人的卧室，自然不能随便让外人瞧见，于是在对着天井的窗户的一人高处，从外面另挂一个精雕细刻的窗板，名“护净”，室内有人时挂上，没人时取下透光。女眷一般住在楼上或后院，为了增加她们的活动空间，一般建成通转楼方式。明时楼梯设于天井与正厅结合的拐角，清时往往设于正厅的背后。正厅两侧通往两边院落的过道，名“退步”，往往设有雕花门，以便于女眷们下楼穿行。厨房上设谷仓，同时在楼层木檐板与前面的院墙之间担设木条，再铺上圆簸形成晒场。一座徽民居，就是一个精细周到的小社会。

精神上，重视氏族宗祠的建设。徽州许多世家大族都是从中原迁来的，为了宗族的生存发展，他们聚族而居，强调宗谊。但用什么让后代记住自己的根，凝聚起全宗族的心呢？宗祠就成为最好的平台。“邑俗首重宗法，姓各有祠，支分派别，复建支祠”，由此宗祠成为一个宗族的圣殿，具有神圣不可侵犯的地位，它是祭祀祖先的圣坛，是议决一个家族大事要事的处所，还可以用来正教化行家法。它一般居于一个村落最核心和最吉祥的位置，其他民居和建筑都围绕它展开。宗祠前有广场，便于祭祀和举行重要活动时全族人聚合，设有旗杆石，用来矗立本族获得功名者的锦旗，以此激励族人。宗祠的仪门往往挂有显赫人物为本族书写的题匾，以彰显本族的社会影响与历史地位。宗祠一般都是廊院式建筑，分三进，有门当户对，仪门只在有重要活动比如祭祀时、有显赫人物到来时才能打开，通常人们只走偏门。第一进院落很阔大，走过甬道登上露台进入享堂，背后又是一进天井式的小院，最后是后寝，专门用来供奉男性祖先牌位。后寝一般比享堂稍高，如果有女性为宗族做出了突出贡献，也能在后寝中争得一席之地，有的村落还建有女祠，如在棠樾就保留着一座完整的女祠。由于宗祠的地位崇高，在建造宗祠时，各族都倾尽全力，将本宗族的宗祠建造得独具特色，美轮美奂，让每个族人进入这个宗祠都充满自豪感，都涌起为这个家族增光添彩的冲动。

选址上，重视与周围山水的充分协调。在地形上，强调风水，即太师椅形——背倚山峦，左右两座小山，形如扶手；或者叫四灵兽形，左青龙右白虎，前朱雀后玄武。如果有哪个部位不太符合要求，就会通过人工改造加以弥补。比如延村村中五条街巷会聚于一点，形如“火”字，则在此点上凿一水井，以压制“火”势。呈坎南面的灵金山火气太旺，则引众川河穿村而过，直至山下，以求阴阳平衡，也让呈坎从整体上呈八卦状。一家一户讲求肥水不流外人田，一村自然也要讲求聚风聚水聚气聚财，这体现在水口的营造上。水口分上水口、下水口，上水口设在村头，是来风来水的方向，要求来水不能太冲，为此很重视山中树木的保护与种植，有的还在村落的北部建筑寨墙，以进一步强化安全防护。下水口处于村落的出口，去水也不能太急，以防村落的运气被轻易散失，通常择两座小山守护处作为村口，这两座小山或称狮象，或称龟蛇；或在下水口广植佳木以遮蔽村落，或择湖塘以积蓄去水，或将池塘凿成八卦状以延缓去水。下水口的建设既美化了村落的环境，又增加了村落的安全感。由此形成的“水口园林”，也填补了中国封建社会公共园林建设的空白。错落有致的马头墙将每家每户分割成一个独立体，上水口与下水口也使每个村落有起有落，并与小环境巧妙结合，形成天人合一的优美景观。特别要提醒的是，徽州的先人们忌讳自己的村落充满肃杀之气，担忧自然界的生灵因畏惧人类而掉头他去，使整个村落失去护佑。故上水口附近的山林，下水口下贯的河溪，往往禁止渔猎、砍伐。

理念上，重视教育普及与树立理学价值观。“十户之村，不废诵读”，清道光《休宁志》说得更详尽：“自井邑田野，以至深山远谷，居民之处，莫不有学、有师、有史书之藏。”徽州府学始建于唐，之后所辖县纷纷开办县学，府学和县学之下，徽州各县还普遍建立了官办基础教育社学。元代以 50 户为一社，每社设社学一所。至明代，徽州六县共有社学 462 所。其中，歙县 112 所，休宁 140 所，婺源 140 所，祁门 27 所，黟县 13 所，绩溪 30 所，这还不包括各地所办的私塾，徽州的基础教育已十分普及。首先它带动了科举的繁盛。在徽州的科举史上，北宋进士 188 名，南宋进士 432 名，明代进士 452 人，居全国第 13 位；清代进士 684 人，居全国第 4 位。112 科状元中，徽州本籍 4 人，黄轩、金榜和吴锡龄更是三人连科。其次是奠定了徽商称雄天下的知识基础。徽商又被称作“儒商”，是一个具有相当文化程度的商人集团，很多人的角色在二者之间相互转换，或先读书后经商，或经商致富后再去读书求功名，正因如此，徽商形成了“以儒道经营”的商业道德理念，即以儒家的道德规范作为自己为人处世营商的标准，从精神层面推动了徽商走向兴盛。其三是养成了徽州地区充分伦理化的社会氛围。即以古村落来说，街角会竖以条石保护，但会磨成圆角以利于行人；窗棂会饰以冰纹，喻不吃苦中苦难为人上人；墙与墙之间距离十步，也有说法，与冰纹结合起来，就是告诫读书人，须经得起十年寒窗的磨炼；对联“读书好经商好效好便好，创业难守成难知难不难”“世事让三分天宽地阔，心田存一点子种孙耕”“几百年人家无非积善，第一等好事便是读书”等，都充满哲理。其四是造就了徽文化的独特品貌与名家大师辈出。以“徽”和“新安”起头的就有徽剧、徽菜、徽派建筑、徽州朴学、徽州篆刻、徽州版画、徽州方言、徽州文书、新安理学、新安医学、新安画派等，徽商的商业文化，可以说涵盖了文化教育以及日常生活的各个方面，蔚为大观，光彩夺目。徽剧直接造就了国剧京剧；理学促进了儒释道三者的融合，成为中国传统文化的集大成者；徽州古民居中的翘楚西递宏村成为世界文化遗产，更是引领徽派建筑走向了世界。历代名家大师，理学方面诞生了朱熹、戴震，军事方面胡宗宪建立了抗倭奇功，交通方面詹天佑是中国铁路之父，金融方面王茂荫是马克思在《资本论》中称赞的唯一中国专家，程大位与汪莱祖孙三代是杰出的数学家，黄宾虹是绘画大师，胡适首倡白话文，陶行知践行现代平民教育，苏雪林、舒绣文两大才女，一在文学创作一在电影艺术……还可以列出长长的名单，他们都从徽州走出，是徽州人更是中国人的骄傲。

5

徽州古村落，它们的特色可以这样概括：

幽深的街巷是它的骨骼

流动的水圳是它的神经

深宅大院是它的血肉
青砖黛瓦马头墙是它的形象
精美雕饰是它的华彩
巍峨牌坊是它的荣耀
氏族宗祠是它的首脑
理学教诲是它的灵魂
吉祥风水是它的保障
徽骆驼精神是它的动力
无徽不成镇是它的影响
渊博文化是它的结晶
名家大师是它的贡献
……

为什么要把它们排列成如此形状，我知道这些不是诗，在城镇化建设对徽州古村落形成巨大冲击的今天，我想让它们成为台阶，引领你走向徽州古村落的深处。

编 者
2014年8月

Foreword

An excerpt from Zhuang Zi's "Carefree Wandering" states, "Looking down from the blue sky, you will see the green mountains and limpid brooks surrounding colorful dwellings with white walls and black roof tiles within the Huangshan Mountains." If these mountains and streams are clam shells, then these houses are the opalescent pearls within. These "pearls" are the ancient villages of Huizhou.

The ancient Huizhou area is composed of one city surrounded by six prefectures (including Jingde, Taiping, Jingxian, etc.), encompassing a total of more than 5,000 villages. The distinctive and matching architectural styles of Huizhou has profoundly impacted its cultural development.

When Anhui was founded, the Huizhou area had made up half of the province. Today, there are only three distinct studies of ancient Chinese cultures, of which the study of Huizhou is one (the two others are the studies of Tibet and Dunhuang). Having been recognized as a UNESCO World Heritage Site, the people of Huizhou are proud and enthusiastic to share their heritage with visitors from all over the country and world. For the tired traveler, walking on the brick-paved roads of Huizhou's alleys offers the chance to clear one's thoughts and find inner peace.

The Huizhou people's pride in their culture stems not only daily life and education but also from the fact that their culture has nurtured and inspired countless renowned literary and artistic masters. This culture is the irreplaceable source of pride for the people of Huizhou.

Huizhou is an immigrant society. Up until the Southern Song Dynasty, the region enjoyed steady immigration. During times of peace, many government officials relocated to Huizhou, where the picturesque surrounding of green mountains and clear blue water combined with a harmonious social environment enticed them to settle permanently.

There have been three large waves of immigration, occurring in the late Western Jin, Tang, and Northern Song Dynasties. The conclusion of these dynasties were tumultuous times, marked with social upheavals and frequent regime changes, reducing the Central Plain (of China) into a chaotic battlefield. Consequently, many powerful northern clans migrated to the south, where the mountainous terrain of Huizhou, safeguarded by the Yangtze River and towering mountains, offered scenic haven from the constant warring.

Having relocated in intact units, these clans continued their way of life in Huizhou, living together in large communities and bringing with them the culture of the Central Plain — in particular the emphasis on education and social etiquette. Due to the size of the clans, these northern migrants eventually formed the majority of Huizhou society, becoming locals themselves. Gradually, the Central Plain culture would become the dominant culture in the region.

During the Southern Song Dynasty, the capital was moved to Lin'an (today's Hangzhou), and the political and economic center of China was relocated to the south accordingly. Owing to the short geographic distance between Huizhou and Lin'an, Huizhou quickly rose to prominence.

Productivity and development increased rapidly, but this led to many social and economic problems. Arable land become scarce, unable to support the booming population, and the barrenness of the mountainous terrain further aggravated the situation. To alleviate the insufficient food supply, the Huizhou people developed new crop species and fully utilized mountain resources for the cultivation of commercial crops. Moreover, the Huizhou people abandoned the traditional Confucian values that emphasize scholarship over mercantilism and began to establish and expand business ventures all over the country, thus beginning to migrate out of the region.

In the Ming Dynasty, businessmen were encouraged to trade food products at the borders in exchange for vouchers for salt. This offered great opportunities for the business savvy Huizhou merchants. In the three hundred years between the reign of the Hongzhi Emperor of the Ming Dynasty and the reign of the Daoguang Emperor of the Qing Dynasty, Huizhou businessmen dominated the business scene in China. Thus came the saying, "There does not exist a town in which there is no Huizhou businessmen."

Feeling a strong attachment to their homeland, successful Huizhou businessmen brought back their fortunes, as well as cultures and ideas from all around the country. They built large estates, ancestral halls, and memorials archways and renovated the city infrastructure. Their presence and efforts boosted the local economy, improving the overall image of Huizhou. In fact, much of today's general layout of the city originated from this era.

In addition to city planning, the prosperity of Huizhou led the establishment of academic institutions, compilation of pedigree charts, development of block printing and libraries, patronization of the arts, and founding of literary circles and salons. This sociocultural renaissance touched upon all facets of life, leaving a rich cultural heritage and spiritual wealth for future generations.

Finally, and most importantly, although Neo-Confucianism remained the dominant ideology, Huizhou merchants brought back with them cultures and ideas from other regions, as well as giving rise to the commercial culture inherent to merchant capitalism. Incidentally, Huizhou became a hub for commerce and cultural exchange in that era, enjoying not only material wealth but also a vibrant and diverse cultural backdrop. These circumstances made the people of Huizhou cosmopolitan and open-minded, yet self-disciplined and confident in their unique Huizhou identity, allowing for Huizhou culture to be the dominant force while absorbing the best that country has to offer.

The continuous cultural exchange also deeply impacted the growth of the surrounding villages of Huizhou. Architecturally, the buildings of Huizhou are a combination of the elements of the *siheyuan* and the stilt house. Restricted by topography and a humid climate, the indigenous residents of Huizhou used lumber from the forests to form the structural frame of their homes and then constructed walls using bricks and stones. The large waves of immigration from the Central Plain brought forth the *siheyuan* style, in which walls encompass a large, multigenerational family, solidifying the family unit. Thus, the distinctive Huizhou style dwellings that are in existence today are the result of the integration of mountainous living with the residential styles of the Central Plain, adapted to the suit the environmental factors.

Spiritually, the Huizhou people placed great importance on ancestral halls. Many large, extended families had relocated from the Central Plains in complete units, thereby continuing a long tradition that emphasizes kinship. The ancestral halls served as the best platform for unifying the multiple generations and branches of the family and commemorating the clan roots, particularly for future generations. The ancestral hall was sacrosanct; its sacred status was not to be offended. It was the place in which ancestral rites were performed, important family decisions were made, and violators of clan rules were disciplined. The ancestral hall was typically centrally located and at the most auspicious position, surrounded by the residential buildings of the clan.

Due to its status as a sacred place and a symbol of the clan itself, clan members put forth great effort into the construction and maintenance of their ancestral hall, using any and all resources at their disposal to build the most magnificent, elaborate, and unique structure that is meticulously designed and exquisitely decorated with carvings and murals. The materials used for the ancestral halls were of the upmost quality and value and occasionally transported from the far reaches of the country. The expectation is that each clan member, in stepping into the ancestral hall, would feel a sense of pride in belonging to such distinguished family and be inspired to bring honor to the clan.

Harmony with nearby mountains and waters is an important concept in selecting locations and is one of the principles of *fengshui*. With its back towards the great Dragon Mountain and anchored with two hills on either side, Huizhou appears sturdy and majestic from afar. This is formation is known as the "Four Divine Beasts Form" , with the Azure Dragon on the left, White Tiger on the right, Vermilion Bird in the front, and Black Tortoise in the back.

The protruding *matou* roofs, arranged in charming disarray, divides households into individual units. This, coupled with the upstream and downstream irrigation systems, incorporates the ecological environment into the villages, creating the illusion of perfect harmony and balance between nature and manmade structures.

Ideologically, education is promoted and the Neo-Confucian school of thought is advocated. As the old saying goes, "Even if there are just ten households in a village, education will still be present." Academic institutions were established in Huizhou city as early as in the Tang Dynasty, followed by many prefectures governed by Huizhou, one after another. Later, many counties under Huizhou would establish government operated institutions offering basic level education. Owing to the emphasis on and availability of education, Huizhou merchants were given the intellectual basis and knowledge for dominating the national market, guided by Confucian morality and ethics.

The combination of the various cultural aspects of Huizhou produced generation after generation of renowned masters in all areas of study. Specific subject matters having the word "Huizhou" or "Xin'an" in its name include Huizhou opera, Huizhou architecture, Huizhou Qing Dynasty hermeneutics, Huizhou seal carving, Huizhou woodblock printing, Huizhou dialect, Huizhou philology, Xin'an Neo-Confucianism, Xin'an medicine, Xin'an painting, Anhui cuisine, and Huizhou business culture. It can be said that Huizhou culture is distinctive and covers all areas of life.

（译：Scarlett Xu）

目录 Contents

雄村

文/李传玺

任何一个人，哪怕你科考上再风光，是再大的官，只要你来我家，必须得从门下过，你就变成了此门下的一『口』人，你就变成了这一『商』字门下面的构件。就是这种心理催生了历史上雄村的风光与地位、如今雄村的格局与特色。

走进徽州古村落，在富商巨贾的大宅里，你常常会看到厅堂两侧的门头同常见的不一样——两层门楣，中间有一元宝状上大下小倒立的梁撑，主人或导游会告诉你，它象形“商”字，故此门是“商”字门。虽然许多徽州人靠经商致富，但在崇尚通过科考致仕的社会氛围中，其不仅受到社会的轻视，而且自己也常觉得这是人生或者家族的缺憾。为了弥补这一缺憾，表现在建筑上，便设计了这种“商”字门。任何一个人，哪怕你科考上再风光，是再大的官，只要你来我家，必须得从门下过，你就变成了此门下的一“口”人，你就变成了这一“商”字门下面的构件。

就是这种心理催生了历史上雄村的风光与地位、如今雄村的格局与特色。

清康、雍、乾时期，徽商在两淮地区盛极一时。由于长期经营盐业，基本上统揽了两淮的盐政。在两淮的八大盐商中，仅歙商就“恒占其四”。

1

2

据民国《歙县志》卷一“风俗”篇记载，在扬州的著名的歙籍盐商，“江村之江，丰溪、澄塘之吴，潭渡之黄，岑山之程，稠墅、潜口之汪，傅溪之徐，郑村之郑，唐模之许，雄村之曹，上丰之宋，棠樾之鲍，蓝田之叶皆是也。彼时盐业集中淮阳，全国金融几可操纵，致富轻易，故多以此起家”。雄村之曹国昌（字堇饴）就是这八大盐商中的一位。

清康熙二十八年（1689），康熙第二次南巡，正月丙子从京城出发，乙未那天到达扬州，下诏曰：“朕观风问俗，卤薄（皇帝出巡时扈从的仪仗队）不设，扈从（随从、侍从）仅三百人。顷驻扬州，民间结彩盈街，虽出自爱敬之诚，不无少损物力，其前途经过郡邑，宜悉停止。”当时的曹国昌不仅积极参加了结彩盈街活动，还把康熙帝请到自己家中。能得到皇帝的青睐，对当时的曹家来说是无上的荣耀。可就在这个接待过程中，曹国昌心里受到极大的刺激，自己虽然富甲天下，连皇上也惊叹不已，但那些随从大员的眼里却有一种掩饰不了的轻蔑——你虽富可敌国，却终究处于“士农工商”的最低层。为此他一直耿耿于怀。于是在临去世时，他把两个儿子招到床前，叮嘱他们一定要“于溪干建文阁，修书院，立社祠，筑园庭，植花木”，让子孙们努力走科举致仕光耀门庭之路。

同时，他还交代了另外一件事。在讲述这件事之前，我们有必要向读者介绍一下这件事的起因：据曹氏文献资料称，雄村曹氏一世祖曹关一原配洪氏生曹宗仁，偏房朱氏生曹宗礼。宗仁居雄村，生了四个儿子(以能、以器、以宾、以用)，一边务农一边经商，由于人手多劳力足，很快致富；宗礼住在城里，生了三个儿子（以盛、以荣、以华），都在读书，由于连考不中，生活拮据，宗礼常常来向大哥借贷。以能的儿子曹祥当时还小，见叔祖动不动来借钱，很烦，便口出怨言。宗礼哪容得小家伙这般无礼，仗着自己的爷辈身份，伸手在小家伙的脸上打了一巴掌，怒喝：“小畜生，怎敢这般无礼！”宗礼如此教训侄孙，确实过分，小家伙从此记恨在心。明成化二十年（1484）甲辰科曹祥考中进士（此科状元李旻），之后曾担任贵州巡抚兼制四川湖广，并在雄村中部建立了“孝思堂”。祠堂落成之日，他明定祠规：“庶妾孽子，不得入祠。”这明显是针对叔祖一支而定的，宗礼一支自此被关在孝思堂门外。后来宗礼一支也有人经商有成，他们也

3

4

5

1. 渐江
2. “商”字门
3. 桃花坝上盛开的桃花
4. 铺满花瓣的地面
5. 竹山书院正厅

把家迁到了雄村，但两支脉仍然分祠，宗礼一支仍然遭到嫡裔的歧视。这就是一直让曹国昌惦记的事情——雄村的曹姓，同宗却不同祠。面对一个宗族的两个支脉不和的现象，曹国昌一直是忧虑的，他虽非嫡裔，却真心希望曹氏二脉能冰释前嫌，和睦相处。所以他在弥留之际，当交代完第一件事宜之后，又叮嘱两个儿子，要二人从宗族整体考虑，趁现在家里有财力，把南厅加以扩建，以此使同族和睦。

大儿子曹景廷（字干屏）、二儿子曹景宸（字映青）牢记父命，待时势允许后，回到家乡，捐资兴建这一切。乾隆二十四年（1759），雄村竹山书院落成，村西首宗礼一支分祠“一本堂”落成，村中部原曹祥读书处的南厅也被扩建成了合族议事叙礼之所“余庆堂”。至此，雄村曹氏归于一祠，这是后话。

如今我们去雄村游览，如果沿着渐江边新修的桃花坝走去，你会依

6. 曹学诗所书《清旷轩赋》
7. 竹山书院

6

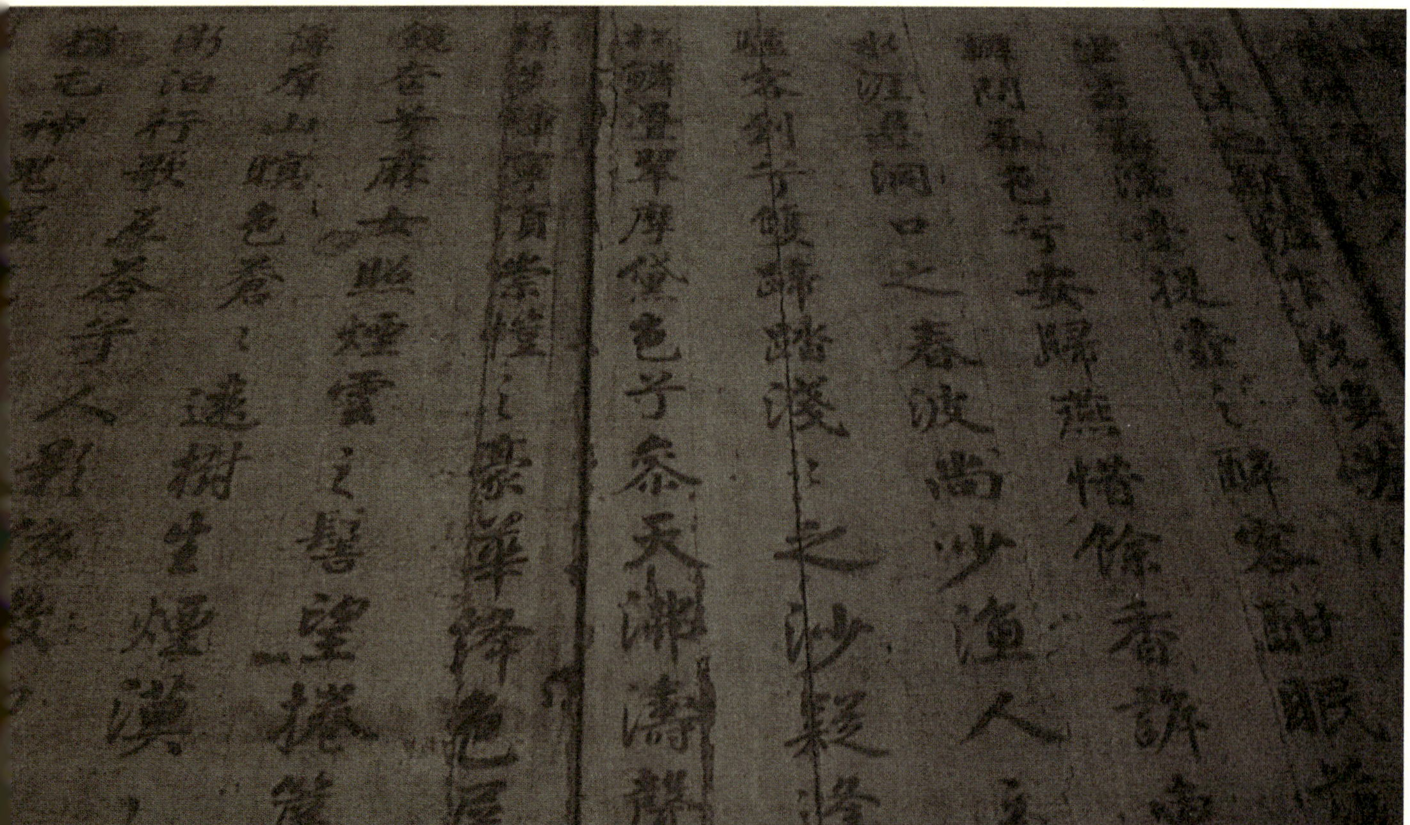

7 ▶

次看到竹山书院、雄村上社、“光分列爵坊”、南厅前石坊、“四世一品坊”等。

竹山书院迎江而建，为防渐江洪水对书院广场的冲刷，筑了一条长150米的石堤岸，均用1米长的麻石条砌就，岸上竖了半人高的石栏。沿堤遍植桃花，每到春天清明前后，繁花竞艳，烂若云霞。许承尧在其《游雄村看桃花记》曾有过精彩的描绘：“环村为坝，满坝桃花；中无杂树，万树一色”，“缘堤以行，野径几曲。游丝满路，飞花成林。奇景特开，大观在是。则见浓艳如滴，娇红欲醉。色灿成锦，香浮染衣。嫩晴蒸一抹之霞，盈盈如笑；浓露挹连朝之雨，灼灼争妍。疑入仙境，省识春风之面；岂游蓬岛，意浮海客之槎”，“相与嗅新蕊，举远枝，而竟日流连，雅淡倾倒。酣嬉不厌，一天之红雨模糊；旖旎多情，万顷之绛云缭绕”。遗憾的是，

◀ 8

9

10

8. 文昌阁

9. 文昌阁远景

10. 竹山书院庭院

堤坝由于年久失修，被上个世纪四十年代的一场洪水彻底冲毁，这一胜景不复存在。如今，当地人又重修了桃花坝，并栽上了近千株桃花，经过精心嫁接，每株桃花可以开出或红或粉或浓或淡不同花色来，而不同品种的桃花又按时序次第开放，整个春天，桃花坝上花枝摇曳，景色之美更胜往昔。

竹山书院一直保存得比较完好。大门朝东，台阶两侧各排三方方正正的石墩，这是当年节庆用来插旗子的。不难想象，当这些旗子高高挂起，迎风猎猎，何等显赫。书院大门是一座高大砖饰牌坊式的门楼，三间三楼四柱造型，门楼二、三层的檐角各饰一只鳌鱼，既防火辟邪，又象征学子独占鳌头。门额“竹山书院”是著名书法家邓石如所书。进门跨过天井，正厅面阔 16 米，进深 8 米，16 根楠木柱支撑着屋顶，正壁悬挂着一幅蓝底金字的对联：“竹解心虚，学然后知不足；山由篑进，为则必要其成。”藏头，巧妙地将书院名称嵌进上下联首字。该对联为曹文埴所书。（曹文埴，字竹虚，书院建成的第二年即高中二甲第一，此科状元毕沅。）正厅处于书院的南端，从这里往北，书院分为讲堂建筑与园林两个部分。讲堂建筑依次为：眺帆轩、藏书楼、讲堂、墨香斋；园林部分包括清旷轩、百花头上楼、庭院与文昌阁。眺帆轩，顾名思义乃临江远眺的地方，此处墙壁上嵌一方手卷形石刻，为编注《唐诗三百首》的沈德潜所写的《竹山书院记》。藏书楼位于其上，讲堂自然位于其对面。墨香斋是老师的宿舍，门正对藏书楼楼梯。讲堂与清旷轩由一道长廊相连，壁上又嵌一块高二尺、宽七尺的巨大黟青石碑刻，横书着“山中天”三个大字，字径一尺五寸左右，下署“颜真卿书”四个竖写小字。这是曹家先人摹刻的。清旷轩与百花头上楼正对园林，轩额是郑来所书篆文“所得乃清旷”匾，前列两柱悬隶书楹联：“畅以沙际鹤，兼之云外山。”被乾隆誉为“江南半个才子”的曹学诗（乾隆戊辰科进士，此科状元梁国治）以此十个字为韵写的《清旷轩赋》仍裱在板壁，由于年久磨损，仅有部分保存，其余都模糊了。百花头上楼两层，下层为族中之人科举高中或有升迁时合族欢宴之所。何谓百花头上楼呢？原来，此楼面对园林，站在二楼四面敞开的窗前，可以俯视园中百花争艳。试想，欢宴过后，酒酣耳热之际，登上此楼，看月下摇曳的花枝，嗅风中传来的花香，该是何等畅快！

书院园林当年造得相当精致与考究。清旷轩前平台之左原挖有水池，名曰“泮池”。（泮宫指古代的学校，清代考中秀才即指入泮。）池中曾养鲤鱼，池溪流经文昌阁下，希冀文运昌盛，希冀每一个在这里的学子甚至合族的学子都能鲤鱼跃龙门；池畔植杏，寓杏坛讲学之意；园中大部植桂，桂谐音“贵”，象征“蟾宫折桂”。书院建成之时曾立约，凡曹氏子弟参加乡试者可得曹家祠堂三十吊钱资助，凡科场中举者可在园中植桂一株。因此这里的桂树都是那些科场上成功者所植，无疑对苦读的学子是一种激励。如今泮池已不复存在，但当年种下的杏树与桂树已经长得蓊郁蓬勃，即使我们不再去体会当年精构园林者的苦心，它们的绿意生机，仍然给每一个走入园林者以莫大的享受。园林的东角高耸着文昌阁。上下两层，石基八面，又称“八角亭”。锡质葫芦形宝顶，引出八条银白色铁链，与两层高翘的檐角相连，使阁顶线条显得流畅而灵动。两层十六个檐角均悬挂铜铃，无风也叮当，似八音和鸣，韵律悠扬。下层奉祀关羽，关圣帝君又乃武魁；上层供奉文昌星君，文魁站在他的对面，寓意文武双全。一层檐挂阁匾：贯日凌云。两边的对联乃曹文埴所撰：“扶君臣朋友之伦，心悬日月；证圣贤豪杰之果，道在春秋。”

想当年，书院与文昌阁初建成时，园林里还空空如也。就在第二年，曹国昌的二儿子曹景宸的三儿子曹文埴等五人就一同高中进士。自此雄村又迎来了一拨科考的高潮。（雄村明清两代共考中举人 52 人，高中进士的 29 人，其中清代中举的 39 人，高中进士的 23 人，竹山书院作出了极大贡献。）继曹文埴等人之后，曹坦（辛巳科恩科，1761），曹秉仁（乙酉科，1765），曹诚、曹墅、曹自鋆（辛卯科，1771），曹振镛（曹文埴之子，辛丑科，1781）也高中进士。曹文埴、曹振镛父子二人在清史稿中都有传。关于曹文埴，传中评价道：“乾隆之季，和珅专政……和珅妄谓文埴能立异同，欲引以为重，文埴特持正，故非阿和珅。母老决引退，恩礼弗替。”“五十五年，文埴诣京师祝嘏，上赐文埴母大缎、貂皮。”在这个祝寿过程中，曹文埴将自己娱母组建的徽剧戏班“华廉家班”更名为“庆升班”带到京城，用他们精心编演的戏剧向皇上献礼，轰动京城，为徽班进京以及后来京剧

11

11．竹山书院园林

12

12. 百花头上楼

13. 曹振镛雕像

14. 世济其美牌坊

13

的正式产生作下了铺垫。

关于曹振镛，虽然民间流传着“叩头宰相”之说，但清史对其评价还是相当高的，“振镛历事三朝，凡为学政者三，典乡会试者各四。衡文惟遵功令（当时国家考核和选用学官的法令），不取淹博才华之士。殿廷御试，必预校阅。严于疵累忌讳，遂成风气。凡纂修《会典》、两朝《实录》《河工方略》《明鉴》《皇朝文颖》《全唐文》，皆为总裁。驾谒诸陵及秋狝木兰（满语，吹哨引鹿之意，此处是围场名），每命留京办事。临雍（辟雍，此处指国子监）视学（对学子进行考试），命充直讲。恩眷之隆，时无与比。数请停罢不急工程，撙节靡费”。该文大意是：曹振镛在乾隆、嘉庆、道光三朝一直在朝廷上任职，共担任三次学政，主持乡、会试各四次。严格根据国家考核规定来评判文章，对那些看上去才华出众、文章却不符合规定的学子坚决不予录取。对皇上的每一次殿试，必预先对入选的文章进行校阅。对文章及卷面的瑕疵和违忌语句把关很紧，并在朝廷上形成了风气。《会典》、两朝《实录》《河工方略》《明鉴》《皇朝文颖》《全唐文》以及像这样的大型文献的纂修，都让他担任总裁。皇上拜谒诸皇陵以及秋天到木兰围场田猎练武，每次都让他留京处理政务。皇上到国子监视察并考核诸生，总是让他跟随并代替皇上对经书进行讲解。受皇上恩遇之隆厚，在当时没有谁能比得上。（曹振镛）多次请皇上停止或是取消对国家暂时没用的工程，节约财政防止浪费。他八十一岁逝世前，仍“自缮遗疏，附折至十余事”。正是由于此，道光帝说“大学士曹振镛，人品端方。自授军机大臣以来，靖恭正直，历久不渝。凡所陈奏，务得大体”，还把他与刘统勋等人相比，“曹振镛实心任事，外貌讷然，而献替（诤言进谏）不避嫌怨，朕深依赖而人不知。揆诸谥法，足以当‘正’字而无愧。其予谥文正”，并命入祀贤良祠。关于曹振镛，有“宰相朝朝有，代君三月无”的故事，这就是由来。他多次主持各级考试，也给他引来了不少批评，“每以楷法取士”（王茂荫语），给科举内容彻底空洞化并走向没落做了另一种形式的“铺垫”。但不管怎么说，他们父子二人从乾隆二十五年到道光十五年，历经三代皇帝，前后达 75 年之久，这在中国历史上也是极少见的。

正是由于他们二人的影响，雄村格局也出现了相应的变化与调整。南边与竹山书院正门相连的是雄村上社，门朝南，两头石狮子蹲坐两边，它是雄村人春秋祭祀五谷神和土地神的地方。每到春秋社日，村人到社屋

14

来，焚香烧纸祷告，祈求五谷丰登，合族平安，同时，在社屋前搭台演戏，舞狮舞龙，既娱神也自娱。从此再往南走百步，是雄村“崇功报德祠”，凡有功于国、有德于民、有惠于乡里者，经两宗祠合议同意，神主皆可入祠。该祠于早年战火与洪水中颓圮，但祠前的牌坊仍巍峨屹立。这是三间三楼四柱冲天的青石牌坊，高13米，宽8.5米，坊三楼双升龙板上刻“恩荣”二字，二楼中间朝东石碑书“光分列爵”四个大字，下面一楼正中间书“大中丞”，左边书“学宪”，右边书“传胪”，二楼中间西面石碑书“世济其美”，下刻雄村历代族人科举高中者姓名与科名。大中丞指曹祥，因为明代巡抚也称中丞；学宪指明隆庆辛未科进士曹楼，他曾担任四川学政；传胪自然是曹文埴。再往南走不远，便是南厅，也是余庆堂旧址，其后面隔一条大巷便是曹祥当年修建的“孝思堂”（雄村人称为“老祠堂”），如今也都不复存在，仅余南厅前面的大小池、池上的一座三孔石桥和桥头那座规制与“光分列爵”坊一样的牌坊。此处往西一直到村头，又是一座祠堂与一座牌坊。祠堂就是曹国昌叮嘱两个儿子给本支修的“一本堂”（新祠堂），其左侧原有祀曹祥的“都宪祠”，右侧原有祀曹楼的“大参祠”，现在除了一本堂的前厅五凤楼残破地立在那儿，其余皆拆除建了新的房子。一本堂前牌坊，名“四世一品坊”，造型与前两座相同，高11米，宽8米，三楼正中双升龙板刻“覃恩”，二楼中央匾额上书“四世一品”，一楼刻着这四个字的来历，“皇清诰授”曹文埴一品衔，诰赠曹文埴曾祖父曹士连、祖父曹国昌、父亲曹景宸、伯父曹景廷一品官衔，诰封曾祖母程氏、祖母朱氏、伯母张氏和黄氏、母亲朱氏一品夫人，诰赠其妻子程氏与张氏一品夫人。这是皇帝对曹文埴的最高褒奖。

游雄村，我们应该记住这些牌坊，它们是科举荣耀的象征。我们更应该记住竹山书院。书院名称最早出现于唐开元年间。在我国历史上，书院是一种非常重要的文化教育组织，承担着培养人才与传承儒学的功能。到了清代，一开始顺治对书院采取的是严禁的政策，“不许别创书院，群聚党徒，及号召地方游食无行之徒，空谈废业”；到了康熙，书院政策开始有所松动；雍正时，采取了更加积极主动的态度，要求“建立书院，择一省文行兼优之士，读书其中，使之朝夕讲诵，整躬励行，有所成就，俾远近士子观感奋发，亦兴贤育才之一道也”；乾隆不仅在经济上资助书院建设，而且尤其重视书院师长的任命、奖励、提升和书院学生的录取和考核。至此，书院建设迎来了一个高潮，雄村的竹山书院就是在这种大背景下建成的。这也是竹山书院为什么在曹国昌遗嘱后好几十年才建成的原因。当然，从中也能看到曹国昌两个儿子始终不忘父亲遗命的孝顺品格。书院的大量兴建，带动了教育的普及，但由于清王朝的提倡与推动，此时的书院也逐渐失去了原先书院的精神——自由讲学与相互辩难，变得越来越官学化，即逐渐变成了八股取士的工具。竹山书院自然也不能摆脱这种趋势。这从它园林的布局与构件的伦理教化意义上就看得出来。但它毕竟是雄村人特别重视教育的象征，承载着徽州人学而优则仕的美好梦想，架

15. 一本堂

15

16. 南厅前牌坊

17

构着中国人通过读书实现阶层上升的希望之梯。

游雄村，我们还会有一个额外的收获。崇报祠消失后，在原址盖了两排四合院式的两层小楼，这里曾经是雄村乡政府的所在地。如今乡政府搬走了，里面被设成中美合作所的展览室。抗战爆发后，省立徽州师范曾来此办学，后因发大水而搬走。1943 年 6 月“中美特种技术合作所”看上了这块宝地，截止到 1945 年 8 月，一共在此开办了 8 期训练班，参训学员有 8 000 多人，班主任是大名鼎鼎的戴笠，副主任是美国人梅乐斯，教官是贝乐利等十几个美国人。总部就设在崇报祠，戴笠三次来视察，就住在百花头上楼。培训出来的学员破坏日伪交通、袭扰日寇、刺探情报、刺杀汉奸，为抗日战争的胜利作出了独特贡献。卡萝尔 · 卡特所著的《延安使命》曾记述合作所的使命是向美国太平洋舰队提供气象分析和船讯资料，负责训练和武装游击队战士以及支持游击军事行动。当年，中美合作所情报人员破译了日军密码，获知山本五十六的行踪，通知美国海军飞机潜至菲律宾上空，将其座机击落，使其坠海身亡。展览可以让我们了解中美合作所的另一面历史，看到美国在抗战时期对中国的支持。可以说，雄村从一个侧面见证了中美精诚合作一致抗日的历史。

17. 抗战时中美合作所旧址

（本文摄影：吴建平　方德才　徐天一　李传玺）

Xiongcun

Xiongcun is located in Shuinan Township, 8 kilometers to the southwest of She County, where the Jian River, going around the east of the village and flowing northwards, converges upon the Lian River and they two form Xin'an River, the so-called "Corridor of Chinese Landscape Painting" . Nowadays, if we take a tour to Xiong Village, a walk along the newly-built Peach Blossom Dam will bring us in turn, Zhushan Academy of Classical Learning, Xiong Village's Sacrifice Club, the Memorial Archway of Imperial Ministers, Front Stone Archway of South Hall, the Memorial Archway for being a First-rank Court Official for Four Generations, etc. The design concept of such setup is, on the one hand, based on the hope that descendants be imperial officials and bring honor to their families, and on the other hand, the expectation that all clansmen live in peace and harmony and maintain family prosperity. Zhushan Academy of Classical Learning symbolized particular importance people attached to education at that time and the faith that he who excels in learning can be an official, and thus form the stairway of hope for traditional Chinese scholars who wanted to improve their social status by reading and learning. The glory and honor of Imperial Examination were not only engraved on the high and great memorial archways, but also reflected in the layout of the academy as well as its ecological environment, where Osmanthus trees cover most of the academy, bringing heavy fragrance in autumn; what' smore important, "osmanthus" in Chinese is a homophone for "honorable" , meaning winning laurels in Imperial Examinations. The day when the academy was complete, a convention that every descendant of the Cao family who passed the provincial Civil Service Examination could planted an osmanthus tree in the garden was set up, therefore, all these osmanthus trees must have been planted by winners of the Imperial Examination, which immensely inspired late generations of students and worked as a role model. Amazingly, the academy finally witnessed the birth of two outstanding people from the Cao family—Cao Wenzhi and Cao Zhenyong, who were father and son and had unignorable influence upon the history of Mid-Qing Dynasty for as long as 75 years, and especially remembered and commented are their political characters and emphasis on formalism in Imperial Examination. Besides, Xiong Village served as an important war training site during the period of Anti-Japanese war, whose trainees contributed to the success of the war by sabotaging communications, making attacks, prying out intelligence, and assassinating traitors, etc. In this sense, the village testified the sincere cooperation between China and America and their consistent fight against the Japanese army during the war.

（译：梅新慧）

诗经铸就的神韵

瞻淇

文/徐静

瞻淇的名字来源于《诗经·卫风·淇奥》：『瞻彼淇奥，绿竹猗猗。有匪君子，如切如磋，如琢如磨。瑟兮僩兮，赫兮咺兮。有匪君子，终不可谖兮！』用它来指代一个村庄的名字，反映了先人们深厚的文化底蕴，当然也蕴含着他们美好的祝愿。

1

1. 范仲淹所题孝女庙匾额
2. 马头墙砖雕

这是从徽州到杭州的官道，它穿村而过。每到春天，家家户户都会制茶，就是那天下闻名的“黄山毛峰”。一家人一大早上山，采摘到中午，竹篓里装得满满的新鲜茶尖，下午就开始烘茶。这烘茶很特别，像比赛谁家茶叶摘得多，谁家茶叶烘得精似的，家家户户都把烘箱搬到街上来。烘箱分好几层，用细竹丝编成网状，茶叶薄薄均匀地铺着，最底层是炭火盆，这炭是有讲究的，必须是栗炭。为防止茶叶烘烤过急过头而可能出现焦煳，靠近炭盆的一格烘烤了一会，抽出上移，上层几格依次下移，并将茶叶轻轻地翻一遍。如此循环，不多会，一箱茶叶就烘焙好了。

村中飘着清苦的茶香。

当然这样做也可能是为了引诱那些茶商们。他们不得不停下脚步。

由此，这个夹着官道的村庄变得富足。

它就是瞻淇。

瞻淇的名字来源于《诗经·卫风·淇奥》：“瞻彼淇奥，绿竹猗猗。有匪君子，如切如磋，如琢如磨。瑟兮僩兮，赫兮咺兮。有匪君子，终不可谖兮！”意思是：看那淇水弯弯岸，碧绿竹林片片连。那位君子多么风采，学问切磋更精湛，品德琢磨更良善。神态庄重又严谨，仪容显赫又规范。那位君子多风采，一见难忘记心田。《诗经》三百首描写男子最好的诗，当算此首；《大学》开篇第四章即用它来比喻君子甚至君王应具盛德至善。

用它来指代一个村庄的名字，反映了先人们深厚的文化底蕴，当然也蕴含着他们美好的祝愿。

瞻淇位于歙县东部，离县城20公里。它原来并不叫这个名字，而叫“章圻”。唐长安二年（702），唐朝两丞相章东和章元镇退隐于此。章姓自此在此扎下了根，村庄也由此称为“章祈”，“祈”通“圻”，是地

2

4

界的意思，也就是说这里是章姓的地盘。它又曾被人称为“孝女村”。据民国版《歙县志》记载：唐代章氏二女与母上山采桑，母为虎攫，二女呼号奋勇搏虎，母因而得救。刺史奏报朝廷，得赐村名为“孝女村”。现在村南口有孝节桥、孝女庙，孝女庙的大门楼匾额是中国历史上著名政治家、北宋名臣范仲淹题写的，“章氏历朝遗御节孝名家”的石刻手迹如今仍依稀可见。它不仅是瞻淇一宝，也是徽州古村落难得的一宝。

徽州古村落的选址是相当重视风水的。章姓始祖看中这里，同样是因为它枕山、环水、面屏，呈典型的太师椅格局。坐北朝南，背依蜿蜒如行龙的山脉，面对岚烟缭绕远列如屏的秀峰巅，左右分别是祖山李王岭分出的两支山脉，仿佛太师椅的扶手将整个村落环抱中央，三条主要的坑水环绕，界定了村落的边界。更为奇特的，水一般都是自西往东流，而瞻淇村的水亦如黟县西递却是自东往西流。这正是风水学中理想

3. 木雕雀替
4. 天井

◄ 3

5

6

7

的龙脉宝地。

章祈为什么改为了后来的“瞻淇”呢？公元1201年，南宋理宗年代，汪姓六十八世祖汪浚，本居凤凰，父母亡故后迁入章祈。瞻淇《汪氏宗谱》记载：汪浚，字仲深，号岐山。生有四子，即汪楫、汪楠、汪梓与汪杞。长子汪楫，学行端粹，为宋理宗宝祐元年（1253）姚勉榜进士，授丞务郎。随着后世子孙繁衍，至明代，在汪氏宗祠“继述祠”的属下，已有八个支祠，汪氏赫然成为村中人丁兴旺的大族。章祈的村名，已不能反映汪氏在村中现实的地位。但汪姓人又不能一下将村名完全更改，章祈的祈不正和始祖汪浚的号同音吗，那就从这里契入，将章祈的祈改为“岐”，表明汪姓已经占据村中半壁江山。为了让汪姓彻底盖过章姓，至今还流传着这样一个故事：汪姓八十八世祖俊七公精通风水地理，当时村中章姓族旺，为破章氏家族，俊七公命人在章祠后连挖两塘，斩断其山脉，从此后，章氏人丁衰败，汪姓则日益发达，连出祖孙进士、兄弟进士。基于这种现实，崇祯十四年（1642），汪氏后裔、时任江西九江府德化县令的汪作霖，借《诗经·卫风·淇奥》诗句，将章岐改为“瞻淇”，因为汪氏一世祖周时被封颍川侯，颍川在河南许州一带，淇水算是汪氏祖先的发祥地，如此改名，既顺应村庄种族现实，又体现了汪姓对祖先的追思，也包含着对后代的期冀。

如今，从合铜黄高速转徽杭高速，于歙县出口下来，即可见瞻淇村的牌子。从村西看戏坦（坦：即广场）就能进入这个富有诗意的村庄。为什么叫看戏坦呢？原来这里曾有一组引人注目的建筑，广场中间是纪念汪氏祖先汪华的“忠烈庙”，东有“太子行宫”“安宁大社”“八角楼”，西有“鸣凤堂”“岐山文会”。按习俗，宗祠前面不能盖房，因而形成了比较大的广场，又由于它屹立在村头，虽然气派但不免有些突兀，因此在它的东端建了一道九柱的曲墙，上开梅花形的漏窗，墙内植有茂密的竹林和散发着芬芳的樟树，既作了遮掩，又充满情韵。汪作霖的“瞻淇”黟县青石雕刻，就立于此处。遗憾的是后来新修的徽杭公路从此经过，看戏坦被毁，如今仅剩那一排长得高大粗壮的香樟，向人们诉说着曾经的祥和欢乐。

那条官道，随着公路的开通，也不再作为主干道，但仍然是瞻淇的主街，宽约三米，贯通东西，与村子总朝向垂直。以纸码店桥为界，桥东称上街，桥西称下街。一条条古巷垂直于主街向两边伸展开去。布局规整，透着和谐。

午后的瞻淇安静坦然，老宅和新楼纵横交错，主街上只有三两个店铺热闹着，孩子们围着老式的玻璃柜台追追打打，有的嘴里还含着棒棒糖。看店的老人打盹的打盹，看报的看报，任孩子们嬉闹。据时任村支书

8

9

10

5. 敦睦堂享堂
6. 7. 8. 敦睦堂享堂护栏石雕
9. 敦睦堂梁柱上后来写上的防火标语
10. 瞻淇古石匾

12

13

14

汪文华介绍，瞻淇保存完好的古民居还有102栋，精品古民居有52幢。这些古民居的砖、石、木“三雕”工艺，巧夺天工，仍然散发着迷人的光华。敦睦堂，是汪氏的一个支祠，原与总祠（在“文革”中被毁）隔街相对。敦睦堂在历史上遭遇了三次火灾，现存有两进，它是各支祠中最富丽堂皇的，木构殿堂全部用白果树做成，其占地面积、建造式样和总祠相仿。总祠遗存的两块分别于清同治八年（1869）重立、光绪二十八年（1902）刻的石碑，一为《祠规十条》，一为《祖训十条》，现在仍保留在此。后进享堂的九块石栏板自左至右依次刻有梅、柏、荷、竹、松、玉兰、佛手、桃花等图案，雕工精细，栩栩如生。那块“瞻淇”石匾，也静静地躺在祠堂的角落，拂去灰尘，露出浑厚遒劲的笔迹。

位于上街中部的天心堂，墙上挂着“省级重点文物保护单位”的牌子。这是一幢保存较为完好的明代住宅，二进二层五开间，砖木结构，占地面积约170平方米，建于明万历年间，距今已有四百多年历史。主人永生公曾作过歙县县令，和当时的三朝元老歙县人许国一直交往不断，因而请到了明末著名书法家董其昌为天心堂题写堂匾，至今堂匾仍悬挂于大厅。天心堂以布局典型和雕刻精美著称。大门为砖雕垂花门罩。前进部分为门厅，设有中门，窗栏上有如意宝瓶装饰，为明代典型特征。天井左右为廊，右廊置楼梯。中进为“五间官厅”，正堂正中铺有四块35厘米大小的方砖，当地人称之为“乾坤印”。旧时办喜事，新娘的花轿一定要停在这个乾坤印上，才能下轿拜堂成亲，以图长久的吉利。檐柱柱础为覆盆状。梁架之间有鹰嘴形瓜柱，额枋作月梁形，挑檐使用插栱，丁头栱眼雕花一朵。正屋地坪高于门厅，天井栏杆呈“飞来椅”式，靠背弧形，靠背

15

16

11. 精雕木门
12. 精雕木窗
13. 14. 精雕梁架
15. 精雕门罩
16. 方形天井

◀11

17

18

17. 九世同堂精美砖雕
18. 如意雀替
19. 老虎巷

柱脚雕成精美的兽腿形，坐椅底层为云纹圭脚，束腰用束莲柱相隔，壶门内饰缠枝莲与如意云纹图案。栏杆扶手上装槛窗，下有圆雕净瓶荷叶，其下又分成排列有序、不等宽的格子，内雕各式花草图案。天心堂，虽年久失修，总体显得凌乱破败，但这些精美的雕刻图案仍然让人想到当年的繁盛。

九世同堂老宅位于老虎巷底。何以叫老虎巷？有这样一个故事。康熙年间，老虎巷内出了一对兄弟进士，兄汪溥勋，康熙六年（1667）丁未科缪彤榜进士，授中书；弟汪浩然，康熙九年（1670）庚戌科蔡启僔榜进士，任户部主事。兄弟皆中进士后，在村内产生极大的反响，村民都认为此巷内私塾教学有方，纷纷送子弟进巷就读。一时间，巷内学子众多，每日书声琅琅，在巷内冲高墙击陡壁，声波嗡嗡，如雷鸣虎吼，传得很远，人们就戏称之为“老虎巷”。此后，这个巷内又出了十八位秀才。古巷通向北部，依山顺势节节升高，布局构思精巧，如今已成为徽州百佳摄影点。古巷两侧的古建多为精品，九世同堂只是其中一座。它1901年营建，因门罩上有精美的“九世同堂”砖雕而得名。门罩起翘昂然，在厚不到一寸的砖坯上，镂空透雕出好几个层次。以连锁的拐子眼、步步锦、万字纹

19 ▶

20

21

22

23

24

作边饰。中间主要装饰部分则是人物戏文配以亭台楼榭，将民风民俗纳入其中。人物姿态逼真，花鸟走兽形象生动，堪称徽州石雕的极品之作。前院栽有一株枇杷树，和宅同龄，如今已长得树干高大、枝叶茂密，荫庇着老宅。

位于下街东侧中巷内的资政第，又名“汪莱故居”。汪莱（1768—1813），字孝婴，号衡斋，清朝著名的数学家、学者，著有《衡斋算学》，曾奉特旨测量过黄河新旧入海口；提出的P进位制理论，实为现代计算机原理之先河。其子汪光恒，亦精数学，著有《小衡算学》。该宅为其孙汪廷栋所建。受家学影响，汪廷栋也精通数学测绘，参与了黄河、湟水的治理，为防治华州及华阴县的水害建立了功绩，为此，闽浙总督杨昌浚于光绪十二年（1886）赠其“泽洽河湟”匾额，现悬挂在默思堂。汪廷栋告老还乡后，乘轿遍游歙县，绘制了第一幅《歙县舆图》，为乡人所称颂。他还发动族人在山上广栽寓意兄弟和睦的紫荆花作山界，紫荆花不仅成了古瞻淇的十景之一——笔架紫荆，而且防止了村民上山砍树，避免了农村山地纠纷。这应该是天下最美妙、最温馨的确定山界的办法。宅内有退思堂、默思堂、轿厅等，退思堂为光绪年间所建，其余部分则为民国时期增建。宅内匾额颇丰，从外到内分别挂有“资政第”“诰命”“退思堂”“花好月圆人长寿”和“退藏于默”等匾额。由于该宅主人先后一直为官，且注重礼教，建筑风格自然与普通民宅有所不同。从八字门屋进第一进官厅，空间高大，但因为来往的为官男儿不可“屈居”妇人之下，所以官厅上都没有供女眷活动的楼层。官厅前两侧耳房开敞，是主人宴请宾客，或开展礼仪活动时供艺人、乐队活动的场所。宅侧有避弄，供女眷、仆人之用。内院底层挑檐很大，客人进入内院也望不见二楼的家眷，同时楼上的女眷也望不见院内的官人。该宅是村中最大的宅院，占地1 000余平方米，因来往官吏较多，故把宅门前巷道拓宽，便于坐轿停息和调头。在这里，我们也见识了最有个性的徽州女人、88岁的宋玮华，她耳聪目明，算是汪廷栋的孙媳妇，也许是解放初当过妇女干部的原因，面对我们的采访，操着方言口若悬河，向我们诉说家族的兴衰史。“文革”时期，宅子里精美的木雕用泥巴糊上，才得以完整保存，“泽洽河湟”匾额当“四旧”被抄流落到邻村的一个农民家里做了盛稻谷的柜盖，宋玮华听说后，赶紧让木匠做了个盖子送去，把记载着先人丰功伟绩的匾换了回来。平时老人一个人守着偌大的默思堂，看书读报是她最大的爱好，她博闻强记，思维敏捷，李克强总理答记者问的内容，她都能说上一二三。送我们出来，走到院中，西落的太阳照在老人身上，更显精神矍铄。我不禁夸她。她咯咯笑了起来：“习近平要实现中国梦，我也有梦想，那就是活到100岁。”一院子人都被她逗乐了。从合肥来看她的女儿说妈妈是老“开心果”。因为她，那个下午我在瞻淇的采访特别开心。

从资政第出来，已近傍晚，采茶的村民回来了，家家都在门口烘茶，延续着那个传统。看到安吉堂前没有烘茶的，有点奇怪，便走了进去。一个年约五十的妇人在院内烘茶，一问，不姓汪，姓蒋，1987年，她

25

26

27

20. 护净与退步
21. 冰梅纹
22. 冰梅纹护净
23. 石雕墙基
24. 泽洽河湟匾
25. 董其昌“天心堂”匾
26. 资政第匾
27. 退思堂

28

以2 000元买下了安吉堂的一大半宅子，原主人叫汪钟隆。正说着，原主人出来了，非要让我进屋。老人居住在厢房这一溜，黑暗、狭窄。老人今年72岁，从堆满药瓶的桌上摸索出一张照片，是他们这一支的家族表，上面还嵌有一张结婚照，男人西装革履，女人披着婚纱，妩媚高贵。他说，照片上男者是他的祖父汪廷桂，1878年，在上海开设“汪裕泰”茶庄，后回乡盖了这栋房子，一屋二院一天井，罩门木雕、棂格花纹，精巧玲珑，请吴守锡题了“安吉堂”匾额。厅堂内上下住房，均雕有方孔钱币，荷叶卷带，喻为“和合利市”，还刻有琵琶、伞盖等图案，取意“处者以学，行者以商”。从这张照片可看出安吉堂曾经的显赫和富足，以及身处经商口岸的汪廷桂对洋派的接受。

因为富足，瞻淇村的文化生活相当丰富。早年每逢正月庙会、三月

29

30

31

32

十二观音节和五月端午节，村民们便会在看戏坦搭台演戏。戏台一般会搭在东面，是木构可拆卸的那种，搭起来宽三丈二尺，深二丈，平时由专人看管，晚上用柏木火把照明。村民们还会在西面挂上菩萨画像，形成了人神合一共同看戏的奇观。瞻淇至今还保留嬉戏鱼灯等习俗。明崇祯时，瞻淇人丁兴旺，代代有官，以北京兵马总司汪曙、江苏县令汪鸿藻以及汪作霖为首，在村里兴起元宵节花灯，从正月初八开始，直到正月十八日、十九日收会。各种大红鲤鱼花灯在鼓声相伴下，前俯后仰跌宕起伏旋舞在大街上，在每户人家门口，会稍作停留，那户人家会热情地泡上好茶、摆上果盘、点燃红烛、燃放鞭炮相迎，鱼儿一冲到堂前，便如入无人之境，随意掀风鼓浪，尽兴起舞，迎百福，纳千祥。过了十五，大红鲤鱼披挂青衣成为大青鱼了，为什么要换成“青鱼”，青表示春色，舞动大青鱼，表示

28. 春意盎然的小院
29. 富足的光景
30. 宋玮华老人
31. 糊有文革时期中央文件的板壁
32. 街巷古井

33

34

35

一年已经开始，春天即将降临，春耕就要开始。

2006年10月，这座古村落被正式列为安徽省历史文化名村。尚存50余幢极富价值的经典明清古建筑，除了以上所说老宅，还有裕德堂、京兆第、兰芬堂、承荫堂、存厚堂、六也堂、继述堂、敦和堂、嘉会堂、谷我堂、存省轩等，读着这些名字，就会让你心涌敬意。曾经广为流传的瞻淇十景八秀：八角古楼、岐山九老、鸣凤在竹、犀牛望月、金盆捞月、文笔峰桥、九柱梅墙、笔架紫荆、青梅竹马、秀峰翠巅等，如今又挂在人们嘴边。可以相信，不久的将来，随着保护古村落投入的加大，它们一定会展现出更加夭夭的旧日风华。

33. 存省轩斜门
34. 近代西洋式瓷砖
35. 资政第斜门

（本文摄影：徐天一　吴建平　方德才　李素萍）

Zhanqi

Zhanqi locates 11 kilometers to the east of She County, which is the exit to She County on Huizhou–Hangzhou Expressway. With a name originated in the Book of Songs, the village has a history of 1300 years and deep cultural accumulation. Ancient residences here are basically well-preserved. We can find 102 complete constructions built in Ming and Qing Dynasties, among which 52 are good ones, like Dunmu Hall, Tianxin Hall, Zizheng Residence, Yude Hall, Jingzhao Residence, Lanfen Hall, Chengmeng Hall, Cunhou Hall, Liuye Hall, Jishu Hall, Duhe Hall, Jiahui Hall, Guwo Hall, Cunxing Pavilion, etc. The horizontal inscribed board on the gateway of Xiaonv Temple which reads "the Zhang Family Who Are Known for Filial Piety in Past Dynasties" was written by the famous politician Fan Zhongyan in North Song Dynasty, and the engraving can still be seen. Another famous person from Zhaji was a mathematician and scholar in Qing Dynasty, Wang Lai, who was the author of *Mathematics I wrote in my study*. His descendant, Wang Tingdong, was the magistrate of Hebei province. As a master in geonomy, he was in charge of harnessing the Yellow River and Huang Water and did good deeds for people. The governor of Fujian and Zhejiang Province once wrote a board with the inscription "Bounty Bestowed on People along Yellow River" for him, which is now hung on the wall of Zizheng Residence. When retired from office, Wang finished drawing the first geographic picture of She County and was praised by fellow villagers. "Tiger Lane" was named after the resonant voice of children reading books. The lane leads to the north, and climbs higher and higher along the mountain. Due to its ingenious and artful layout, the place is now on the list of 100 best photo zones in Huizhou. Constructions along the ancient lane are mostly good ones, for example, Hall of Nine Generations, which was named after the exquisite brick engravings on the gateway. The gate mask is majestic and upright, on which the bricks are less than one cun thick and were hallowed out several layers, each having flowers, birds and beasts with vivid images and postures on it, which are considered as the best of stone engravings in Huizhou.

（译：梅新慧）

和谐相处 共竞共荣

昌溪

文/李传玺

有人说，昌溪是一只飞翔在徽州山水间的彩蝶，我则认为它是一只徜徉在和风中的春燕，你瞧，从山脚到山顶，爬过千级云梯，有一只『燕窝』安筑在山间，一只乳燕正等着它捕食归来。

1

有人说，昌溪是一只飞翔在徽州山水间的彩蝶，我则认为它是一只徜徉在和风中的春燕，你瞧，从山脚到山顶，爬过千级云梯，有一只“燕窝”安筑在山间，一只乳燕正等着它捕食归来。

有人说，它是古歙南乡第一村。根据文物考古发现，这里早在汉代就有人类活动，距今已有2 000多年，可谓历史悠久；从规模上看，古村坐北朝南，村前是70多米宽、清澈见底的昌溪河，自明代开始，这里就构筑了西自西静庵、东到“务本堂”的长达 3 公里的古建筑群，到清末，已有民居近800幢、祠20多座、寺庙 7 座、庵 5 座。村中纵横交错着200多条巷弄，点缀着20多口池塘与众多古井，大塘坑、小塘坑两股山溪穿街过巷，在庙坦汇合，形成优美的“S”形。至今仍有宋以来历代古建筑201幢，如忠烈祠、太湖祠、周氏宗祠、吴承仕故居等，宋代茶肆酒楼、“员公支祠”木牌坊更是江南独有。

2

3

4

5

6

1. 昌溪河
2. 上水口石墙
3. 天井仰望
4. 新中国建立的老电影院
5. 门楣砖雕
6. 水口水坝

紫气东来
携手迎新聚幸福
同心展业添财富

有人说，此村是古代不同家族间和谐相处的典范。它由三个自然村组成，位于北部福金山南侧的是沧山源，又称“燕窝山庄”，是经学大师吴承仕的出生地和成长地；位于村中心的是昌溪，主要是吴氏家族的聚居地；南端是昌溪下村周邦头，以周姓为主。这里的人们不仅和谐相处，而且在相互竞争中促进了彼此的更大繁荣。

徽州吴姓始祖是汉初长沙王吴芮第三子吴浅。六十一世吴少微于唐武则天长安元年（701）始迁居休宁西石舌山，六十九世吴光于唐懿宗咸通元年（860）始迁居歙西之溪南，七十七世吴一之于南宋高宗绍兴二十五年（1156）在前往临安缴纳赋税时看到此处嘉地，于是购下在此建坟，后世就把此年当作昌溪吴氏迁入年。吴一之子吴愿玉性至孝，父亲下葬后，他庐墓而居，昌溪开始建村，吴愿玉也将此地改名为昌溪。自此之后，吴姓支丁繁衍，人才辈出，根据吴兆民不完全统计，共出了社会活动家 7 名、教育家 3 名、科学家 2 名、文学家 3 名、书画家 9 名，著名徽商数人。而周姓虽然迁入比较晚，但在昌溪同样取得了相当辉煌的成就。周氏自其十四世祖周龙孙于元顺帝至正三年（1343）由歙县大洲源周家村始迁来，至清末，虽然只有70多户，人丁不满300，但在这400多年间，共出了 4 名进士、19名举人、23名贡元和74名秀才，除科举入仕者外，还有多人以德、功取得仕籍，共计县丞以上官员77名，为此，昌溪周邦头被称为“秀才村”。同时，经商也取得了不俗成绩。周氏之所以能在昌溪取得如此成就，一方面是因家族自身的重视教育与培养，另一方面也与两姓和谐相处的环境有关，只有这样，才能相互砥砺，共同发展。

下面就让我们沿着昌溪河走进那一条条幽深的巷弄，去感受一下那曾经的况味。

跨过昌溪河，一座巨大的水碓矗立在水边，那时的人们用它引水灌溉、加工谷物，虽然它现在已不再使用，但圈圈轮回似乎昭示着只有自然的轮回才是生命的真正轮回；随之一棵古楮树映入眼帘，让人称奇的是，此树心中居然长出了一棵樟树，树冠各占一半，互不相欺，这应该就是两姓氏和谐相处的象征吧。从周邦头下坦至上坦建有雄伟门楼一座，上书“绍濂里”三字，此为“宗门”。入得门来，拾级而上，便到上坦，此

8

9

10

7. 此门上有“照妖镜”，下有矮木护门
8. 喜庆的厅堂
9. 消防缸
10. 园林圆门

◀ 7

11

处可容千人，全用鹅卵石铺就，每逢盛大节日，在此燃放烟火，热闹非凡。周氏宗祠就巍然屹立于此。

周氏宗祠始建于明孝宗弘治十年（1497），历时五载。主体建筑面积747平方米，分栅栏、天井、正厅、后进和宗寝五大部分，是“三进两明堂”的代表作。栅栏后即为大门，分别绘有秦叔宝、尉迟敬德持斧站立神像，浓墨重彩，威严庄重。天井内10根“黟县青”方形石柱环绕，占地108平方米，可容数百人从事祭祀活动。正厅悬挂着“六顺堂”的匾额，取此名，一是因为周氏传至第十八世有兄弟六人，有观其名不忘祖先不忘本的提醒；二是用“六六大顺”的含义，希望宗族和谐永久和顺。四周大梁上钉着许多铁钉，原来这里挂满“进士”“文魁”等功名匾额，凡族人考中功名者，均在祠内立匾，祠外竖旗杆，以示荣耀。正厅横梁两端，各有 1 米大小的木雕“和合”诸仙，神采飞扬，栩栩如生。厅堂占地面积165平方米，方砖铺地，两边厢房的窗棂栏板，花卉走兽镂雕精细，潇洒飘逸。后进天井青石围栏，上下各有八根一米多高的荷花石柱，线条流畅，寓意深远。宗寝分楼上楼下，上下又各分三间，先后有序地排列着各位祖先的牌位。500多年前，周邦头这么一个小小的村庄，能建造出如此规模的祠堂，其财力可见一斑。

去吴氏的昌溪村，只能沿着河边走，大屋的高墙似乎连成了整座村庄的围墙，当地人告诉我们，这也是昌溪格局的一大特色。由于这里是交通要道，人来人往，为了防止外人太多对村里的生活形成冲击，人太杂对村里的安全造成破坏，外来的不洁传染到村内造成污染，昌溪人特地把大路绕到村外，并自觉用高墙围成围墙。就在这围墙的突出一处，嵌着一块石碑——“禁渔”碑，上面清楚地标着区域：上到门前堨，下至溪坑口。询问当地人，他们都说这就是指沿村这部分河段。吴氏祖先是何等重视脚下这条滋养着自己

12

13

14

11. 昌溪河上木架桥
12. 水口古银杏树
13. 周氏宗祠
14. 昌溪禁渔碑
15. 老磨坊旧址

15

16

17

16. 砖雕
17. 贞节牌坊
18. 砖牌坊

的河流啊！

就在这大道旁，你会看到一座不太高的牌坊，那是座贞节牌坊。清康熙二十四年（1685）立，灰凝石，三楼二柱，平板坊置四冲天柱，宽3.7米、高8米，檐下有斗拱，前后有八块靠背石碑，从高到低有“圣旨”“节孝”“旌表故儒吴永玠妻姚氏”等字样。因其结构别具一格而载入《中国建筑史》。虽然现在被人家做了院子的围墙，但恰因此而得到了较为完善的保护。说到此类牌坊，昌溪还有一座，同样特别，它位于村中心吴氏祖祠太湖祠南，是歙县唯一一座砖牌坊，高 4 米、宽3.5米，砖雕细腻精致，遗憾的是上面的文字在“文革”期间全部被毁。

徽州古村落都有水口，当地人极其重视它的选址与设计。但不管怎么样，它们一般都建在村头村尾，但昌溪的水口很特别，它居然位于村中间靠近昌溪河的地方，可能是当初吴姓在此建村时，村子比较小，那时的它也许就在村头，随着后来人口迅速繁衍村子向两边延伸，它就只能这样被“定位”了。它的另一层特别，是呈“S”状，明眼人一看就知道它实际上是中国的太极“八卦”。靠近河边是一座小山丘，稍稍隆起，无疑这是阳；靠近村中是几方水田，稍低，无疑这是阴。阳的鱼眼处是两棵古老高大的樟树（有人说一棵像龙，一棵像凤，是一对龙凤樟），阴的鱼眼处是

18 ▶

聖旨

19

20

21

22

江小小的水塘，这一切都充满着运转的生机。阳处稍高并栽有树木，既能用来阻挡洪水，又对村庄形成遮掩。站在水口的大树下，回望古村，你不能不钦佩先人们的智慧。

正对着水口的是忠烈庙。它建于元顺帝至顺年间，原名“社稷坛龙关庙”，后改作此庙以纪念在徽州各地有着崇高声望的汪华。庙中供奉着汪华和其第八子汪俊。庙分三大间，中间稍高，长17.2米，宽4.2米，用来供奉神位。挑脊，前端各饰一只展翅的神鸟，中间是葫芦形宝顶，宝顶两边脊上各均匀地排着四只卷尾神兽。表面上看去，庙的规模并不大，但如果把它与其前面的庙坦放到一起来观赏，又显出一种特有的肃穆与庄严。庙坦占地500平方米，站在这里放眼望去，水口、昌溪河、逶迤的青山，给人一种少有的开阔与悠远感。有建筑学家曾说，我们在研究中国古典园林建筑美学时，应该关注一下曲径上的图案，它们往往用与“底色”不同的石子和瓷片排列而成，不仅让曲径本身变得美，而且包含着工匠们不经意间流露出来的祝福。此坦就是一典型，石子铺地，却在正中间和四个角用白色石英石、云母石铺出了“鹿鹤同春”“丹凤朝阳”“连升三级”和“双钱”“八卦”等图案，形象生动，寓意美好。

庙东边街通向村中心的太湖祠。因为这里原本被称作“太湖丘”，建

23

祠于此，故名“太湖祠”。为什么要在这里建祖祠？是因为吴一之一开始就看中这里并把它选作自己的墓地。它建于13世纪40年代，与忠烈庙几为先后。坦很开阔，铺的也是鹅卵石，坦前面有一月池，与山中流来的小溪相通，常年水满且清澈，栽有荷花，每年夏季，荷花次第绽放，荷香满村飘漾。池东有两丈高的护墙，形同照壁，原有壁画，墙仍在，但画已随着时间的风雨而剥蚀。坦南有戏台，逢年过节在此演戏，一族人其乐融融。太湖祠三进两门堂，长40米，宽17.5米，建筑宏伟，工艺精湛，仅在嘉庆年间大修过一次，至今基本保存完好。与其他宗祠不同之处有三。一是它的门头悬挂着朱元璋题写的“第一世家”牌匾，关于它的来历有两种传说。一种是说，朱元璋在皖南征战时，曾来到昌溪，并曾在太湖祠避雨，受过吴家人的热情款待，后赐此匾；另一种是说，吴一之的九世孙吴仕昭，明洪武十八年（1385）考中进士，秉公执法，治狱平允，深受朱元璋的赞赏，后被赐此匾。二是门楼的样式，为三大间，中间稍高，屋脊风格与忠烈庙一致，屋檐是平坡式，而不是后来的挑檐式，门头上方、中间与两边屋高出的地方，左右各砌了道稍微前倾的护墙，八字状，饰面刻满了精妙的云纹。护墙不仅衬托得中间部分越发高峻，而且使得门楼建筑显得变化多姿。三是祠中共有柱80根，其主厅的两根楠木大柱最大，柱围五尺

24

19. 忠烈庙（汪王庙）
20. 21. 22. 忠烈庙前地面上的图案
23. 朱元璋所题“第一世家”匾
24. 太湖祠

25

26

27

28

一寸，形状特别，中段略粗，呈梭形，下嵌铜圈，呈现出典型的明初竖柱风格，这在徽民居中同样少见。

宋代茶肆酒楼就在祖祠后面巷中，高20米、宽30米，是明代仿宋式重修的。其二楼全部木制，一层沿街也是木制，且在主墙上修了个地坪窗，用木条榫接出精美的“卐”字图案，其中隐含着福、禄、寿、喜等吉祥文字。这种地坪窗既便于营业（需要时，抽掉木板即可），又可透过护栏看到里面的热闹，并以此形成隔离保护。此处往西不远就是“员公支祠”，又名“寿乐堂”，嘉庆年间修建。它纪念的是太湖支丁第十二代振员公。祠前一口大塘，近街头一座长廊水榭，可供村民在那儿休闲聊天。祠的规制格局与祖祠大致相同，因宽度不能超过祖祠，故宽13.5米，比祖祠少 4 米，但长度比祖祠长了 5 米，达45米。门口的墙面没有砖雕，而是用砖排出一组组既规则又有变化的图案。主祠木柱均使用优质柏树，一般宗祠大梁不超过四根，而此祠竟然用了八根，而且中进和后进有两根大梁均是一棵树做成的，长达13米，被人们誉为“江南第一梁”。上面挂着吴仕昭考中进士的功名匾。这里需要重点关注那座木牌坊。靠祠边有一座木制牌坊，至今完好，巍然耸立。它用的也是柏木，四柱三楼，宽8.8米、高7米，木柱两边用石料打制成半圆形抱紧，上部庑殿式，心间高出，挑脊翘角，檐板红漆雕花，一字形四柱上架置重檐木坊，展现了高超的建筑工艺。石坊四处多见，木坊独一无二。正因为如此，《中国建筑史》将之载入史册，并给予高度评价：“此坊与坊前月池和坊后颇深的祠堂建筑浑然一体，给人以气吞山河的感觉。”

如果去过山西常家庄园，你会看到一个家族的庄园就是一座城堡，四周会修筑厚厚的城墙。昌溪利用高屋大墙连接出一道沿河的围墙，它在北部山口还真的修了座寨墙，这也是昌溪不同于徽州其他古村落的地方。寨墙用条石垒成，高大宽厚，对山门额镌刻“叠石作障”，面村门额刻着“众志成城”，八个字都出自许承尧之手。修筑此墙一方面是防犯山中土匪，一方面也是防止山洪暴发。墙外门西边，凿有一口深井，水质澄澈。一条小溪绕着梯田而来，一条石板小路傍着小溪袅袅而去。远处的水田里，白鹭单腿独立；山林间，一群小鸟散乱飞过。

29

说到昌溪，必须说到“燕窝山庄”，说到吴承仕。

出村向东，爬过青石板铺就的“千步云梯”，来到山顶，蓊郁树林间藏着个小山村，这就是从山下村落分蘖出的“燕窝山庄”。入村有10米泥路，取“燕不离泥”之意，进村不远处的一座典型的徽民居就是吴承仕的故居。吴承仕，《近代中国百年史辞典》载：1884年3月20日出生，“字检斋，光绪举人，章炳麟及室弟子，精研音韵训诂和古代名物制度，时称经学大师。曾任北京师范大学中国文学系主任、中国大学国学系主任，兼北京大学、东北大学教授，创办《文史》《盍旦》等刊物。积极参加‘一二·九’运动，参与组织北平作家协会。1936年初加入中国共产党。抗日战争爆发后，迁居天津，严拒日寇诱迫。1939年9月21日在北京病逝”。吴承仕19岁时与父亲同时考中秀才。第二年赴南京参加乡试，考中举人。正当他雄心勃勃准备参加会试时，科举制度被废除了，但当时朝廷觉得还有数百万生员需要善后处理，所以又特许每过三年再考选三次优贡。第一次考选是在1907年，吴承仕考选了第一等第一名（所以后人仍然用“状元”来称呼他）。选取后，吴承仕被任命为大理院推事，民国建立后，他担任司法部佥事，1914年，章太炎因大闹总统府，被袁世凯软禁在龙泉寺，吴承仕对章太炎的风骨大感钦佩，于是便去探望章太炎，并拜章为师，从此将精力投入到了经学和小学研究中，并成为一代经学大师。1927年4月28日，李大钊被张作霖杀害后，有感于司法的黑暗，吴承仕断然辞职，开始一心一意从事研究，1930年在范文澜先生影响下，又开始认真研

30

31

25. 祠中雕刻精美的梁柁
26. 祠门处木雕
27. 酒楼茶肆木条榫接出的“贵”字
28. 宋代酒楼茶肆
29 员公支祠前木牌坊
30. 水榭
31. 三眼井

32

33

34

35

32. 石墙券门题额
33. 老门上的铁环
34. 石板路水漏
35. 石雕漏窗

读马克思主义，终于1936年加入了中国共产党，他病逝后，延安为他举行了隆重的追悼大会，毛泽东送了“老成凋谢”的挽词。周恩来送了“孤悬敌区，舍身成仁，不愧青年训导；重整国学，努力启蒙，足资后学楷模”的挽联。吴玉章送了“爱祖国山河，爱民族文化，尤爱马列主义，学贯中西，善识优于昌水；受军阀压迫，受国事排挤，终受敌寇毒刃摧残，气吞倭虏，壮烈比诸文山”的挽幛，足见吴承仕在中共领导层的影响。据说他曾回乡两次，一次是1934年 2 月，专程回来参加他倡导创办的昌溪复兴小学的开学典礼，并书写对联100副，卖字筹款资助，还购赠“百科文库”一套；一次是1937年底到1938年春，回来后，组织复兴小学师生进行抗日宣传，发动学生募捐购买“儿童号”飞机支援前线。

吴承仕是“燕窝山庄”飞出的一只神燕。或者说，小时的吴承仕每天爬着千步云梯上下学时，山下那只硕大的彩蝶，不，神燕，一直在召唤着他要冲天而起呢。

（本文摄影：徐天一 吴建平 方德才 李素萍 李传玺）

Changxi

In southern mountainous area of She County, there is an ancient village of history, culture, and ecology, Changxi. It locates in the intermountain basin of southern Anhui, where Changyuan River, the source of Qiandao Lake, flows through, and 5 kilometers away is Shendu Township, dock of the so-called "Painting Corridor of Xin'an River". When ancestors were building the village, they tried to embody morals and ethics in each detail, therefore an ancient village in Huizhou shall be appreciated not only according to its shape, but also its spirit and charm. The spirit of Changxi lies in the fact that it is not composed of households under a single family name, but of two big families living in peace and harmony and enjoying common prosperity. There are three hamlets in Changxi. In the north is Cangshanyuan, at the southern side of Fujin Mountain, where Wu Chengshi, a master scholar of Confucian classics, was born and raised up, and Wu Family is the majority; in the central part is Changxi, mainly a gathering place for Wu family; the south end is lower Changxi, Zhoubangtou, where Zhou is the major family name. According to some incomplete statistics, there are altogether 7 socialists, 3 educationists, 2 scientists, 3 litterateurs and several renowned businessmen coming from the Wu family. Zhoubangtou, also known as "village of imperial examination winners" , has a record of 4 successful candidates in the highest imperial examination, 19 successful candidates in the imperial examinations at the provincial level, 28 successful candidates in the metropolitan examination and 74 successful candidates in the imperial examinations at the county level; besides, many people won the identity of official because of their virtue and contribution, approximately 77 officials above the county level. Ever since earlier years, Changxi has acquired a reputation of "No.1 Village in Ancient Southern She County" . From Ming Dynasty, a group of ancient constructions, which started from Xijing Nunnery in the west and ended in Wuben Hall in the east, covering a length of 3 kilometers, began to be built. Until now, there are 201 ancient constructions from the Song Dynasty and afterwards, for example, the Ancestral Temple of Martyrs, Taihu Ancestral Hall, the Ancestral Hall of the Zhou Family, Former Residence of Wu Chengshi, etc. What' s unique in south of Changjiang River are teahouses and restaurants from Song Dynasty, wooden archway of Yuangongzhi Ancestral Hall, and the bulwark made by "Laying Stones as Protective Screen" . Seen from the top of the mountain opposite, Changxi village is like a huge colorful butterfly dancing trippingly beside the shore of Xin'an River.

（译：梅新慧）

棠樾

文/王金萍

牌坊这人造的历史化石，曾是古代社会最高荣誉的象征，但它所有道德光环早已被岁月的风尘所遮蔽。在棠樾最寂寞的，该是供在祠堂里刻在牌坊上的节妇烈女，她们用一生的青春和血泪，换来这一座座旌表德行的牌坊。值得吗？

二十世纪三十年代，一位社会学家曾这样描绘过："旅行中国社会的观光者，差不多在游踪所到的城邑乡村或郊外墓门之前，总可以看见一种旌表的牌坊或牌楼，在市声鼎沸中或苍烟落照中矗立着，这些都是古色古香的前代遗物。这些古色古香的遗物，有的因为年代太荒远了，石柱或已倾倒在碧草黄沙之中，在风露中微喘着，有草虫在其下低唱着不知名的曲调，顿使旅人们油然而生思古的幽情，微感到人世沧桑之悲绪；有的仍然巍然独秀，在夕阳里发挥无限的光辉，无形中流露着一幕悲壮热烈的史实，使人临风悼意，使人起舞低昂；有的则又华美如新，它那壮丽的雕刻

和古意的构图，在在都表现出中国古代建筑美术的轮廓，又绩大，又伟严，如同鹤立鸡群似的，又如同鲁殿灵光似的，岸然痴立在镇市乡村生活的迷惘里。”（曾铁忱《清代之旌表制度》）。

被誉为“牌坊之乡”的徽州就有众多上文提到的“古色古香的前代遗物”。徽州原有牌坊1 000多座，现尚存100余座，仅歙县一县历代就建牌坊250多座，现存牌坊82座。它们或歌颂孝子懿行、贞女节妇，或褒扬官宦名门、忠政操守，或彰显科甲功名、军政功德。歙县郑村镇棠樾村的棠樾牌坊群，则是安徽省现存最大、保存完好的一处牌坊群，可说是徽州

1. 牌坊群（后四座）

1

2. 牌坊群（前二、三座）

3

4

5

3. 圣旨建的牌坊
4. 御制的牌坊
5. 敕建的牌坊
6. 牌坊上的圣旨牌匾

“牌坊文化”的代表。

棠樾村，属安徽省黄山市歙县，以牌坊群而闻名于世。棠樾村是鲍氏村落，村民历代以经商为生。

棠樾从宋以前，就有鲍、汪、董、姚、张等姓居住。村名“棠樾”二字，来源于《诗经·甘棠》周贤吕台伯的故事。台伯推行文王政令，深入民间在一棵甘棠树下办公，甚得民心，后来老百姓特意保护那棵甘棠，让它枝叶茂盛，清阴满地。因而把“棠阴”一词喻为“德政”，棠樾的“樾”字，即指树阴。

棠樾明属直隶省徽州府新安卫、衮绣乡，清属二十二都九图、大和社、慈孝里，民国属歙县丰山乡、棠槐保，新中国成立后属富埸乡，现属郑村镇。

南宋建炎年间，在徽州府任“文学”职官的鲍荣，看到棠樾环境很

6

好，便在棠樾村坪头建了一所别墅——掌书园，生前还把早逝的妻子、孺人葬在园内，即今村中之鲍氏始祖墓园，到了鲍荣的曾孙鲍居美时，才将全家从徽州府西门河西搬到棠樾来，开始了规模宏远的村业。到元代至正年间（1341—1368）棠樾村中生产、生活设施都有了良好的基础。

元代学者鲍元康在村北龙山建慈孝堂，供奉宋末元初鲍宗岩、鲍寿孙父子，表彰《宋史·孝义篇》鲍氏父子遇盗争死事迹。这是棠樾鲍氏第一座祠堂。元代村中的建筑，主要围绕始祖墓园而建。

元、明之际，棠樾村人进行了大规模的水系改造，棠樾来自灵金山之水分为两条，一条自东山、槐塘而来，过村北流入模路塘；另一条去村西沿灵山山脉至西沙溪，此为村中主要水源。至正年间，鲍佰源倡导族人截流筑成“大姆坝”，灌溉田600余亩，确保了棠樾农田旱涝保收，同时引水入村，两股水于骢步亭汇合，潺潺流至七星墩义善亭（现已毁）水口。明永乐十八至十九年（1420—1421）村民重建大姆坝，并在大姆坝下掘出了一连串的山塘水库，作为调节，村西北山上的德公塘是一个周遭用条石砌筑成的大水库，保证了大旱时村中的农用水，村民们受益至今。

棠樾村背倚黄山支脉灵金山的龙山，山上曾建有唐汪王庙，宋鲍宗岩、鲍寿孙父子慈孝堂，明永乐帝御诗碑及社坛等名胜。棠樾四景有复古桥、令尹清泉、横塘月雾、龙山晴雪。

7

在广阔的田园风光、秀丽的水光山色映衬下，棠樾村口古牌坊群与周边的古祠堂、古民居、古亭阁，构成一幅浑然天成、气势恢宏的“徽州古建三绝图”，引发人们无尽的遐思。

棠樾鲍氏是一个以“孝悌”为核心、严格奉行封建礼教、倡导儒家伦理道德的家族。这个家族亦官亦商，创造了上交天子、官位显赫、藏镪百万、富可敌国，受两代皇帝旌表的神话。歙县多牌坊，这与徽商的发展、兴起和程朱理学的发源、影响有着源远流长的关系。明清时期，“无徽不成镇”，徽商盛况空前，其财力左右国家经济命脉三百余年之久。发迹的徽商，荣归故里，为光宗耀祖、流芳百世，奏请皇上，兴建牌坊。

棠樾牌坊群位于歙县郑村镇棠樾村东大道上，离歙县县城6公里。一进村就见七座灰白色牌坊一字排开，蔚为壮观。它们记录着鲍氏家族明清两代四百年间的显赫。

这七座以“忠、孝、节、义”为核心的石牌坊，由两头向中间按忠、孝、节、义依次排列，自西向东依次为鲍灿孝子坊、慈孝里坊、鲍文龄妻汪氏节孝坊、鲍漱芳乐善好施坊、鲍文渊妻节孝坊、鲍逢昌孝子坊、鲍象贤尚书坊。这个牌坊群就是古徽州文化的一个标本，也可以说是一本固体的史书。

那一座座雄伟沉默的大青石牌坊，古朴典雅，每一座牌坊都有一个情感交织的动人故事，每一座牌坊都蕴含着丰富的内涵和象征意义。细读它，恍若回到当年的显赫时代。

牌坊这人造的历史化石，曾是古代社会最高荣誉的象征，但它所有道德光环早已被岁月的风尘所遮蔽。在棠樾最寂寞的，该是供在祠堂里刻在牌坊上的节妇烈女，她们用一生的青春和血泪，换来这一座座旌表德行的牌坊。值得吗？

缓缓行走在空旷落寞的村头，似乎在“荣耀”而又充满辛酸和悲凉的氛围中穿行，几百年的画面一一展开在眼前：

明坊三座是：慈孝里坊、鲍灿孝子坊、鲍象贤尚书坊，前二坊为卷草型纹头脊式，后一坊为冲天柱式，三坊都是四柱三间三楼。清坊四座是：鲍文龄妻节孝坊、鲍漱芳乐善好施坊、鲍文渊妻节孝坊、鲍逢昌孝子坊，四坊都是冲天柱式，结构类似，但雕刻比明坊精致。内容有婀娜多姿的花卉虫鱼，栩栩如生的狮子、仙鹤以及牡丹瑞云等吉祥喜庆之物。如那面阔11.82米、进深2.58米、高11.70米，最迟建造的“乐善好施”坊，其额枋、拱板、月梁等也都相应雕刻花纹图案，粗大的梁柱，精美的纹饰，

7. 骢步亭与后四座牌坊
8. 慈孝里牌坊（背面）

8

9

使气势愈显轩昂。

顺着道路从东南向西北行进，第一座牌坊就是鲍灿孝行坊。始建于明代嘉靖十三年（1534），清乾隆十四年（1749）重修。上刻“旌表孝行赠兵部右侍郎鲍灿”。坊阔9.54米，进深3.54米，高8.85米，图案精致，镂刻通明。四柱的磉墩，安放在较高的台基上，整座牌坊典雅厚重。

相传鲍灿读书通达，却不求做官。老母两脚病疽，延医多年无效。鲍灿伺候老母，用嘴吮吸老母双脚血脓，直至痊愈。他的孝行感动了乡里，经请旨建造此坊。因他的曾孙鲍象贤有功于朝廷，朝廷在封赠鲍象贤工部尚书，允许建坊纪念的同时，又追赠鲍灿“兵部右侍郎衔”，因此，牌坊上刻的鲍灿的“头衔”应是重修时补上去的。

第二座牌坊是始建于明代永乐十八年（1420）的慈孝里牌坊，它应该是七座牌坊中“年龄”最大的，乃皇帝亲批“御制”，可见其政治待遇之高。此牌坊为皇帝旌表宋末元初鲍宗岩、鲍寿孙父子而建。明弘治十四

9. 鲍灿孝行坊（第一座）
10. 慈孝里牌坊（第二座）
11. 汪氏节孝坊（第三座）

年（1501）、乾隆十四年（1749）重修。坊阔8.57米，进深2.53米，高9.60米。明间额枋较低，平板枋以上为一排斗拱支撑挑檐，二柱不通头，垫拱板朴质无华，加固了挑檐的基础，厚重相宜。

牌坊上还铭刻了明永乐皇帝的《慈孝诗》：“父遭盗缚迫凶危，生死存亡在一时……鲍家父子全仁孝，留取声名照古今。”据《宋史》记载：“有鲍宗岩者，字傅叔，徽州歙人。子寿孙，字子寿。宋末，盗起里中，宗岩避地山谷间，为贼所得，缚宗岩树上，将杀之。寿孙拜前愿代父死，宗岩曰：‘吾老矣，仅一子奉先祀，岂可杀之？吾愿自死。’盗两释之。”

第三座牌坊为鲍文龄妻汪氏节孝坊。建成于清乾隆三十四年（1769），额刻“矢贞全孝”“立节完孤”。坊阔11.93米，进深3.50米，高10.50米。据县志记载，汪氏为棠樾人，25岁守寡，立志守节，把儿子培养成歙县的名医，她却积劳成疾而死。儿子为表孝心，多次上书皇帝，请求为母亲建牌坊，经调查后，皇帝下诏同意建坊。

在此牌坊与第四座牌坊之间，还有座骢步亭。它是棠樾人、曾担任过贵州都匀知府的鲍献书和其侄儿鲍元臣于明隆庆年间修建的。取《汉书·列异志》中《骢马御史之典》：东汉末侍御史桓典出门常骑一匹青白色的马，所以人称“骢马御史”。每当他骑马出行时，那些害怕桓典的人就互相告诫说：“走路时要走走停停，多看着点，碰上骢马御史快点避开。”后人即用“骢马御史”来指御史等执法官吏。现亭为乾隆年间重

10

11

修。亭骑跨沟上，单檐四角攒尖，屋角采用嫩戗做法，宝顶形似官帽，为他处少见。“骢步亭”三字为清大书法家邓石如所书。骢步亭夹在一排牌坊之中，也使牌坊群显出错落之美。

第四座为乐善好施坊，建于清嘉庆二十五年（1820）。牌坊正、背面均书“乐善好施”。坊阔14.26米，进深6.07米，高11.70米。据传，棠樾鲍氏家族当时已有“忠”“孝”“节”牌坊，独缺“义”字坊，此时担任两淮盐运使司的鲍漱芳，欲求乾隆恩准赐建“义”字坊，以光宗耀祖。乾隆答应了他的要求，但要鲍家捐粮十万担，捐银三万两，修筑河堤八百里，发放三省军饷。鲍漱

13

14

12. 骢步亭
13. 乐善好施坊（第四座）
14. 吴氏节孝坊（第五座）

◀12

15

16

芳同意了，鲍家有的是盐商，鲍漱芳带着儿子鲍均立即付诸实施。于是，在棠樾村头又多了一座“乐善好施”的义字牌坊。

第五座为鲍文渊继妻吴氏节孝坊，建于清乾隆三十二年（1768）。为旌表鲍文渊继妻吴氏“节劲三冬”“脉存一线”而建。坊阔15.40米，进深6.00米，高11.83米。据县志记载：吴氏，嘉定人，22岁嫁入棠樾，时小姑生病，她昼夜护理；29岁时丈夫去世，她立志守节，尽心抚养前室之子，直至其成家立业。吴氏守寡31年，60岁辞世。

第六座牌坊是鲍逢昌孝子坊，建于清嘉庆二年（1797）。为旌表孝子鲍逢昌而建。牌坊正、背面字牌分别书“天鉴精诚”“人钦真孝”。坊阔13.42米，进深6.84米，高12.12米。据记载：逢昌之父明末离乱时外出多年，杳无音信，顺治三年（1646），逢昌才14岁，便沿路乞讨，千里寻父，终在雁门古寺与父亲相见，并将父亲请回家中。后其母病重，他又攀崖越洞，采药医治，更能割股疗母，因造此坊。

第七座为鲍象贤尚书坊，建于明天启二年（1622），清乾隆六十年（1795）重修。正、背面字牌上分别书“官联台斗”“命涣丝纶”。坊阔12.69米，进深7.17米，高11.84米。据县志记载：鲍象贤为嘉靖八年（1529）进士，历任户部右侍郎、右都御史、兵部左侍郎等职。他多次遭到奸臣的中伤，政治生涯几起几落。但他一直抱持“官不择位”的思想，廉智自持，不计个人毁誉得失，一如既往地效忠社稷，后经万历皇

15. 鲍逢昌孝子坊（第六座）
16. 鲍象贤尚书坊（第七座）
17. 骢步亭及后四座牌坊
18. 鲍氏宗祠前的旗杆石
19. 明代牌坊上石雕

17

帝的老师许国为之鸣冤，死后封赠工部尚书。牌记因旌表他镇守云南、山东有功而建。

棠樾历代不仅多忠臣孝子，更多节妇烈女，《民国歙志》记载，明清两代，鲍氏家族出了贞节烈女59人。女人的节孝牌坊无疑是血泪史碑了。这些表面耀眼的光环的背后，是女性为成就男性和家族的光荣而背负的石碑般的重担。

到了明清两代，徽州牌坊建筑艺术日臻完善，这七座牌坊气势宏大，雕刻精美，建筑风格浑然一体，虽然时间跨度长达几百年，但形同一气呵成，堪称明清时期建筑艺术的代表作。

棠樾牌坊群具有徽州石雕的典型特点。七座牌坊全部采用石料，且以质地优良的“歙县青”石料为主，这种青石质地坚硬。七座石牌坊布局不采用中轴式，而是沿村东端甬道顺序建立，其建构高大巍峨，料石方正厚重，梁柱硕大，平琢浑磨，气势轩昂，部件皆镂刻工丽、玲珑剔透，凸现出徽派石雕的迷人风采。

棠樾牌坊群于1981年9月被列为省重点文物保护单位。1996年11月，

18

19

20. 状元坊
21. 牌坊上镂空石雕
22. 23. 龙兴独对坊石雕
24. 龙兴独对坊脚石狮子
25. 龙兴独对坊

20

21

被国务院公布为国宝级全国重点文物保护单位。现在，景区成为国家重点文物保护单位、世界文化遗产申报地、国家4A级旅游景区，也是黄山市“十佳”旅游景点。

从尚书坊往北走，转过山脚，就是槐塘村，这里矗立着两座鲜为人知却又非常珍贵的牌坊。一座为建于南宋年间（1275—1276）的丞相状元坊。由于额枋“圣旨”牌是用红色沙砾岩制成的，故又称“红牌楼”。坊四柱三间三楼，卷草式纹头脊，中有宝顶。龙凤板上刻“丞相”，额枋有“状元坊”三字，其右间题有“亚卿”，左有“学士”。此坊是旌表槐塘村程氏家族的一座功名坊，旌表的是程元凤、其弟程元岳及其从侄程扬祖、程念祖，为四人共立一坊。

程氏家族功名显赫，丞相状元坊的“丞相”是指程元凤，南宋绍定二年（1229）己丑科进士，累官右丞相兼枢密使，少保，少傅等，位极人臣；“状元”

22

23

24

为程元凤，他是南宋景定四年（1264）进士第一名，廷对御赐状元（注：查史书，此年没有科考，故《中国状元名册》中没有此人）；程元凤的从弟程元岳官至工部侍郎，是尚书的副手，因称“亚卿”；“学士”是纪念程元凤的另一从侄程念祖，他官至直秘阁学士，掌管宫禁图书文册。

另一座是龙兴独对坊，位于槐塘村北边，明正德（1506—1521）间立。东西向，白砂岩，三间四柱五楼。鳌鱼吻脊饰，挑檐下作仿木结构斗拱，梁枋与雀替均作半立体透雕。明间二柱外侧立有一对蹲狮，枋额刻“龙兴独对”。此牌坊记录了朱元璋皇帝和徽州大儒的一段佳话，说的是1358年，明太祖朱元璋至徽州，宣召贤儒，访问民事，向唐仲实等大儒请教天下之道的故事。

徽州大地的这些牌坊，对研究历代政治、经济、文化思想史及建筑艺术都有极其重要的作用，对科举制度、理学、徽商的形成和发展，甚至民居民俗都有非常珍贵的研究价值。

在牌坊群北侧坐落着棠樾鲍氏家族的祖

25

26

27

26. 敦本堂
27. 嘉庆上谕碑
28. 宗祠享堂
29. 清懿堂牌匾
30. 清懿堂享堂

祠——敦本堂，匾额为清大家王文治手笔。俗名“男祠”。三进五开间，享堂构筑宏敞，用材硕大，气势恢宏；祠内有义田规条碑、嘉庆皇帝上谕碑以及邓石如、刘墉、梁同书、朱圭、黄钺、陈大文等名人的17方碑刻。这些碑刻充分显示了鲍氏在乾、嘉年间历史上的辉煌。而嘉庆上谕碑，内容有关鲍氏经营盐运史实，是清盐法史的重要证物。

清嘉庆年间，当时辉煌于两淮盐务的总商棠樾鲍志通，出于光宗耀祖、积德行善的理念，与弟鲍启运、子鲍漱芳捐出巨资，将“敦本堂”重建一新，又于左侧修葺“文会”，创建“世孝祠”（崇祀南宋以降的鲍氏孝子）。同时又整修了“大和社”及水口牌坊林园、“三元庵”等文物古迹。因支祠只奉男主，未附女主，鲍启运别出心裁，拿出全部储蓄，于大和社对面，坐南朝北构筑了“女祠”。至此，与牌坊群相邻的地方就坐落着全国唯一一座保存完好的女性祠堂——清懿堂，借以纪念为徽商的辉煌作出牺牲和贡献的鲍氏妇女。“清懿堂”三字巨匾高悬在享堂照壁正中，出自书法家鲍珍之手，另一块“贞孝两全”的横匾则是曾国藩所书。堂以

28

“清懿”为名，取的是“清白贞烈、德行美好”之意，是一曲妇女的颂歌。

女祠的设置规模，在徽州祠堂乃至全国古民居中也是罕见的。面阔16.9米，进深48.4米，五开间，三进，依次为门厅、清懿堂主厅和寝堂与享堂，整座建筑以硬山式高低错落马头墙外观为主要特色，唯有后进部位为歇山式阁楼。一般的祠堂都是坐北朝南的，唯独这女祠却坐南朝北。这种大相径庭的构思来自《易经》上“男乾女坤，阴阳相悖”的哲理，既为女祠，当然得与男祠相反。同时，北堂古为母氏所居，坐南朝北，旨在颂扬母恩母德，可见女祠设计之良苦用心。

在徽州，很多村都曾设有女祠，用来旌表杰出女性和对家族卓有贡献的女性，但大多数女祠或因保存不善而毁，或改作他用，清懿堂可谓现存保护最好的一座女祠。

人称歙县有“三绝”（牌坊、祠堂、民居），棠樾村由鲍氏数十代经营，构成一个完美的村落体系，尤以大屋比连闻名遐迩。

29

30

31

棠樾民居大屋中要数保艾堂最有代表性。保艾堂的主人是清末两淮盐务总商鲍志通和儿子鲍漱芳，大屋共有108个房间、36个天井，按易经八卦方位，避凶就吉组合而成。东边屋内有白果厅（保艾堂的正厅）、楠木厅（居正厅，又称“右花厅”，有“安且吉兮”匾额）、红木厅（即花厅之后的倒厅，早年毁于火）三厅。这三厅为全屋构造装修之重点，宏丽轩敞，陈设精致；东边屋内有“安素轩书斋”，著名的《安素轩法帖》即藏于此。1799年，侨居扬州的富商鲍漱芳（1763—1807，鲍志通的长子）从自己珍藏的历代名家书迹中精选出一批汇为《安素轩法帖》12卷，并延请扬州著名刻工党锡龄钩摹上石，于1829年完成。《安素轩法帖》包括唐代8册、宋代22册、元代23册、明代8册，在书法界很受推崇，影响深广。

在抗战期间，保艾堂曾被辟作南京锺英中学的课堂、宿舍（该校当

31. 清懿堂砖雕

32. 清懿堂牌位

32▶

郑氏
鲍大声妻，二十二
岁夫客死江西，氏事姑，
育遗腹子，归夫柩，守
节五

33

34

33. 34. 保艾堂

时避乱来歙），后来又被国民党集团军司令罗卓英、唐式遵、上官云相、陶广等用作司令部办公用房。

隆冬的寒风中，一座座造型别致的徽派古民居、鳞次栉比的古牌坊群和阴森威严的古祠堂，无声地诉说着古徽州文化辉煌的昨天。静静与之对望，透过那巍峨青石牌坊的沉默，一声清脆童稚的声音自遥远的时空传来：

“前世不修，生在徽州；十三四岁，往外一丢……”

（本文摄影：徐天一　吴建平　方德才　李素萍）

Tangyue

With a reputation of "Hometown of Memorial Archways", Huizhou boasts of having more than 1,000 memorial archways, and 100 more still exist. In past dynasties, more than 250 memorial archways have been built in She County merely, 82 of which are preserved. These memorial archways may eulogize filial piety or chastity, praise integrity or loyalty, or demonstrate scholarly honor and military exploits, etc. The group of memorial archways in Tangyue in She County and the two memorial archways in the neighboring Huaitang Village, are the largest and most well-preserved group of memorial archways in Anhui province or even in China. Tangyue's memorial archway group consists of seven archways, which were arranged from northeast to southwest according to the order of loyalty, filial piety, integrity and honor. Of the two memorial archways in Huaitang, one is for the person who got the first rank in the highest imperial examination, and the other one was engraved with the story of Zhu Yuanzhang, founding emperor of Ming Dynasty, visiting talented and wise people in South Anhui. All these represent the culture of memorial archways in China.

When visiting an ancient village in Huizhou, you cannot miss its memorial archways. As an ancestral hall for the Bao family, the peculiarity of Dunben Hall is that it keeps a large number of engravings by masters. Bao Sufang, who took part in the rebuilding work, edited in his spare time a selective collection of calligraphic works named *Ansu Pavilion's Calligraphic Works*, altogether 12 volumes, which means there must be some cultural connections between the two. To our surprise, a well-preserved ancestral temple for women should be found here, which is the only one ancestral temple for women in China. It is not a simple temple, nor a mere cultural relic, it actually embodies the attitude towards women in ancient Huizhou as well as the position of women in Chinese history, which cannot be generalized simply by the definition of Neo-Confucianism, and not "tears and blood" either.

（译：梅新慧）

江南第一村

中华第一祠

呈坎

文/李传玺

老人领两人来到了如今的呈坎，但见『山水潆洄，如入葫芦，颠而不知其腹，由小而大，大而宽，宽而旷，旷而平，四顾群峰峭拔，列境如壁』。于是两人就在此定居下来。

1

1. 呈坎全景
2. 锺英楼处街巷
3. 鸟瞰呈坎

唐末乾符、广明年间，黄巢军正转战于江西一带。歙州城外的山道上走着两年轻人，看到一位老人正在田间弯腰劳作，便停下来，用带着豫章（今南昌）口音的话恭敬地问道：这里还有更好的地方吗？老人直起身，擦擦汗，指着远处：西乡应该更好。老人家，你要是认识那里，能帮我们带带路吗？我们那里到处是乱兵，已经无法活下去了，只好投奔这里。好吧。老人领两人来到了如今的呈坎，但见"山水潆洄，如入葫芦，颠而不知其腹，由小而大，大而宽，宽而旷，旷而平，四顾群峰峭拔，列境如壁"。于是两人就在此定居下来。这两人是堂兄弟，来自豫章柏林，一个叫罗天秩（号秋隐），一个叫罗天真（号文昌）。两人均略懂得堪舆之学。据元代进士张旭在《罗氏族谱》中说："择地得西北（歙州）四十里，地名'龙溪'，改名'呈坎'。盖地仰露曰呈，洼下曰坎。"这应是呈坎村名的最早由来。

他们俩也成了呈坎罗姓的始祖。

还有一种说法。呈坎村坐西朝东，依葛山傍沩川河面灵金山而建，懂堪舆学的罗氏兄弟二人觉得对面的灵金山阳气太旺，容易造成阴阳失调，于是动员众人把沩川河改道前山。他们开凿河道，垒筑堤坝，引沩川河水由北向南穿村而过，河呈“S”形，形似八卦太极图中阴阳鱼的黑白分界线。然后取八卦中的“坎卦”，即“水卦”的“坎”字定村名，意指以“水”克“火”，使整个村形阴阳调和，以求未来罗氏家族人丁兴旺，命运亨达。

后来，罗氏家族日渐繁荣。到了南宋初年，无论罗天真一族（前罗）还是罗天秩一族（后罗），家族人口都已发展到四五十人，家族规制也已基本成形。特别是后罗，涌现出数名闻人。如：罗汝楫父子，不仅当时非常显赫，亦对后世历史产生了相当大的影响。罗汝楫和万俟卨是秦桧的两大助手，是杀害岳飞的元凶之一。宋史记载：“拜监察御史，未逾月，迁殿中侍御史。与中丞何铸交章论岳飞，罢其枢筦（宋代特指枢密院，宋枢密院与中书省分掌军政，武事出枢密）。咸谓死有余罪，寺丞何彦猷、李若朴独喧然以众议为非，欲从轻典。皆坐黜……”大意是，罗汝楫担任监察御史没到一个月，就升为殿中侍御史。很快与中丞何铸递交奏章弹劾岳飞，罢免了岳飞军权……大家都说岳飞死有余罪，唯独大理寺丞何彦猷、李若朴二人大叫着认为众人的说法不对，认为应该从轻发落。结果二人都连坐被罢黜。罗汝楫在这件事上确实有罪，但如果我们认真翻一下宋史目录，就会看到这样一个“怪”现象，秦、万等人都被列入《奸佞传》，而

2

3

4

罗汝楫却没有，这从一个侧面说明罗汝楫也有值得肯定的个人品质或历史功绩。宋史载："登政和二年壬辰科进士第（1112 年，此科状元莫俦）。监登闻鼓院，迁大理丞、刑部员外郎…… 时抚州有两陈四系狱，误论轻罪者死。汝楫诵其冤，且言：'独罪狱官而守卒不坐，非祖宗法。'于是诏天下断死刑，守以下引囚问姓名、乡里然后决。"大意是，罗汝楫在政和二年（1112）壬辰科考中进士，先在登闻鼓院掌受官民上书，很快升迁为大理丞和刑部员外郎……当时抚州有两个名叫陈四的人一同被逮捕，结果误判罪轻的陈四死刑。罗汝楫知道后，立即述其冤情，并且要治那些玩忽职守人的罪，他说："仅治狱官的罪还不行，还必须治那些看守的罪，否则不符合先辈们制定的法律精神。"皇上听从了他的建议，诏告天下以后执行死刑，一定要谨慎从事，看守等一定要先问清楚犯人的姓名、住址后再加以执行。

罗汝楫有六子，其中罗颂、罗愿二人最为贤能。朱熹曾言"呈坎双贤里，江南第一村"，"双贤"即是指此二人。正是在与二人的交往中，朱熹得知了自己祖先是从呈坎迁出的，朱与罗二姓之间还有姻亲关系。《罗氏宗谱》记载，婺源朱氏始祖，也就是朱熹的始祖朱古僚"后徙居吴郡并歙篁墩、呈坎。唐末古僚为陶雅偏将，以兵戍婺源"，"生女嫁归罗文昌。昌自豫章柏林。唐末徙居歙呈坎，而配朱氏，呈坎罗氏之始祖妣也"。《宋史》记载，"愿字端良，博学好古，法秦、汉为辞章，高雅精炼，朱熹特称重之。有《小集》七卷，《尔雅翼》二十卷"。罗愿后来出任鄂州知州，并且将鄂州治理得很好，取得了很多政绩，在那儿，他唯一不敢去的地方就是当地的岳飞庙，看来罗愿的心中一直有着因为父亲的罪过而形成的对岳飞的愧疚。

虽然朱熹与罗天真一族有更直接的关系，但由于此时罗天秩一族的发展更为显赫，不对称的关系使得本是同宗的两支出现了摩擦甚至对立，罗天秩一族一度有看不起罗天真一族之意。

经过长期的奋斗，罗天真一族终于诞生了一位各方面尤其是政治上颇具风骨的人物，他就是宋末元初的罗荣祖。罗荣祖号仁浦，字东舒，据有关史志记载，由于他"元初屡聘不起，坚不仕元"，因此"时贤称其高

4. 罗东舒先生祠西侧券门
5. 罗东舒先生祠梁托
6. 罗东舒先生祠棂星门
7. 罗东舒先生祠甬道

致”。其号东舒，来自于他的《答招隐》诗中的两句：“东皋足舒啸，南亩可充囷。”即他愿意效法陶渊明，过“临清流而赋诗”的隐居生活。另外，罗东舒还为整个前、后罗做了一件大事。当时，二罗自唐末迁到呈坎已经快四百年了，随着时间的推移，前、后罗对自己的祖宗之根已经模糊，对自己的世系也已无从推测，罗东舒亲赴江西豫章柏林村，不仅理清了根脉，而且抄回了世系的辈分排列。这为罗氏后世修纂族谱理清了顺序，也为罗氏整个家庭的有序繁衍提供了血缘保障。他的举措促进了前、后罗的和解，也为前罗撑起了与后罗从精神上相抗衡的坚挺支柱。鉴于罗东舒为前罗乃至整个呈坎罗氏作出的贡献，前罗于明朝嘉靖年间为他建了座三个三开间宗庙式的祠堂。

到了明朝，前罗又出了位杰出人物罗应鹤。罗应鹤（1540—1630）字德鸣，号闻野，明降庆辛未科进士（1571 年，此科状元张元忭），曾任监察御史、大理寺丞、保定巡抚、都察院右佥都御史。他“再差东粤”时，建议督抚释放俘虏数千人；担任督学时，杜绝“交关请托”；擢大理寺丞后，曾使“闷弊一清”；担任保定巡抚时，修建了东明长垣河堤，并获得皇帝的金币奖励。43 岁那年其父去世，他丁忧回乡守孝，自此，再也不愿回到京城。这个“不愿”据说缘自老乡许国在他临走时送他的一箱“礼物”。许国让他必须回到家才能看，处理好父亲丧事后，他打开了木箱，里面竟然全是告他的状纸，虽然多是不实之事，但他还是感到后怕。三年丁忧期满，他开始寻找各种理由“退休”。皇帝无奈之下，只好答应他的请求，鉴于他的贤能特赐他“户部侍郎大司徒”，享受开府仪同“三司”的殊荣，即特许他在家升府办案，有权处理地方有关事务。因此，他修建了一座亦官府亦住宅的府第，高大的花岗岩牌坊式门楼，“首善儒宗”额匾是许国赠予，董其昌手书。围绕主宅，前后左右分别是花园、厨房、客房阁楼、谯楼等辅助建筑，可谓安全保卫、来宾接待、办公休息等一应俱全。他还盖了座过街楼“锺英楼”，本是报时用，但题名“锺英”，就有让村人时刻记着此处钟灵毓秀，罗氏应该英才辈出的意思。他更自万历四十年（1612）起，用五年时间扩建了罗东舒祠，将罗东舒祠按照文庙的格局兴建，即整个建筑包括棂星门、仪门、厢亭、甬道、丹墀、露台，将原祠作

5

6

7

9

为后寝，扩建后的祠堂显得气势巍峨。

随着罗氏人丁日趋兴旺，原先的住地已不足以容纳。到了南宋，前罗的七世祖罗天锡开始填滩建宅。至明初，呈坎村初具规模。为适应发展需要，呈坎村在明弘治年间（1488—1507）经历了一次大规模、有规划的改造。首先，突出了左宗（即在村左建家庙宗祠）、右社（即在村右建祭祀

8. 棂星门
9. 锺英楼券门
10. 明代泥雕
11. 石雕

10

11

◀8

12

13

12. 享堂“彝伦攸叙”匾
13. 泥雕狮子
14. 女祠券门
15. 石雕狮子

土地神的社屋）的理念。其次，兴建家庙，并以此为村落的核心，突出其家族认同、凝聚人心的作用。此时兴建的前罗宗祠——文昌祠、后罗宗祠——文献祠，规模都相当宏大。其三，改造水系，改善生活环境与生产空间。对淤川河进行改造，修堤使河水由偏西南流改为正南流至观音山嘴，汇入丰乐河，扩大了河西建筑用地。引村北柿坑水沿后街而流，引古河道开辟流经家家户户门口的水圳，在全村开凿水井，不仅改善了村庄小气候，而且提供了源源不断的生产、生活与消防用水，同时也为村南水碓提供了廉价动力。至此，呈坎的格局正式形成，并迎来了新一轮的快速发展。如今，呈坎仍有宋代建筑 2 处、元代建筑 2 处、明代建筑 23 处，清代建筑 130 多处，国家文物保护部门 1996 年公布了罗东舒祠、2001 年公布了呈坎古民居建筑群为国家重点文物保护单位。由于呈坎仍有宋元建筑，而且明清建筑数量众多，类型多样，风格独特，因此赢得了“呈坎民居甲天下”与“国宝村落”的美誉。

假如我们现在从村东进入，首先看到的便是有着“民间故宫”“中华第一祠”美誉的贞靖罗东舒祠。它包括照壁、棂星门、左右碑亭、仪门、两庑、拜台、享堂、后寝等部分，共四进四院，依轴线对称分布。有人认为：祠堂的梁柱、月梁、彩绘、丁字拱、鹰嘴榫以及一板一楔等，都颇有宋代的风格（张小平《徽州古祠堂》）。1993 年 10 月 31 日，著名古建筑专家郑孝燮考察呈坎后，对该祠作出了高度评价：“造型比例很好，非常雄伟，有气魄。彩绘保存得这么好，非常珍贵。徽州这两个祠堂（注：另一个指龙川的胡氏宗祠）各具特色，不相上下，都是当之无愧的国宝。”

由于面临洤川河，为了防止“庇荫”流失及众人出门产生“踏空”的感觉，祠前依河岸曲线修建了弓形照壁。棂星门仿的是曲阜孔庙的建制，石础石柱木构，六柱五楼牌坊样式，这在徽州祠堂中是独一无二的。棂星门与仪门间为一小院，两边“列碑亭两座，翼然前趋”。北碑是罗应鹤书写的《祖东舒翁祠堂记》，南碑是族人捐资修祠的功德碑。仪门7个开间，面阔26.5米，进深10米，正门中间石柱悬挂着楹联：“教子有遗经，诗书易礼记春秋；传家无别业，解会状榜眼探花。”上方大梁高悬“贞靖罗东舒先生祠”匾额，原为江西泰和人大司马郭子章题，“文革”期间毁弃，现为罗哲文用瘦金体所书。“贞靖”是对罗东舒坚定不移效仿陶渊明品格的称赞。仪门后的天井面积达400平方米，中间一条宽4米的甬道直通享堂前的拜台，仿故宫略高于两边地面，两边当年栽植的桂花树，虽然已历经400多年，仍然生机盎然。两庑各5个开间，进深4米，拜台前均围有石雕护栏。两庑各10块，拜台两边各9块，共38块，图案题材多样，寓意吉祥，线条流畅，极其生动。据说这些石雕是绩溪胡宗宪族人所赠。拜台甬道台阶两侧，雕刻有一对倒爬的小狮子，弯弯的脊背，浑圆的屁股，活灵活现。享堂是祭祖场所，面阔26.5米，进深22.5米，5个开间，两侧墙壁各立四块族规，南面：“妥神灵，严非族，戒妄婚，勉右文”；北面：“敦本业，勖长厚，警入祀，议综理”。正面悬挂着长6米、宽2.5米，董其昌书写的巨匾——“彝伦攸叙”。彝，指法度、规矩；伦，指伦理、道德；攸，指永远；叙，指条理、秩序。合起来就是告诫族人要将先人立下的道德规范永远保持下去。南边有一侧门，通向与其并置的“则内”，即女祠。女祠与男祠相对，坐东朝西，面积有180平方米，只有男祠的十分之一，作为附属建筑，高度也只有男祠的三分之一，没有正门，只有两个边门，一个通往祠堂，一个通往外面的小巷。女祠虽然小，但在男尊女卑的封建社会，徽州人能够设立女祠，也是对女性的一种尊重，值得肯定。

罗东舒祠的后寝堪称是富丽堂皇，美轮美奂。首先是规制宏大，面阔

14

15

16

16. 雀替木雕

17. 呈坎后寝宝纶阁

18. 宝纶阁石柱

19. 宝纶阁彩绘月梁

30 米，进深 10 米，高出地面 1.3 米，有三个台阶甬道和三个三开间，外加两个楼梯间，共计 11 个开间，这是徽州其他祠堂所不能比拟的。其次是雕工神妙。台阶两侧以及廊檐围有石雕栏板26块，构思精巧，细腻传神。石栏上的圆形如意结，变幻万端，无可比拟。雀替的“鳌鱼吐水”，层次丰富，呼之欲出。最令令人叫绝的，是它外侧的 10 根石质檐柱。它们总体呈四面方形，四角打磨成外弧形，四面却又雕琢成内弧形，不仅破除了四面方形的单调呆板，更使得每根石柱都变成了一件雕刻品。再把它们放到一起来看，10 根柱子一模一样，分毫不差，在仅靠人工手刻目测的时代，将石头打造成如此效果，真乃鬼斧神工、巧夺天工！其三是彩绘宏伟美丽。这里的后寝居然除了雕梁之外，还实施了全方位的彩绘，连冬瓜梁也没放过。用的颜料也不一般，是从矿物质中提炼的彩色石粉，并且使用了黄色。这些彩绘一扫后寝的阴沉肃穆，彰显了对以罗东舒为代表的先人的品质的尊崇，也彰显了罗氏后人传承这些品质的高度自信。据祠记记载："后寝几成，遇事中辍，因循垂七十年。"遇到什么事，拖延了这么长时间？据罗会定先生介绍，可能就是黄色和鳌鱼雕成龙头形犯了当时的"大忌"。当罗应鹤荣归故里续建祠堂后，看到后寝比前面稍显低矮，为了使整个建筑协调，也为了突出"祖先"，就让其侄子于 1617 年在后寝上加盖了一层，用来珍藏与皇恩有关的一切物件。这样，那两件犯"大忌"的事也就有了合法性。楼阁建好后，按其性质取名"宝纶阁"，请当时著名的孝子吴士鸿题写了匾额。宝纶阁的建成，使整个徽州的祠堂有了新的样式、新的高度。

17

18

自然经济下，人们必然祈求风调雨顺，中国人就是出于这种需要，特别看重土地神和五谷神的祭祀，这便是"社"的由来。在编写雄村时，我们就说到过"社屋"。呈坎罗氏早在宋时就兴建了"长春大社"，明嘉靖年间又进行了重修。如果说雄村的社屋只是竹山书院的附属建筑的话，长春大社则是兴修于呈坎水口一带的一座庞大建筑，总面积为 994.9 平方米，大门为五凤楼式，分门廊、正堂、后寝三部分。门屋正面是栅栏门，经过回廊、天井就是享堂，月梁、梭柱用料硕大，梁上有驼峰斗拱与莲花盘斗；过享堂照壁是后寝，其后壁栅栏门内有石坛两处，为供奉五谷神和土地神之处。在正月，人们会在社里举行春祈会和戏菩萨活动。春祈会一般在正月初七，先是吃暖灯酒宴，男丁均可参加。暖灯

19

20. 宝纶阁包袱巾彩绘梁架

貞靖羅東舒先生祠
羅哲文

22

23

24

酒宴过后是灯会，族人在社屋各处挂上许多花灯，花灯允许女人参观，特别是那些大户人家的小姐，经年累月关在家里或楼上，有这么一天出来观灯，必然兴奋，自会有一番精心梳洗打扮，她们会在父母、兄嫂等陪同下前来；灯会对新媳妇还有特别“奖励”，会赠送她们一盏莲花灯，祝她们在罗家早生贵子。如果真的在这一年生了男孩，来年的春祈灯会她们必须还愿、“还灯”，每家都不敢有丝毫懈怠，都会拿出制作的绝活，因此，灯会中那些样式比较独特的、制作比较精美的灯，都是这些人家送来的。戏菩萨是在正月十四、十五两天，是娱神更是自娱，在娱乐的同时，祈求来年五谷丰登、亨通顺达。据说十四那天是社稷公公的生日，从凌晨开始，凡逢祝寿之年的老人子弟，都要来给“寿星”献上一对重一斤到五斤不等的红蜡烛祈求保佑，晚上会在此举行寿宴，既是给“寿星”祝寿，也是合族预祝新的一年有个好的兆头。十五日凌晨，人们会击鼓奏乐把神像用神轿抬到祠堂里，让神和先人们也聚一聚。神轿一进祠堂，大门仅留一人能够挤过的缝隙，谁挤过去，说明此人来年运气好，即“奖励”每只半斤重的面制寿桃一双。此时，祠堂大门外，一边是奏乐的拼命地吹、打鼓的拼命地敲，一边是人们拼命地朝大门里挤，人声鼎沸，好不热闹。到了晚上，作为新年礼，人们会代先人给神在轿顶摆上红蜡烛十六只，轿壁八只，轿座八只，神像前还要放一对，都是重半斤。人们还要抬着神轿，吹吹打打，要把所有的街巷都走遍。凡有新媳妇和新生儿子的，轿子都必须停下，新媳妇会收到一对点燃的红蜡烛作为祝福，她必须将蜡烛接进新房，然后赠送管轿人一只红包；头生儿子的，除了赠送神轿红蜡烛三十四只外，还要赠送鸡蛋和菜包给宗族以及抬轿人员，有的人家还会设宴款待。神回到大

21. 罗东舒先生祠仪门
22. 长春大社
23. 长春大社享堂
24. 罗会炳宅独柱旋转楼梯

◀21

25

26

社后，人们会在社前广场上举行盛大的舞龙欢庆，男青年们会卖劲地舞，获得掌声和称赞，更会在心中植一个梦，梦想着会舞到一个钟情的女孩子心里，祈求未来一年五谷丰登，亨通顺达。如果说祠堂和大社都是在“祈求”，那么祠堂里人们丝毫不敢张扬，而大社这儿就是需要你快乐然后让神也快乐。如果说必须有一个高高的院墙将祠堂的“祈求”给围住，则大社这儿必须是开放的，要有一个大大的“坦”（即广场），让人们把快乐哄到天上去。

左祠右社，两者之间是豪门大宅的集中区域，罗应鹤宅石牌楼门罩，罗会炳宅木牌楼门罩、须弥座、高大客厅与仅 4 平方米的独柱旋转楼梯，罗长铭宅天井鱼池，罗季颖宅雕甍（méng，屋脊）镂栋，罗来龙宅猪食槽天井等，均特色显著，是游客必到之处。沿着已经被踏得光滑的石板小巷，你会看到十字街巷交会处，凌空飞架一座方形二层小楼，这就是“锺英楼”。四面均写着“锺英”这两个字，四面均刻着门槽竖着两扇门。它既可遮阳又能避雨，人们看到它如此实用，以后又在这样的十字街头修了多座一样的更楼，如今还剩下三座，成了呈坎不同于他处的独特街景。

比较这些大宅的建筑风格，你会发现明代的样式和格局与清代有许多不同。首先门罩处的雕刻不是砖雕，而是泥雕。泥雕是先在揉熟的泥块雕出图案，然后烧制而成的。如果说砖雕需要一个工匠精湛的雕刻技艺，那么泥雕要求更高——既要雕工精湛，又要准确掌握烧制的火候。否则雕得再精美，结果烧裂了烧变形了，一切还是枉然。可能由于工序复杂，泥雕逐渐消失，使得呈坎门罩上的泥雕更显珍贵，遗憾的是“文革”中都被砸毁了，如今我们看到的只是一片残迹。其二是门，这里的门与通常的木门、铁门绝对不一样，至今在全国其他地方也没见过。厚厚的木板上对外的一面贴着一块块灰砖，每块七八寸见方，严丝合缝，就像现在日常装修贴瓷砖似的，这不仅是为了美观，还是为了防盗。全铁门太重，全木门不耐火攻，那就在木门外用砖块吧，但砖块经不住铁石等重物击打。也许

27

28

是受故宫大门上突出的圆头黄铜钉的启发——在砖块上钉入一根根圆头铁钉，然后穿过木板向两边弯紧，这样既固牢了砖块，又不使砖块受攻击时易碎，还避免了砖块的单调感，增加了门的威仪与美感。其三是窗棂的形式。我们现在看得多的是清朝的古民居，受时代风气的影响，窗棂上的图案与花纹样式相当繁多。而明朝建筑的窗棂，没有什么图案与花纹，窗棂的下部是工字形，上部一律为木格以及由此组成的十字线条，非常简洁。到处是伦理的教化有时也显“沉重”，而简约的“线条”，或许会使你的心灵与精神顷刻间轻松许多。

浍川河是呈坎的命脉，也是呈坎的标志。河水很清澈，哗哗地流着，两岸的村民仍然迈着自古以来的“步伐”，下到河边淘米洗菜洗衣服。河上仍架着许多老桥，其中的隆兴桥和环秀桥位于村中。隆兴桥矗于春秋大社西南不远处。明朝罗斯宏修建，光绪二十六年（1900）重修，单孔，宽6.6米，长46.6米，高出水面8米，因而显得气势雄伟，有人说它是古徽州最大的单孔桥。桥下浍川河蜿蜒而来，袅袅而去。村中的屋脊参差栉比，傍晚或早晨，缕缕炊烟升起。站在桥下，看桥孔画了个大大的圆，岸边的风物则成了圆中的图案，无风时，水静着，图案也静着，风来时，水绉了，图案荡漾着，桥上的人也如水草般在水中荡漾。环秀桥位于溪东街与前后街之间的河上，是当年呈坎的主干桥。桥西头原为祭祀罗天真的罗

29

25. 呈坎街巷
26. 锺英楼
27. 长春大社里的“春祈秋报”匾
28. 明代木窗棂
29. 铁钉方砖门

31

氏世祠，现今还坐落着 1905 年由罗凌轩创办的徽州第一所民办新式学堂“湙川小学堂”旧屋。桥东的溪壁上刻着罗廷梅书写的：公禁河鱼。现今描了红，特别显眼，让人不禁感叹那时人们的环保意识。此桥顾名思义，为罗环秀（明朝成化年间）所建，“石筑三洞，并建桥屋，同治二年屋毁于兵，罗福俊妻郑氏重建。光绪年间桥面被水冲断，二十七年罗享润等募资修复”。修复后的桥变成了五孔，长26.65米，宽3.85米，高出水面4米多。此桥的最大特点是有桥屋（即是座廊桥），但又不像婺源的“彩虹桥”桥廊与桥身等长，而是仅西半段有桥屋。桥为全木构，于两边架了长椅，既可以让人靠着休息，又可以保护休息者的安全。当年站在桥上的人，欣赏的是桥下的风景，而今往往是桥下的人，欣赏着桥上的画面。罗福俊小名黑仂，其妻修复了廊桥后，有人亲切地称此桥为“黑桥”。到了“文革”

30. 呈坎水圳
31. 环秀桥

◀30

32

33

32. 隆兴桥
33. 环秀桥

期间，更名“红旗桥”。如今仍用“环秀桥”之名，“黑桥”的昵称也得到恢复。

水圳应该是呈坎的神经。假如整个呈坎你都走完了，请别忘了它。寻一处没人的地方，找一块石头，坐到它的旁边，静下心来，倾听吧——水在呢喃，风在细语，带着微微的凉意，这就是呈坎，古老而年轻。

（本文摄影：徐天一　吴建平　方德才　李传玺）

Chengkan

In the name of the village, Cheng means ground facing up and exposed, while Kan means low-lying area; another version is since Zhongchuan River flows in a zigzag across the village and forms the boundary between black and white of Taiji Diagram, thus named. 40 kilometers north of the Yellow Mountain, and more than 10 kilometers south of Tunxi city, the village locates just next to the Hefei-Huangshan Expressway. Until now, 2 constructions from Song Dynasty, 2 constructions form Yuan Dynasty, 23 constructions from Ming Dynasty, and more than 130 constructions from Qing Dynasty are preserved in the village. The Ancestral Temple of Luo Dongshu and the Ancient Residence group were announced as key national cultural protection sites respectively in 1996 and 2001 by the state department of cultural heritage protection. Thanks to the existence of constructions from Song and Yuan Dynasties, and a large amount of constructions from Ming and Qing Dynasties with various types and unique styles, Chengkan has won the fame of "Having Best Residential Buildings in the World" and "a National Treasure Village" . The Ancestral Temple of Luo Dongshu, which was built in the reign of Jiajing, Ming Dynasty, has been regarded as the Imperial Palace among the folks and the No.1 Ancestral Temple in China. A renowned Architect Zheng Xiaoxie once commented, "with great design and proportion, this ancestral temple is truly grand and magnificent; and the color drawings on it, amazingly well-preserved, are also highly valuable. These two ancestral temples in Huizhou, the other referring to the Ancestral Temple of the Hu Family in Longchuan, are distinctively featured and equally matched, both worthy of being national treasure. " Changchun Sacrifice Club was built in Song Dynasty, with a grand scale, where local God of the Land and the Five Cereals were enshrined and sacrifices offered, carrying ardent wish and pray for favorable weather and a good harvest. Besides, the door mask on the stone memorial archway of the residence of Luo Yinghe, the door mask on the wooden memorial archway of the residence of Luo Huibing, the fish pond in the patio of the residence of Luo Changming, the carving and engraving on the residence of Luo Jiying and the pig trough in the patio of the residence of Luo Lailong, all with distinctive features and are quite popular among tourists. Attention shall also be paid to Mud engravings on the door mask from Ming Dynasty, brick-embedded gate with copper nails and the concise line along the window lattice, etc. Over the Zhongchuan River that going across the village, there are a number of old bridges, among which Longxing Bridge is the largest single arch bridge in ancient Huizhou, and corridors over Huanxiu Bridge...each of the bridges is indeed a unique spectacle.

（译：梅新慧）

山深人不觉 同在画中居

唐模

文/胡迟

『喜桃露春浓，荷云夏净，桂风秋馥，梅雪冬妍，地僻历俱忘，四序且凭花事告；看紫霞西耸，飞布东横，天马南驰，灵金北倚，山深人不觉，全村同在画中居』，这副令人逸兴横飞的楹联，嵌在唐模檀干园的亭柱上，成为唐模最恰如其分的广告词。

1

2

3

“喜桃露春浓，荷云夏净，桂风秋馥，梅雪冬妍，地僻历俱忘，四序且凭花事告；看紫霞西耸，飞布东横，天马南驰，灵金北倚，山深人不觉，全村同在画中居”，这副令人逸兴横飞的楹联，嵌在唐模檀干园的亭柱上，成为唐模最恰如其分的广告词。

唐模始建于唐，据史料记载，最早来唐模的是汪姓。大唐越国公汪华族人汪思立，因感原住地绩溪人丁不旺，遂有动迁唐模之举。其时汪思立年近古稀，是董仲舒“天人感应”论的信徒，精于天文地理，十分相信风水龙脉。他运用八卦理论寻觅风水宝地，最后相中现名“唐模塘”和“宗汪”的两处地方，但仍不能决断。为此他在两处各植银杏一株，结果“宗汪”一处的银杏成活了。于是汪思立当机立断，择定“宗汪”，率领儿孙在成活银杏近处的狮子山下建房打井，定居下来，正式命名此地为“宗汪”，意为汪姓氏族荣宗耀祖之地。

关于唐模的得名，明成化、弘治年间潜口人汪茂升所撰《吾宗敬思流芳序》中有云：“唐末予祖馗公再迁平聊乡唐模，族益昌炽，有忠烈遗风，人谓唐朝规模，故名所居曰‘唐模’。”

1087年，郡北许村的许贵一、许贵二兄弟俩因父母双亡，投靠唐模村姑父家。经过几代繁衍，许氏比当地的汪、程、吴三姓人丁更为兴旺，成为唐模村的大姓望族。但他们不忘姑父的收养之恩，仍沿用“唐模”这个村名。

徽谚“唐模棠樾，饿死情愿”，道出了徽州人对唐模的无限推崇与眷恋。

走进唐模，扑面而来的是古朴典雅、安详宁谧的徽派水口园林。由村中流出的小溪穿过一座座小石桥，翻越一道道拦水坝，形成一道道人工瀑布流往下游，两岸数十株巨大的樟树浓荫蔽日，终年常绿，掩映着“小桥、流水、人家”的皖南村落。

清澈美丽的檀干溪自西向东将唐模村分成南北两片，架在溪上的十座古桥，又把被分割的南北两半连成一个整体。这些古桥虽然短小，但式样不同，风格各异，有“十桥九貌”之雅称。

村西第一座桥俗称“石头桥”，中无桥墩，由三块等长青色茶石架成。当年大部分桥石与村中铺路的几千块石板，均自浙江茶源运来，水陆转运，备极艰辛。桥南原立有一大型拱门，进入拱门，就算进入了村庄。过去村民们迎宾送客，玩灯舞龙，送丧接嫁，均以此为界。

第二座桥称“三石桥”，由三块长6.9米，宽、厚均为35厘米的正方形大青石架设而成。中间立一桥墩。每根石柱重1.5吨以上。

1. 樟树荫
2. 粉墙
3. 古巷
4. 5. 许氏宗祠

4

5

6

第三座桥叫“戏坦桥”，桥北侧原有一可容千人的鹅卵石广场。旧时秋后或年边，常在此搭台唱戏。台是活动的，便于临时拆搭。开展“保安”“舞龙灯”“跳钟馗”“做把戏”等民俗活动，都可利用这一场所，桥也因此得名。但村民聚集戏坦看戏，坦临水街，街在溪旁，难免因拥挤而落水，故置办了大量“桥板”，蒙盖河面，又在桥两边建栏杆，用作防护。今栏杆已不存，所凿凹面石榫尚清晰可见。古人做事如此周密细心，实在值得我们学习。

6. 尚义堂

7. 唐模水街

第四、第五座桥架设于水街中、下段，两桥结构相同，中间有桥礅一个，由两块较长的青石板作桥梁，桥面为横铺石板，也是一色青石。桥宽1.3米，桥面与道路齐平，车来人往极为方便。两桥下游五六米处，有一古式水坝，所以两桥之间水势平缓，水深常年保持在1.5米左右，既能垂钓，又是天然泳池，炎夏季节，戏水游泳者络绎不绝。

第六座桥即“高阳桥”。高阳桥为唐模水街十座石桥中之主桥，为廊桥形式，位居其中。石质，双孔券，单孔跨度近7米。因唐模许氏出自高阳郡（今河南许昌），故名“高阳桥”以示郡望。该桥俗称“观音桥”，昔日桥内供奉观音菩萨。桥面建五开间小殿。梁、柱、檐、栱仿明式建筑。桥面面积60余平方米。东面竖一排青石砖雕栏杆，设一米宽人行道。小殿上方置有彩绘天花板，四壁以壁画为饰，色彩至今仍鲜明艳丽。地面铺地砖，光洁平坦。南北梢间各有门户相通。东西两面檐柱之间装有隔窗。下为栏板。西面檐下悬挂蓝底金字“高阳桥”木匾。左右柱上分挂

7 ▶

8

9

木质楹联："南海岸来一瓶甘露，高阳桥渡千载行人。"桥屋正脊中央，安有圆锥形锡铸宝顶，银光闪耀，颇为壮观。

第七座桥叫"义合桥"，因唐模清时曾置"义合大社"而得名。此桥有两个桥礅。原由十二根柱石搭建而成。据说因桥太窄，后由一富户每排又添了一根柱石，所以现在桥面有五列三排共15根柱石。靠西一列3根柱石与其他12根柱石，石料明显不同，看来这一说法是有根据的。这座桥的石料加工比较粗犷，保留了石料开采时的原始凿痕，别有一番韵味。

第八座桥叫"灵官桥"。灵官桥位于许氏宗祠前的檀干溪上，因桥南有灵官殿而得名。此桥单拱，桥面宽丈余。由路上桥原有三级台阶，桥两边有石栏，后因修机耕路拆除。桥下溪水与檀干园相通。灵官桥之上游有三个圆形石磴，桥下游10来米处有三个圆形深潭，隔水看去，深不见底，人们将此景比作西湖的“三潭印月”。

第九座桥为“五福桥”，因其北有五福庙而得名。这座桥有两个桥礅，由三列三排9根宽约35厘米、厚18.5厘米的柱石铺设而成，与檀干园大门遥遥相对。

第十座桥为“蜈蚣桥”，位于村东入口处。此桥桥身为“S”形，由两座桥礅和六块长石板架设而成，坚固平稳，状如蜈蚣。桥头一棵百年古樟，枝繁叶茂，将蜈蚣桥隐于虬枝茂叶之下。

十座古桥，分布在大约一公里的溪流上，平均每百米就有桥梁一座。村中心一段共5座，每隔二三十米即有一座，方便南北两岸村民的往来走动，使唐模在小桥、流水之外，更有了一种烟火人家的熙熙攘攘。

汪家祖先当年手植的银杏，已历经1 300多年的风风雨雨，依然枝繁叶茂、生机盎然。末代翰林许承尧《疑庵诗》中《诘老树》和《老树

8. 高阳桥
9. 10. 石桥
11. 水街

10

11

12

13

12. 檀干园
13. 八角亭
14. 孝子湖

对》，说的就是这古银杏树。1994年4月，年逾花甲的北京园林局专家丛生先生与黄山市林业科学研究所赵德铭教授一行数人获悉唐模古银杏树因保护不当濒临枯萎，在考察黄山迎客松后，直奔唐模。丛、赵二老在对古树反复审视后，竟惋惜落泪，愿掏钱养护。二老爱树如命的强烈环保意识，深深感动了唐模人和当地有关部门。当地人旋即采取专家提出的“异体嫁接输养技术”，于次日在赵德铭教授的亲自指导下，在古树旁另植三株直径约3厘米的小银杏树，并把小银杏树的树干镶嵌在大树皮层之中，使四树融为一体，犹如人之“输液”，通过小树将水分、营养输给老树。现三株小树都已成活，被抢救的古树南枝生长正常。枯木逢春，诚堪告慰丛、赵二老。溪南吴惜奇先生为此吟诗题赞：“扇叶翩翩果缀银，老枝今日焕精神。何当再续千年寿，报与人间一片春。”

清代的《入地眼图说》卷七一节中说：“入山寻水口……凡水来处谓之天门，若来不见源流谓之天门开；水去处谓之地户，不见水去谓之地户闭。夫水本主财，门开则财来，户闭财用则不竭。”可知水口有两种：一为水流入之处，一为水流出之处，前者要开敞，后者当封闭。徽州人之所以热衷于在村口建造水口，主要是因为受风水理论的影响，认为水是财富的象征，为了防止它外流就应该修建“水口”，将水留住，才会“户闭”而财用之不竭。水口多建于山脉转折、流水环绕的地方，此外在水口还会辅建些富于人文气息的建筑，以庙、亭、堤、桥、树为主，据说可以增强水口的锁钥气势。

唐模水口建于村东，既有水口，又有园林，形成了古徽州独特的具有代表性的水口园林，名为“檀干园”。

闻名遐迩的檀干园是唐模村的点睛之笔。到唐模，檀干园是必游之地。

相传，清初唐模许氏有一位富商在苏浙皖赣一带经营36处当铺，时称“36典”。其母想往杭州西湖游览，苦于山高路远，年老体衰不便成行。于是这位孝子不惜花费巨资在村边模拟西湖景致，修筑亭台楼阁、水榭长桥，湖堤遍植檀花和紫荆，供母娱乐，并报答乡邻相助之恩。田园内也遍植檀花，又有一泓小溪缓缓绕流，取《诗经》“坎坎伐檀兮，置之河之干兮”之意而名曰“檀干园”。

因为是模仿西湖，所以园中有“三潭印月”“湖心亭”“白堤”

14

15

“玉带桥”等典型的西湖元素，并以玉带桥分外湖、内湖，形成“外西湖”“内西湖”格局。

过桥是园内的中心“小瀛洲”（镜亭），三塘相连，宽亘10亩，灌田60亩，把“36典”巧妙地隐喻进去了。

镜亭是全园的中心，四面环水，结构精巧。亭外留有石砌平台。亭柱上就嵌着那副著名的楹联：“喜桃露春浓，荷云夏净，桂风秋馥，梅雪冬妍，地僻历俱忘，四序且凭花事告；看紫霞西耸，飞布东横，天马南驰，灵金北倚，山深人不觉，全村同在画中居。”全联格律谨严，意境高远，恰如其分地写出了“小西湖”的四时美景、山形地貌。亭内四壁用大理石建筑，上嵌历代名家书法刻石18块。当中6石较短，刻朱熹、苏轼、倪元璐、赵孟頫、文徵明、查士标6人的行草。旁12石较长，刻米芾、蔡襄、黄庭坚、董其昌、祝允明、罗洪先、罗牧、程京萼、陈奕禧、八大山人、陆岳、郑簠等12人的书法篆刻，石质细腻，石刻精美，铁画银钩，龙蛇隐壁，气势恢宏。一室之内珍藏历代书法大家之精品竟如此之多，令人大饱眼福……

鹤皋精舍是檀干园主体建筑，规模宏大。上、下对廊，中有天井。上廊恢宏大气，庄严优美；下廊客室整齐，几净窗明。正堂悬程天放所题“鹤皋精舍”横匾。上下廊各有悬联，或即景，如“春秋多佳日，山水有清辉”“一水通烟留月，四时扫石看花”；或抒怀，如“或疑秦时人，避乱来此；是为愚公谷，以臣名之”。四周杂植各种花木，陈设徽派盆景。不远处，是许氏文会馆、“清听轩”义塾和忠烈庙。

许氏文会馆是当年文人墨客的“文化沙龙”，如今，已成为许氏家族的历史陈列馆。内有许氏家谱，末代翰林许承尧乡、会试试卷，还有许承尧《疑庵诗》台湾世界书局和安徽古籍丛书两种版本各一套十四卷本，《歙事闲潭》上、下两大册共三十一卷，一个家族的荣光尽显其中。中堂悬承尧先生遗像，两侧挂先生生前隶书联、中堂、条屏等，并配以省、市书画院名家丹青墨宝。门前楹联“文章唯读周秦汉，儒术兼通天地人”，据说是民国大总统黎元洪撰句。

清听轩义塾再现了徽州当年“十户之村，不废诵读”的历史画面。室内五六学童，旧时穿戴，面对孔子画像及“忠厚传家久，诗书继世长”古格言联句，读《三字经》《千字文》，诵唐诗宋词，勤思“勉学”。人未入室，便闻琅琅书声，及见学童开卷诵读，都感慨不已，盛赞徽州文风之盛。

忠烈庙在鹤皋精舍东南隅，建筑古朴庄重，神龛内供

15. 水街一角

16. 天灯

16

奉唐代名臣张巡、许远塑像。许远为唐模许氏第十六世祖。塑像造型古朴，线条粗犷，制作于明代。“文革”期间，被一位叫黄庆高的群众深埋附近废墟下，旅游开发后，经其指点出土，仍线条清晰，完好无损。当年鎏金纹饰，还隐约可见。另外还有四尊立像，石质雕刻相同，当为张、许之谋士、侍从。忠烈庙前悬联为“童可烹，妾可杀，城不可亡，矢志保江淮半壁；生同岁，死同年，神亦同祀，精忠比日月双辉”。庙内有今人录韩愈《张中丞传后叙》条屏和摘录文天祥《正气歌》中颂扬张睢阳（巡）壮举的诗句的悬牌。

峰回路转的园林里，既有文人的风花雪月，也有壮士的忠肝义胆，徽州人的小世界，丰富且耐人寻味。

因地制宜，“巧于因借”，檀干园融山水、田野、村舍于一体，充分展现了徽州独特精巧的造园艺术。曾有业内人士这样评价：“整座园林，连同村落，恰似清奇的诗篇，起、承、转、合，余音袅袅。它有起景、有高潮、有结景，又有空间的过渡，主从分明。序幕初开，有亭翼然，穿过石坊，空间变换过渡。长而稍曲的石板路将视线导向园林，形成聚景。缘溪而行，渐入佳境，涧渠送响，林木葱郁。园内则以水面为中心，凿水为濠，筑堤种柳。整个水口数百株合抱的大树和烂漫的‘桃花林’环抱三塘，形成闭合空间。林木间透进山色村景，又产生了虚实变化效果。‘玉带桥’分水面为二，在空间收放和层次变换上，起着十分重要的作用。在饱览山容水态后，似已接近结束景观尾声，但意外的是，溪水不放人行。过‘许氏宗祠’，青石板继续向前延伸，双孔廊桥‘高阳桥’架于溪上，两个券门通往水街。村内路随溪转，带敞廊的铺面临水朝街，一曲未终，另一篇绝妙的好词又开始铺叙了……”

这“另一篇绝妙好词”，便是唐模的明清水街。

17. 沿水街的美人靠
18. 水街长廊
19. 继善堂

17

18

19

檀干园内的小西湖连着一条小溪，溪流中成群的鸭子顺水而游。当溪流摆脱了岸边的水田，便被两排青瓦白墙的老屋揽入怀抱，这便是有名的“水街”。水街为旧时商业街，店肆前有近3米宽的走廊，晴日遮阳，雨天避雨，临水一侧设“美人靠”，过往行人可在此歇脚，外地摊贩亦可坐此招揽生意，本村村民更乐于在廊下聚会聊天，使此处成为热闹的黄金地段。如今，水街两岸分布着近百幢徽派民居和夹溪而建的街道店铺。街上杂货店、小吃店、油坊一应俱全，杏旗飘扬。水街上福泰号门前的长廊是村中老人们聚集的地方，村中的小河边至今仍然是村民日常洗涮的主要场所。水街中央就是建于明代的石质双孔廊桥“高阳桥”，整座桥面上建了五开间殿堂，堂中梁柱木雕精美，彩绘典雅绚丽。桥内小茶馆里，一张精巧的八仙桌与四张长凳相伴。停下脚步，泡上一壶茶，推开圆形的小木窗，桥底下的流水声和捣衣声，声声入耳，三三两两在溪埠浣洗的村姑让人恍如隔世。

古人常说，人杰地灵。风景如画的唐模，自然是名人辈出。许承尧《歙事闲谭》载：“北京歙县会馆观光堂有题名榜，有清一代，吾歙本籍、寄籍之官京朝取科第者皆与焉，录之以备参考……”进士计296人，其中许族有：顺治乙未许书，康熙丙辰许承宣、乙丑许承家、丁丑许迎年，乾隆丁巳许宗峻、乙未许烺，道光壬午年许球，光绪甲辰许承尧。举人近千人。

林府

20. 翰林府

“天下牌坊数徽州，徽州牌坊一个半”，“一个”是指歙县的许国八角牌坊，规格最高，“半个”便是指唐模的同胞翰林坊。此牌坊建于清康熙年间，唐模村内许家两同胞兄弟许承宣、许承家分别于康熙十五年（1676）和康熙二十四年（1685）考中进士，且均被皇帝钦点为翰林。康熙皇帝为表彰许家，特恩准建造此牌坊。

在清代，大学士多出自翰林。据《清史稿·选举志》：“有清一代宰辅多由此（翰林）选。”进士及第后，士子的下一个目标就是进翰林院。因此过去高中进士对一个家族来说，已是一件了不得的事情，更何况一门出了两个翰林。

更让人叹为观止的是光绪年间，许家又出了一个末代翰林。他就是《歙事闲谭》的作者许承尧。

许承尧（1874—1946），单名芚，字际唐，一字芚公，号疑庵。室名“眠琴别圃”“晋魏隋唐四十卷写经楼”等。

21

许氏为近代著名诗人、方志学家、书法家、文物鉴赏家。自幼聪颖好学。十六岁为府庠生，二十一岁中光绪甲午科举人。曾师事著名学者汪宗沂先生（时掌紫阳书院），与同学黄宾虹、江鞠卣相交莫逆。1904年中光绪甲辰科进士，为翰林庶吉士。旋而告假南归，返歙创办新安中学堂、紫阳师范学堂。后因秘密组织旨在废除君主、推行新学的“黄社”而被人告发，遂辞去二校监督之职，回京销假。安徽巡抚冯煦奏称“皖南学务以皖歙最早，歙县兴学，则自许氏”，是以许承尧得以重入翰林院，任编修兼国史馆协修。辛亥革命后，应皖省督军柏文蔚之聘，任全省铁路督办，筹建芜（湖）屯（溪）铁路。不久，柏文蔚等讨袁失败，许遂

22

去职。后随甘肃督军张广建入陇，先后任甘肃省府秘书长、甘凉道尹、兰州道尹、省政务厅长、渭川道尹等职。1924年辞官回京。同年由京返歙。自此绝迹仕途，息影家园，以著述终老。

许承尧一生刻意为诗，造诣深湛，其诗“初学长吉、义山，继乃由韩入杜，冀窥陶、阮。于宋亦取王半山、梅圣俞、陈简斋。明、清二代，时复旁撷。无偏嗜，故无嗜肖”（《疑庵诗》自序）。同时，他还深受龚自珍、黄遵宪的影响，主张走诗歌革命的道路。其诗思渊虑微，悲愤深广，表现了一个知识分子在民族灾难特别深重之时的爱国情怀。在艺术上，其诗托意渊微，别开生面，以科学知识入诗，以俗语、译词入诗，体现了“诗界革命”的精神和近代启蒙的气象。《光宣诗坛点将录》将他与

21. 铭德堂
22. 同胞翰林牌坊
23. 铭德堂

24

24. 许氏宗祠

周达（梅泉）合列为“地空星小霸王周通”，评曰：“疑庵诗，风骨高秀，意境老澹，皖中高手。”其诗集名《疑庵诗》，马其昶、陈宝琛曾为之作序，晚年经其手订，有十四卷本传世。1932年至1936年，他参与《安徽丛书》的编刊，后因抗日军兴，至六期而中止。1933年，先生倡议重修《歙县志》并被共推为总纂，经三年努力，始竣其事。该志凡十六卷，搜采广泛，考订精赅，为方志之杰构。先生在长期治学中，尤其在辞官返乡之后，主纂《歙县志》之余，博览群书，广事搜讨，赓续十余年，乃完成《歙事闲谭》。

许承尧先生另撰有《疑庵文剩》《疑庵随笔》《疑庵藏书画录》《疑庵日记》《〈蕙音阁诗集〉评点》，辑有《新安佚诗辑》《明季三遗民诗》等。在兴学方面，除前述新安中学堂、紫阳师范学堂外，还于清光绪三十一年（1905）助乃祖品三先生在村中创设敬宗小学、端则女校，开徽州女子入学读书之先河。

乱世，方显英雄本色。这一位末代翰林，心中有大气魄，在沧海横流中做成了许多继往开来的大事业。我的人生我做主，就是放在今天，他也是偶像级的人物。

走在唐模村的青石板路上，耳边，溪水淙淙；千年古树下，一只牛犊悠然地吃着嫩草……村子北面，是徽州老作坊街群，看看农耕文化的历史展览，和做根雕的手艺人聊聊天，到农家豆腐坊吃点刚磨出来的豆腐……这里的每一个角落，都有老徽州的喃喃细语……让人忘了归途，也忘了时空。

（本文摄影：吴建平　方德才　李素萍）

Tangmo

Tangmo was first built in Tang Dynasty. About its name, Wang Maosheng, a person from Qiankou in the reign of Chenghua and Hongzhi, Ming Dynasty wrote in a preface, "in the last years of Tang Dynasty, my grandfather moved to Pingliao township, where people were honest and sincere, with customs left by the preceding generations, which people called Scenes of Tang Dynasty, so he named the village he lived Tangmo." Once entering the village, Shuikou landscape and Hui style gardens come into our sight, elegant, quiet and unsophisticated. The village is spilt into two parts: southern and northern, by the clean and beautiful Tangan river from east to west, and ten bridges over the river connect the two parts together as a whole. Brooks flowing out of the village go through bridges and over dams one after another, and form a number of man-made waterfalls to downstream area. Along two shores, a dozen of giant camphor trees make a pleasant shade all year long, setting off the ancient village with "bridges, waters and houses." The well-known Tangan Garden is a key touch that makes a difference. In a garden with winding paths, there are romantic scenes as well as faith, virtue and patriotism, in which the miniature world of Huizhou is rich, abundant and intriguing. Tangan Garden was built according to local circumstances, "to ingeniously utilize" and integrate mountains, waters, fields and houses together, thus demonstrate the exquisite and unique skills of garden-building in Huizhou. "Delighted in peach blossom in the height of spring, lotuses like clouds in clear summer, Osmanthus bringing sweet-scented wind in autumn, and plum blossom against snow in the middle of winter, I lived so remote as to forget days and months all year round, only to be told from four seasons by blooming flowers. Looking at Zixia Mountain standing in the west, Feibu lying across the east, Tianma spanning the south, and Lingjin seated in the north, I seldom feel like living in the deepest of mountains, but the whole village seems to be dwelling in the picture." This inspiring couplet is embedded in the pavilion columns in Tangan Gardens, which can be seen as a most suitable advertising message for Tangmo.

（译：梅新慧）

小小休宁县 大大万安街

万安

文/李传玺

吴鲁衡罗盘店的对联是：『入邹鲁一盘风水，兆祥千世；出越吴数两乾坤，衡瑞万安。』万安作为水上商业码头的地位已经消退，罗盘已经成为它的代名词，这副对联，诚哉斯言！

1

2

1. 万安老街
2. 万安街景
3. 福来桥处街景
4. 皂荚巷

合黄高速黄山西出口下，即是万安古镇。

万安属于休宁县，可人们常常这样将万安与休宁县城相比——“小小休宁县，大大万安街”，这句话至今仍挂在人们的嘴边。

为什么要这样评价，一是因为万安街长，二是因为万安历史长。万安老街依横江而建，蜿蜒四五公里，人们习惯称它为“旺街”“蟒街”。我总觉得这两个称谓是皖南方言在快说“万安”时的合音，但不管怎么说，这两个称谓都非常贴切。作为大的商埠，希望每个在此经商的人都“旺”，多么美好的祝愿；由于它长，将它形容为一条巨蟒，也充溢着万安人甚至整个休宁人的自豪。这条“巨蟒”到古城岩突然昂起了头，一面临水，三面是黄山山脉下难得的一片冲田。古城岩虽然不高，却顿显突兀巍峨。万安的悠久历史凝结于此，人们称之“古城”也渊源于此。

据史料记载，万安至少有1 700年的历史。三国吴永安元年（258），孙休即位。因避讳，改“休阳”为“海阳”，并将县治迁往县城东边的万寿山，即现今的古城岩。之后，这里先后被置为海阳县、海宁县、新宁郡、歙州、新安郡、歙宣杭睦婺饶六州军马府及休宁县城，前后使用过484年。它成了休宁的第二县城。万寿山到了宋朝被改为“万安山”；到了明朝，由于朱元璋在被陈友谅追赶时曾在此避难，又被改为“万岁山”。今天的人们将万安留给了老街，而将它的悠久历史用“古城”作了通俗化的浓缩。

古城岩今天仍然祭祀着两个人：汪华和金声。历史的繁饰被岁月的风雨剥蚀后，真正的价值将凸显。古城岩作为县治已经一去不复返，却留下了一座汪华忠烈庙和金家衣冢墓。汪华忠烈庙纪念的是汪华。汪华，绩溪县汪村人，幼年时父母双亡，后在歙县舅舅家以放牛为生。长大后曾跟随睦州“演弓习武事”。隋末，农民起义蜂起，汪华策划兵变，“遂奄有六州，带甲十万，虽四方大扰，境内赖以安业，私谓太平之主。及唐高祖起兵太原，出师江左，王谓群下曰：‘日月出矣而烛火不熄，可乎？’”（《新安忠烈庙神纪实·越国公行状》）遂上表请求归附。汪华曾将新安郡府从黟县迁往万安山。归顺唐朝后，高祖下诏封其为越国公。有感于汪华于乱时的保境安民、治时的政治清明，南宋淳熙年间，休宁人在此修建

3

了汪华忠烈庙。庙前的对联曰："乱世据六州，保境安民，煌煌功绩垂千古；治平朝帝阙，忠君爱国，赫赫英名满神州。"很好地概括了汪华功绩与后人对他的景仰。另一位叫金声，休宁县瓯山人，"好学，工举子业，名倾一时"。明崇祯元年（1628）进士，授翰林院庶吉士。清军进逼北京时，曾奏请申甫（和尚，喜欢谈论兵法，能制造战车火器）练兵抗敌，结果兵败卢沟桥。后又屡奏用人御敌之策，崇祯皆未采纳，"遂屡疏乞归"。"大学士徐光启荐声同修历书，辞不就。以御史召，亦不赴。八年春，起山东佥事，复两疏力辞。乡郡多盗，声团练义勇，为捍御"。"大清兵破南京，列郡望风迎降。声纠集士民保绩溪、黄山，分兵扼六岭……拔旌德、宁国诸县。九月下旬，徽故御史黄澍降于大清，王师间道袭破

4

5. 依横江而建的万安

6

7

之。声被执江宁，语门人江天一曰：‘子有老母，不可死。’对曰：‘天一同公起兵，可不同公殉义乎？’遂偕死。”（《明史·金声传》）如果说汪是保境安民的成功者，则金于失败中透着舍生取义的凛凛民族之魂。老百姓同样会怀念他，于是给他题下了这样一副对联：“抗虏勤王，起义师，丛山鏖战，奋勇杀敌，碧血化长虹；忠君报国，作楚囚，石壁题诗，从容就义，英名垂青史。”在汪华忠烈庙前曾屹立一狮峰，峰顶有一巨崖，上部略平，有10平方米左右，人们传说那是金声练剑之石，并亲切地称之为“练剑石”。

古城岩山右有象峰，宛如巨象蹲伏，石鼻前伸，长有6米多，下有石门夹峙，如双鹤引颈伸入崖内，俗称“交杯石”；狮峰左有文笔峰，峰巅筑有六角七层古塔，高29.6米，为明代嘉靖年间建造，下面曾是明代“还古书院”遗址，有人说，正是有这文笔峰和古塔的保佑，休宁才成了中国科举史上的奇迹——状元县。

走下古城岩，顺着老街走去。街上没什么人，原住户基本上都在靠

8

9

6. 福来桥桥墩
7. 古城岩（老照片）
8. 远眺古城岩
9. 万安老街老铺子

10

11

近公路的新街买了房子，这里就空了下来，只有一些老作坊如传统豆腐店、老手艺店如理发铺等，还有就是有子女在休宁中学读书的，家人来此陪读，在这里租了两间房，其他一律关着。没有什么生意，老伙计们就在店里围着小桌子打麻将，慢慢地和牌摸牌打牌，间或传来悠闲的哗哗声。也豆腐店仍然用传统的晃单过滤着豆渣，晃单方形，中间绑十字杠杆，由一根麻绳吊着，人把着杠杆头，忽左忽右忽高忽低地让豆浆在白布单里滚动着，滤过的豆浆哗哗地流下来，杠杆因为用久了，不时发出嘎嘎声。那些陪孩子的，孩子上学去了，也没什么事，就搬一个凳子，坐到廊下。不热时，当然会迎着太阳；热时，则会避到凉阴下。有的专注地绣着十字绣，有的则干脆靠着板壁浅浅地睡着——真的没什么人。这倒给我们这些外来者打量体味这条老街以及它的沧桑留下了足够的时间与空间。

沿街的房屋基本上是上下两层的，大多为前店后坊式。上层居人，精致的窗户，不是那种对开式的，一律是上撑式的（因为若是对开的，雨雪天气时，往往会有雨雪飘进来）。这种样式的好处就是既能当窗板又能作雨篷。还撮就了潘金莲与西门庆——都记得潘金莲开窗子掉落的撑杆正好打在西门庆的头上。据此，有人考证《金瓶梅》出自皖南。下层作店，临街一面全是板壁，地上一排条形石，中间凿一石槽，上面的木构也凿一凹槽，一块块门板就这样嵌排起来，很是灵活，并且随生意的大小来决定门脸开多大。做零售尤其是晚上还想做生意的，为了安全，他们又特别设计了另一种“柜台”——用细红砂石沿着外墙砌个一人高的台子，台子三面用木条围个小栅栏，台面为宽大的木板或是磨光的石板，然后再是板壁。这样，晚上做生意就不用开大门了，人坐在台子后面，台子上面吊着

10. 万安老豆腐店
11. 万安老墙上残存的广告
12. 街巷转弯处磨圆的护墙石条
13. 14. 15. 16. 人家之间的界石

汽灯，台面上摆着东西，人把钱送上来，他把东西递下去。当然这只适合小生意，如果是大宗生意或贵重物品，仍然只能在店里交易。一间废弃的中药房，靠墙一溜排药柜，均匀地排着一个个小方格抽屉，把手处贴着一个个药名。为了垫高柜台，不让下层药屉里的药受潮，像现在打地龙一样，垫了个高高的木台。药房已经废弃了，木台因屋子漏雨已经坍成一个个腐烂的洞，只是靠墙的药柜整齐地站在那儿，保持着曾经的“尊严”。

街道中间横排着宽宽的石条，因长期的踩踏，已经变得非常光滑，在微雨下泛着润泽的水光。两边竖排着窄石条，长期车轮的碾压，压出一条长长的石辙，像一条绳索贯穿着石条，又像二方连续图案镶嵌在两边。不同的商户之间，往往在分界处的墙壁竖一石条，上刻某姓与某姓墙界，有的还精确到点线，特别标明以檐上滴水为边；无论大街小巷，拐角处同样竖一石条，而且将棱角打磨成弧形，既方便挑扛东西的行人转弯，又保护了墙壁免受物件硬碰损伤。这一切都体现了徽州人外圆内方，或者说既讲规则又相互通融的品性。相邻两家墙壁由于盖房先后，或者门向要求，或者地形不同，往往参差不齐。在一般的古村，往往会于墙头画一些吉祥图案，可这里是商业古镇、大的水运码头，更多是从商业的角度加以利

13

14

15

16

12

用，于是便都成了“广告”空间，或大书店家的招牌，或用韵语的形式介绍此家商品的种类、特色与信誉。如今，这些“广告”的墨迹虽然斑驳，但仍能辨认。读着它们，我们能想象到当年这里的繁华与喧嚣，而它们独特的韵味与扎实的书法功底，单从艺术的角度也能给我们别样的美感和享受。

街依河流的曲折而曲折，虽然不那么直，街道却因此而灵动起来。靠河的一边，由于时宽时窄，房屋的进深就随之时深时浅，太窄处干脆不建，不建的一段，这边的人家并不让它单纯地敞亮着，而是将屋檐延伸，一直伸到对面，使这段街多添了一段街廊，这段街廊不需砌墙，几根柱子间架的是长椅，行人走累了，可以坐下来歇歇，夏天还可以避暑乘凉。别认为这是人家的一味大方，其实一想，人们在这坐下来休息，岂不是增加了对此商铺的好感以及驻足的时间，从而也增加了商机？

万安是靠水而发达的，水，运走了当地特产，运来了赚回的银钱及所需物品，泊船自然需要码头，于是靠水一边隔一段距离便修起一座码头，而水边的房屋基本上做了仓房。码头从街道斜伸下去，虽然陡，但铺的石条都比较宽厚，而且上面都凿着道道沟纹以防行人打滑。皖南多雨水，雨一大，就容易对台阶形成冲刷，皖南人聪明，并不将台阶铺满，而是两边留出一定距离，根据宽度打造石槽铺成石渠。正是这样严密的设计，虽然已经过了好多年，台阶仍然完好无损。也许有人认为这种做法恐怕也方便了全街道人的排污，殊不知，这仅仅是供排雨水。虽然临江，万安人却知道保护江水的干净，从不把生活上、作坊里的污水让大河去“消化”。他们设计了一套至今都让人称羡的环保措施：家家建厕所，不准向横江倾倒粪便，粪便让附近村庄的农人担去肥田，清洗马桶只能在一条通往田野的河沟里进行；生活上的污水同样不准流入横江，每家都修有过滤池，滤池通向沿街暗沟，污水倒入后，流入暗沟，沿途渗入地下，然后流向镇后田野。老人们说到水，会不自觉地自豪地说，他们当年就是喝横江水长大的。言下之意，虽然眼下横江水算是比较干净的，但同当年能喝的江水能比吗？说到环保，顺带说一下当年万安的防火防盗法：万安被分成三段，每段修一铁门，一遇火警或匪警，另两段铁门一关，火或匪便不再

18

19

17. 老街街廊
18. 老理发铺
19. 码头下水槽

◀17

20

21

22

23

24

20. 21. 22. 23. 码头
24. 修建码头捐资石碑
25. 码头水亭

容易袭扰。

码头属公共建筑，修一座码头不是一件容易的事，通常需要众多商户联手才能建成。如今万安的一个码头处，旁边墙上仍然嵌着一块石碑，便是对合修此处码头以及水亭之事的记载——每家出多少钱，最后用了多少钱，由于修水亭，还差多少钱，由谁支付，等等，都写得明明白白。看此碑，你不能不佩服徽州人办事的规矩与细致。水亭，是指有的码头替商旅考虑得周全，于码头上方与街道旁，悬空盖的房子。它让搬上来的货物有个堆放处，即使遇上雨雪天也可保无虞。有人会想，这码头恐怕不会太讲究，找一处能靠船的地方不就行了吗？你想，这都是些商船啊，都是装了货的，吃水应该都很深，而水深的地方往往都靠着危岸，都容易崩坍。于是你看到万安的每一处码头从斜伸向江面的台阶到码头两边的岸壁都用粗大的石头密密地砌起，石与石之间用糯米浆充实，以形成坚固的石壁。

25▶

26

27

26. 老街与皂荚巷交口
27. 陶行知先生图章
28. 陶行知先生签名
29. 吴尔宽塾馆内景

自然这里的码头也只能用石头砌就。码头中间高两边稍低，中间往往会有一两块石头稍微前伸，有的还凿有圆孔，那是为了方便商船系船绳；迎水的方向修成圆形，便于化解冲击过来的水流，也能顺势让水流流走；下水处才修成方正的一级级台阶，方便人上下船或者住户来此淘米洗菜。多少年过去了，每年汛期的涨水都会漫过码头漫上石阶漫上石壁，于是这些石头都被冲刷出一道道似乎一直在流动的水痕；多少年过去了，商船不再靠拢，商人的步履不再踩踏，石缝处的米浆有的已脱落，于是有茅草甚至小树苗长出，雨季过去它们会旱死，下雨了又会长出，到了冬天会冻死，到了春天又会长出，但永远长不高，似乎只是为了在此长出，在此怀想着曾经的繁华和繁华的不再。

万安永远会记忆着一个少年人的身影，他就是人民教育家陶行知。陶先生是歙县人，外公外婆却是休宁人，父亲曾在海阳开设酱园。酱园倒闭后，父亲只好回乡务农，却将小行知留在外公家。万安镇有一塾师吴尔宽，秀才出身，两次乡试落榜后，便专注于私塾教育，远近闻名。外公将小行知送去学习，并寄宿在吴先生家。从1898年到1905年，小行知在此学习了七八年，读完了四书五经，打下了坚实的古典文化功底，尤其是写作方面，才思敏捷，文采出众，不仅受老师的喜爱，随着小师兄弟们的口口相传，很多街坊邻居也常指点着夸赞这个外乡少年郎的聪明。14岁那年，小行知回到歙县崇一学堂读书，1908年17岁的陶行知到杭州学医，他是从万安启程的，23年后，已经名满天下的他用白话诗记下了离别父亲、离别万安的情景：“古城岩下，水南桥边，三竿白日，一个怀着无穷希望的伤

28

29

30. 福来桥

31

31. 塾馆外的木门猫眼

32. 33. 吴鲁衡罗经老店

34. 写罗盘

心人，眼里放出悲壮的光芒，向船尾直射在他的儿子面上。望到山、水、天合成一张大嘴，隐隐约约地把个帆影儿都吞没了，才慢慢地转回家去。我要问芳草上的露水，何处能得到当年的泪珠？”陶行知先生的塾馆如今仍在，皂荚巷就像一枚皂荚轻轻弯进去，一座典型的徽民居，外面的木门，两边对称地挖着两只仙桃似的小孔，精巧漂亮，它们可是当年的“猫眼”。当你拍响门环时，会不会是小行知抢先一步跑来，先扒在小孔上看一下是何人，然后回头报告老师，最后乖巧地打开门呢？

迈过单孔福来桥，你会看到早年万安影剧院等，最后来到吴鲁衡罗经老店。万安罗盘已经成为万安的象征。

指南针是中国古代四大发明之一，在休宁至今仍手工生产一种独特的指南针，这就是全国唯一的木质罗盘——万安罗盘。万安之所以成为中

32

33

国罗盘的主产地，与徽州人特别崇尚风水有关，民谚曾说：“生在扬州，玩在杭州，吃在苏州，死在徽州。”中国古代罗盘有沿海型和内地型之分，沿海型产地在福建漳州和广东兴宁，用于航海指向；内地型主产地即万安，用于测定房屋建筑和墓葬的方位及平面布局，史称“徽盘”。万安罗盘业始于元末明初，发展于明代，鼎盛于清代中叶。历史上的名店有方秀水、吴鲁衡、胡茹易、胡平秩罗盘店等。万安罗盘根据大小可分为11种规格，2.8~5.2寸（1寸≈3.3厘米）的为小型，环数少；6.2~8.6寸的为中型，8.6寸以上的为大型，罗圈多，多为风水师所用。按盘式分，有“三

34

35

36

35. 36. 水亭

合盘”“三元盘”“综合盘”三种，此外还发展了日晷、月晷和指南针盘等。制作罗盘须经过选料、车盘、分格、清盘、写盘、油货、安针七道工序，要求严格、准确无误。旧时罗盘店均为家庭作坊式，技艺秘不外传，往往传男不传女，受传者则终身专司某一工序。虽然现在罗盘制作已经列入非物质文化遗产，并要求产业化，但仍然保持着这一传统。

万安罗盘1915年赢来了国际声誉，在巴拿马万国博览会上荣获金奖。它是由吴鲁衡罗盘店第五代传人吴毓贤和第六代传人吴慰苍父子制作的。吴鲁衡，1701年—约1760年间人，他于1723年创办了该店，算来该店至今已经有近三百年历史。如今该店由其第七代传人吴水森掌管，第八代传人吴兆光已熟练掌握技艺，算是接过了班。它的镇店之宝是一块天外来客——陨石磁铁，将细小的指针放在上面一会便会磁化，而且永不退磁，这便保证了罗盘只要不损坏便可一直精确使用的难得品质。该店如今已经修葺一新，一进算是接待室，后面几进你会看到按照工序划分的工作室，几个女孩儿正在伏案书写罗盘，细小的格子，纤细的毛笔，对着聚光灯，一笔一笔地抄着，由于是在写完罗盘后才能上油，所以一个字都不能出错，一个格都不能胀出，非有大细心大耐心不能做好这项工作。我自认有点书法功底，拿起小笔试图写出那样的小字来，居然连写了好几个仍觉太大。虽然店家让我在盘上写一个，但我拿过盘子对着盘格犹豫好久仍不忍下手，怕万一“出格”而作罢。上油也很有讲究，一遍干了，再刷一遍，要连刷好几遍。店后，在国家支持下，占了几亩地盖了座罗盘博物馆。这里陈列着金奖的奖牌和民国四年（1915）农商部二等奖的证书，展示着该店经典品种和当年经销的网络与账簿，介绍着罗盘的功用与发展历史。看完它，你会对罗盘的价值有科学的认识，也会对罗盘在如今万安经济文化发展中的作用有全面的认识。吴鲁衡罗盘店的对联是：“入邹鲁一盘风水，兆祥千世；出越吴数两乾坤，衡瑞万安。”万安作为水上商业码头的地位已经消退，罗盘已经成为它的代名词，这副对联，诚哉斯言！

（本文摄影：吴建平　方德才　李传玺）

Wan'an

Wan'an belongs to Xiuning County, but people often refer to them as " Small Xiuning County, Big Wan'an Street", which is due to its long history of 1700 years at least and the long street built along the Heng River stretching for four or five kilometers. The village can be divided into two parts: Ancient City Rock and Old Street. On the former stands an ancient tower, under which are the Old Palace of Wang the King and Jin Family's cenotaph, to memorize respectively the builder of ancient Huizhou, Wang Hua and Jin Sheng, a hero in the fight against Qing Dynasty. The former prosperity and bustle of Old Street can be imagined partly from the pattern and structure of stores, as well as the wharf; by observing its sewage treatment system, we shall have an introspection of our own ways to deal with such things; by the design of boundary stones, steles and round wall corners, we can appreciate the flexibility as well as compliance of people in Huizhou. Tao Xingzhi, A great educationist, was bought up in Old Street, and the old house where he received traditional private school education is still well-preserved. Nowadays, at the mere mention of Wan'an, people would come up with the compass made by Wan'an. The old Wu Luheng Store is still there, where his heirs are making this age-old and unique compass with traditional handicraft all the same, and they built a Compass Museum behind the store, where you can learn the history of compass and its practical use. But even without all of these functions and simply judging from the viewpoint of aesthetics, compass is a kind of exquisite artwork that can represent traditional Chinese culture. Put it somewhere and look, you couldn't help praising its beauty, and after a second thought, alas, it tells a lot about the Book of Changes.

（译：梅新慧）

水墨洇染处 起落有人烟

宏村

文/雪女

如果说宏村流动的音符——水，构成了村子的灵魂，那么，它凝固的音符——建筑，可以说构成了村子的骨骼与身躯。

1

2

3

1. 错落有致的马头墙
2. 印象老屋
3. 认识宏村
4. 水圳

安徽的古村落，不但建筑、格局、风水十分讲究，村子的名称也匠心独运，蕴含丰富。宏村，就是这样一个大处宏阔、小处精致的典型徽派村落。

那年元月初二，我和朋友们在朦胧夜色中走进宏村，顺着村里哗哗流淌的水流圳道敲开一座大宅院的门，住进了这座有着900多年历史的古村落。

记得那晚月色皎洁，这家深阔的客厅里，像所有宏村人家的摆设一样，木质桌椅，陈旧黝黑，堂上摆着花瓶和镜子，寓意“平平静静”。昏暗的灯光下，一位南京艺术学院的音乐教授轻抚古琴，弹着古曲《良宵引》。两个新加坡来的拜师者垂立两旁，神情静穆。我们几个游客散坐一边，屏息赏听。在这座古老深沉的宅子里，听着古老优雅的曲子，沐着古老清白的月光，仿佛置身人间仙境，不知今夕何夕。

第二天一早，阳光从雕花的窗子里射进房间，把我们从梦境中唤醒。吃过徽州人亲手烧制的可口早餐，我们走出门，开始穿梭在这片白墙黑瓦的风景中。

宏村位于安徽省黄山西南麓，距黟县县城10公里，面积19.11公顷。宏村不仅风景优美、文化底蕴深厚，更因黟县境内连绵的群峰与黄山连为一体，在历史上曾阻碍了古黟与外部世界的交往，从而免于战争的破坏，成就了宏村世外桃源般的生态环境，完好地保留了有近千年历史的古村落建筑。

宏村始建于南宋绍兴年间（1131—1162），原为汪姓聚居之地。“四门三面水，十姓九汪家”，可见当时汪氏家族的权高势大。宏村最早称为“弘村”，取宏阔发达之意。据《汪氏族谱》记载，当时因“扩而成太乙象，故而美曰弘村”，清乾隆年间，由于村名犯了与弘历皇帝重名的忌讳，才更名为“宏村”。宏村所处之处地高势威，既可挡北面来风，化解山洪暴发冲击之危，又可俯观水光山色，使这个古老村落既有古拙华丽的质地，又有水一样灵动活泛的气场，这也正是宏村比其他村落更具魅力的原因。专家评价宏村“人文景观、自然景观相得益彰，是世界上少有的古代有详细规划之村落”。

4 ▶

茶老屋

5

5. 月沼
6. 汪氏宗祠
7. 大红灯笼高高挂

宏村的选址、布局、造景都和水有着直接的关系，是一座经过严谨规划的古村落。古宏村人规划、建造的牛形村落和人工水系，是当今“建筑史上一大奇观”。明永乐年间（1403—1424），宏村七十六世祖三次聘请风水先生何可达进行查勘。何认为宏村的地理风水形势乃一卧牛，必须按照“牛形村落”进行规划和开发。所以宏村的建筑格局是：以巍峨苍翠的雷冈山为“牛首”，参天古木白果树和红杨树是“牛角”，由东而西错落有致的民居群宛如庞大的“牛躯”，清泉流入被称为“牛胃”的月沼后经两个出水口通向村子里的家家户户，即为“牛肠”，使用过的水经过滤最后流向村外被称作“牛肚”的南湖。人们还在绕村的河溪上先后架起了四座桥梁作为“牛腿”。这种别出心裁的科学的村落水系设计，被国外建筑专家称为“研究中国古代水利史的活教材”。

位于村子中心的月沼，是牵连全村水圳的中心，它的修建有不同的传说版本。其一，公元十四世纪中叶，生活在皖南黟县的汪氏家族，因为居住的村庄屡次遭受火灾，几经搬迁，终于在雷冈山下找到了一处与祖先

遗言中相似的安居乐业之地：一汪永不干涸的清泉，东西两条河流环抱左右。在祖先的遗训中，牛是富裕的象征，水是福泽子孙的保证。为此，家族的女头领胡重娘依据对祖先遗训的解读，把新建的村庄规划为一个牛形村落。胡重娘等人的智慧并不止于此，他们建造的完整水系，并不仅仅是给村民提供便利，还是实践宗族观念流动的载体。围绕村中央的月沼，修建了村子里最重要的建筑——汪家总祠“乐叙堂”，沿月沼建的那些高墙阔门的大宅是专供族中辈分最高、地位最显赫的人居住的。道路阡陌，沿水圳而延伸，次第相连的人家引圳中水入院，饮用、洗涤、灌溉，岂能不饮水思源？如此一来，水脉与血缘相通，分门别户与家族总祠相连，宏村人以特有的方式迎接了传说中神牛的到来，独特而紧密地聚集在一起，历经600多年的风雨，他们依旧保存着他们独有的生活方式和生活观念。其二，月沼是建于明永乐年间（1403—1424）。当时宏村出了个汪思齐，他发现村中有一泓天然泉水，冬夏泉涌不息，汪思齐三次聘请海阳县（今安徽休宁县）的风水先生何可达，并族内高辈能人，“遍阅山川，详审脉

6

7

8

9

8. 9. 水圳
10. 11. 12. 南湖

络”，制订扩大宏村基址及进行村落全面规划牛形水系蓝图。后裔汪升平等人投资万余金，继续凿圳，挖掘成半月形池塘，完成了前人未完成的“月沼”，这就是月塘。月塘常年碧绿，塘面水平如镜，塘沼四周青石铺展，粉墙青瓦整齐有序分列四旁，蓝天白云倒映水中。夜晚，月沼边上的人家亮起了红灯笼，水中倒映的一排排灯笼与岸边影影绰绰的人影、天上皎洁的月光相互交错，织出另一个神秘、幻美的世界。

宏村人的祖先很会利用自然溪水做文章。他们在宏村的上首浥溪河建石坝，用石块砌成数米宽的人工水渠，利用地势落差，把一泓碧水引入村中。水圳九曲十弯，穿堂过屋，经月沼，入南湖，而后出南湖，灌农田，浇果木，重新流入濉溪。滋润得满村清凉，使静谧的山村有了动感，创造出“浣汲何妨汐路远，家家门前有清泉”的良好环境。这种人工水系，丰富了村落景观，和谐、多变、富有灵气。它还具备六大功能：一是防火；二是调节小气候，改善温度和湿度，净化空气，美化环境；三是饮用；四是洗涤；五是灌溉；六是发电。水圳沿途建有无数个小渠踏石，人们浣衣洗涤、浇花灌园都极为方便，是古代村落的“自来水”。当年村民饮用、浣洗之水都取自“牛肠”，汪氏祖先曾立下规矩，每天早上8点之前，“牛肠”里的水为饮用之水，过了8点之后，村民才能在里面洗涤。这牛肠的水位，无论天晴下雨，总保持在一定的高度，即水位总是低于小桥以下一点，不多不少，十分奇妙。

宏村南湖建于明万历丁未年（1607）。宏村村落经永乐年间到万历年间，楼舍连栋，人口繁衍，光靠月塘蓄水已不够用，遂在万历丁未年将村南百亩良田凿深数丈，周围砌石立岸，仿西湖式样建成南湖。湖呈大弓形，湖堤宽4米。原来古树参天，苍翠欲滴，青藤盘绕，禽鸟鸣唱。湖畔垂柳依依，像临镜梳妆的少女，把秀发垂向水中。湖面绿荷摇曳，鸭群戏水，远峰近宅，倒映湖中，加之树荫、湖水和日光相互作用，明暗协调，动静相宜，显得幽深、雅静、清新、明丽。南湖历史上大修三次，1986年在湖中重新修筑堤路建造“画桥”。从此，南湖可东西向划舟，妙趣无穷。清嘉庆甲戌年（1814）秋，浙江钱塘（今杭州）名士吴锡麟游南湖后，撰文曰“宏村南湖游迹之盛堪比浙江西湖”，因而南湖又有“黄山脚下小西湖”之称。清人汪承恩赞家乡《南湖》“夹岸桃李花，浓英殊窈窕”“入夏菱荷香，镜面扫为净”。如今，一批批摄影师来此拍摄美景，一批批美院学生来此写生，使明净绮丽的南湖不仅揽尽自然的美色，更增添了艺术的氛围。

如果说宏村流动的音符——水，构成了村子的灵魂，那么，它凝固的音符——建筑，可以说构成了村子的骨骼与身躯。

宏村的建筑多是明清时期所建，全村现完好保存明清民居140余幢。古民居，以正街为中心线分布两侧，层楼叠院交错，街巷蜿蜒曲折，路面用一色青石板铺成。两旁民居大多为二进单元，前有庭院，辟有花园，园中有鱼池，池边多设有栏杆。马头墙层层叠落，额枋、雀替、斗栱上的木雕姿态各异，立体生动。“遥见粉墙矗矗，鸳瓦鳞鳞，棹楔峥嵘，鸱吻耸

10

11

12

13. 南湖

14

15

16

拔，宛如城郭……”这是清朝徽州盐商程庭对家乡建筑最形象的描述。

明朝房子式样、布局简单，支柱呈长方体，清朝则为圆柱形。一般房子都为两层，明朝房子上下两层的高度相当，而清朝的底层高大宽敞，大多采用形似冬瓜的粗粗的大梁。明朝的房子装饰简单，清朝徽商到了鼎盛时期，体现在建筑上就是特别注重雕梁画栋。徽派建筑把楼梯口隐藏在门的背后，起到了美观的作用。楼梯间作为储藏室，充分利用了空间。楼梯一般有16个台阶，商人注重聚财，按五行来设计，金木水火土，第一和最后一个台阶均为金，金碰金，意为财运亨通。

宏村的建筑主要是住宅和私家园林，也有书院和祠堂等公共设施，建筑组群比较完整。各类建筑都注重雕饰，木雕、砖雕和石雕等细腻精美。走进民居，门罩、天井、花园、漏窗、房梁、屏风、家具，都在无声地展示着能工巧匠精心的设计与精美的手艺，具有极高的艺术价值。比较典型的建筑有承志堂、乐叙堂、南湖书院、敬德堂、敬修堂、树人堂、桃园居、东贤堂、三立堂等。高大伟岸的马头墙有骄傲睥睨的表情，也有翘檐欲飞的张扬；灰白的屋壁经过时光的过滤，更显凝重和安静。宗族祠堂、书院、牌坊和宗谱，显露着一个族落的生活痕迹和文化特征。

承志堂建于清末咸丰五年（1855），是大盐商汪定贵的住宅。它是村中最大的建筑群，也是保存最完整的建筑群，被专家称为“民间故宫”。“承志”，是缅怀祖宗、慎终追远与继承祖德之意。何谓“堂”？《说文解字》中曰：“堂，殿也。”即“王有殿，民有堂。”堂屋，是一个家族或支族共同居住的大幢房屋。承志堂占地约2 100平方米，全屋有房60余间，围绕着九个天井分别布置，以砖木结构为主，内部装饰砖、木、石三雕俱全。正厅和后厅均为三间回廊式建筑，两侧是家塾厅和鱼塘厅，后院是一座花园。院落内还设有供吸食鸦片烟的“吞云轩”和供打麻将的“排山阁”等。全宅有木柱136根，木柱和额枋间均有雕刻，造型富丽，工艺精湛，题材有“渔樵耕读”“三国演义戏文”“百子闹元宵”“郭子仪拜寿”“唐肃宗宴客”等。其正厅横梁、斗拱、花门、窗棂上的木刻，工艺精细、层次繁复，精雕细镂、飞金重彩，人不同面、面不同神，堪称徽派建筑一绝。1977年，著名美籍华裔建筑大师贝聿铭考察完承志堂后，

17

赞道："承志堂整体设计协调、聚合性强，雕饰也很精美，充分显示了徽派大幢民居的艺术特色。"

乐叙堂是汪氏的宗祠，位于月沼北畔，又名"众家楼"，是村中现存的唯一的明代建筑，是汪辛之妻胡重娘在村里留下的又一件杰作。明永乐年间，宏村汪氏七十六世祖汪辛，即汪思齐，时任山西运粟主簿。建祠时，汪辛虽未在家乡，但因其德高望重，且出资过半，村人推举其妻胡重娘及子仕和、仕隆主事兴建汪氏宗祠，历时四年建成。当时县尹黄彪建言：宗祠，是宗族祭礼聚会的地方，是听取祖训宗规的地方，"子子孙孙歌于斯，哭于斯，聚族于斯"，可取堂名为"乐叙"，意为"秩叙敦伦，永履和乐"，族人赞同。乐叙堂梁柱皆为巨木，整体建筑砖墙，大门砖雕，所雕飞禽走兽，异常精美。后进正堂原有楼，内部因年久损坏，1963年进行了修建。前进门楼面积74平方米，月梁、莲托木雕甚是精美。1997年又经修复，基本保持原貌。

南湖书院位于南湖的北畔，原是明末兴建的六座私塾，称"倚湖六院"，供族人授业解惑、培育人才。明清时期，古黟塾学兴盛，"十户之

14. 南湖荷花
15. 快乐的小鸭子
16. "哪个更美"
17. 牌坊式门楼

村，不废诵读”。塾学分社学、义学、私塾，经费一靠宗族富户资助，二靠宗祠族田筹集，三靠学童家长自筹。清嘉庆十五年（1810）“倚湖六院”合并重建为“以文家塾”，又名“南湖书院”，93岁翰林侍讲梁同书曾亲题“以文家塾”匾额。重建后的书院由志道堂、文昌阁、启蒙阁、会文阁、望湖楼和祗园等六部分组成。南湖书院占地6 000余平方米。主厅堂分为东、中、西三部分。东侧为三进二间，首进为木栅栏门楼，中进为书院正厅志道堂，是先生讲学场所；后进为文昌阁，摆设孔子文位以供学子瞻仰。中轴门楼为飞檐翘角的三层门罩，入内为门楼廊间，拾级而上是启蒙阁，为幼童启蒙学习之处，后进为会文阁，是文人墨客以文会友、诵读诗书的地方。西侧面湖畔有望湖楼，窗口上方挂有“湖光山色”横匾，系清代黟县县令罗尹浮题。楼下为祗园，现改为“万氏故居”纪念馆。南湖书院廊柱宏伟，斗拱严构，梁架榫合，梁柱大都是整根巨木，多为樟木、白果，其香味能驱虫蚁，历百余年而无腐蚀。大厅气势巍峨，屋顶檐角奇崛，风来铃声悦耳，雨去蛙声不绝，夏季新荷婷立，冬至万籁俱寂。人文与自然，在南湖书院交融默契，天人合一。

敬德堂门楼上的雕刻最有特色，图案丰富多姿，有多重象征意义。

18

19

20

楼角处有鳌鱼，龙头鱼尾，寓意希望子孙能独占鳌头。鳌鱼的下方是梅兰竹菊四喜图，梅兰竹菊四君子代表着坚韧不拔的意志和高洁的品质，四只喜鹊则代表喜庆吉祥。喜鹊登梅图，取“喜上眉梢”之意。东鹿、西马图，“鹿”是福寿禄“禄”的谐音，希望后人能够丰衣足食，生活充裕，“马”则喻指在事业上能飞黄腾达。门楼最下层左右两下角的吉祥水兽图：滚滚的波涛之中，两只鲤鱼跃出水面——鲤鱼跳龙门，即希望子孙能在官场上有一席之地。屋内正厅东、西两侧各有六扇莲花门，中间栏板上雕刻有蝙蝠，而且都是五只，谓之“五蝠奉寿、万福万行”。东、西厢房是主人休息的卧房，厢房窗子上镂空雕刻铜钱图案，窗下栏板上雕刻“卍”字图案，意为多财多福。敬德堂用天井通风采光，天井下方的左、右两侧各有一根木条，在烈日炎炎的夏日，家中十分炎热，主人就在木条上穿上铁环，挂上布帘，挡住强烈的阳光。厅前有一幅楹联：“立志不随流俗转，留心学到古人难。”

敬修堂是宏村典型的清代民居，坐落在月沼北侧西首，始建于清道光年间（1821—1850），距今已有180多年的历史。它占地面积286平方米，建筑面积452平方米，屋基高出月沼近1米，整幢房子坐北朝南，正厅前为庭院。与其他民居不同的是，院门外留有10平方米的空地，俗称“晒

18. 乐叙堂
19. 石库门式门楼
20. 承志堂庭院

敬修堂
富貴平安

22

坛”，是夏日纳凉、冬天晒太阳及小憩聚会之处。粉墙黛瓦临月沼而立，庭院内有石砌的花坛和鱼池，西侧两株百年牡丹富丽高贵。院内地面由青石铺成，正中为正厅大门，门罩镶有玉器花瓶，刻有松鹤同庆、福寿双全、麒麟送子等石雕图案。门内罩描有戏文图。正厅中堂两侧悬挂贴金楹联，厅两侧有莲花门雕饰，摆有书案、茶几、木椅，古朴静雅。东侧有偏厅、廊式厨房和后花园。整幢建筑布局规整明快，结构疏密有度，雕镂精美奇妙，格调雅致飘逸，是宏村清代儒商的典型民居之一。

树人堂，也称“民艺收藏馆”，系清代奉政大夫汪星聚于同治元年（1862）所建，现是房主汪森强的私人收藏馆。树人堂占地面积266平方米，全屋宅基呈六边形，取六合大顺之意。正厅偏厅背靠水圳，坐北朝南。天花彩绘，飞彩烁金。厅堂东边利用有限空地，建一小水塘，活水长流。外门为八字门楼，内置悬坊栏板。为弘扬徽州的历史文化，主人多年来从民间收集了明清时期许多老作坊机械、石制器具、徽州版画、民俗用品、徽商书信用具、宏村族谱等，再现了当年徽州社会生活的一些侧面。楼上收藏有宏村人经商的路线图——徽商遗踪，体现当年商运老大桥码头繁忙景色的画，一封1919年黟县人在京做保险的书信，承志堂主人巨贾汪定贵的遗像、生平、家赞和讣文，当年的银票、书信，从前外出经商时用

21. 敬修堂
22. 乐叙堂

◀ 21

23

的手提箱和鞋架以及一些耙、犁、锄头、蓑衣等农具。来到树人堂，徽州人历史生活的痕迹可见一斑。

桃园居建于清咸丰十年（1860），因房东曾于院内植一稀有品种的桃树而得名。桃园居虽说规模不大，建筑面积只有380平方米，但门楼砖雕和室内木雕堪称精品。门楼上的砖雕刻工精细、层次丰富，青狮白象等动物形象生动，尤为独特的是门楼上部用水磨砖砌一弧形门额，类似室内厅堂上方前部的冬瓜梁，门额中间镶嵌一块大型的弧形砖雕，这是一般古民居所少见的。室内木雕花样繁多，技法多变，内容丰富，寓意深刻，这些特点主要表现在大厅房门及窗户和书厅雕花门上。大厅门、窗主图案为宝鼎、宝瓶，窗户开口为挂络式，两边窗户上方各有两个守窗“童子”，窗栏板上的四只喜鹊、六只麒麟犹如活的一般，寓为“四喜六顺”。房门上部为“藤结花”，每扇门中的“花心板”上的雕刻内容均为历史典故，比如东房门里扇“花心板”上为“羲之戏鹅”。另外两厢的葡萄挂络、双狮雀替均属珍品，挂络中的飞马寓意“飞黄腾达”。书房中的四扇雕花门可以说是全村最为精美的雕花门。四扇门的上半部从上而下为“蝙蝠奉寿”“八骏马”和“人间仙境”（或称“世外桃源”）雕板，大片雕花为“松鼠葡萄”，四扇门的腰板上分别雕有“岳飞刺字”、“王祥求鲤”（又称“卧冰求鱼”）、“季子挂剑”和“孔融让梨”四个历史典故，分别表现“忠、孝、节、义”四种意义。桃园居的特点是木雕精湛、布局别致，庭院设计优雅精致。

古朴典雅的大宅民居、气度恢宏的家族宗祠、平滑似镜的月沼、碧波荡漾的南湖、古意盎然的店铺，雷冈上的参天古木、探过民居庭院墙头的青藤秀花，构成一个完美的艺术整体，真可谓步步入景，处处堪画。

最后我要介绍村中的两棵古树。在宏村村口，一眼望去，可见到两棵有500年树龄的古树。这两棵大树，一棵叫枫杨树，当地叫“红杨树”；一棵叫银杏树，当地叫“白果树”。北侧的红杨树高19米，围6米，需四五个人才能合抱，树冠形如一把巨伞，把这村口数亩地笼罩在绿荫之中。南侧的白果树高20米，形如利剑，直刺天空。这两棵大树是这牛形村的“牛角”，宏村的“风水树”，是吉祥的象征，是村民的瑰宝。按

23. 三立堂
24. 红杨树

24 ▶

25

25. 银杏树

照过去的风俗，村中居民办喜事，新娘的花轿要绕着红杨树转个大圈，以预示新人百年好合，红福齐天；高寿老翁辞世办丧事，要抬着寿棺绕着白果树转个大圈，寓示着子孙满堂，高福高寿。

1999年，建设部、文物管理局等有关单位组织专家评委会对宏村进行实地考察，全面通过了《宏村保护与发展规划》。2000年11月30日，宏村被联合国教科文组织列入了《世界文化遗产名录》。2001年又被确定为国家级重点文物保护单位。2003年12月被评为全国首批历史文化名村。

（本文摄影：吴建平 方德才 雪女）

Hongcun

In the famous scenic spot, at the southwest foot of Yellow Mountain, there is an ancient village with a history of more than 800 years. This is a place far away from the noise and stir of society, like a wonderland in dream amidst lakes and mountains and houses with cornices and rake angles. This is Hongcun and it has been inscribed on *the World Heritage List by UNESCO* in 2000. Hongcun was first built in the reign of Shaoxing, South Song Dynasty, and the name was changed to Hong with another Chinese character in the reign of Hongli, Qing Dynasty. "The cultural landscape and natural landscape of Hongcun bring out the best in each other, and the planning of the village was uncommonly detailed." The site selection, layout and landscaping of Hongcun all relate to water, whose ox-like layout and water system can be seen as a wonder in the history of architecture. In this ox-like picture, the dark green Leigang mountain is apparently the "head", towering old trees the "horn", groups of residences the "torso", Yinqing Spring the "intestines", which goes through the village and into the "stomach" Moon Pool, gets filtered and flows towards the "belly" South Lake. Four bridges that stretch across the river are called "legs". This design of village and river system as a scientific whole has been regarded by architects home and abroad as "living textbook to research on history of water conservancy in ancient China". Altogether more than 140 ancient constructions built in Ming and Qing Dynasties are well-preserved in Hongcun, mostly residence, private gardens, academies and ancestral halls, composing a comparatively full group. All these constructions pay attention to engravings, whether on wood, bricks, or stones, all exquisite, elegant and highly-valued. Among these constructions, typical ones include Chengzhi Hall, Lexu Hall, South Lake academy, Jingde Hall, Jingxiu Hall, Shuren Hall, Taoyuan House, etc. Once entering into a residence, you couldn't help being amazed by the wharf wall, door cover, courtyard, garden, tracery, beam, screen and furniture, all of which demonstrate in silence the elaborate design and fine art of craftsmen, whereas the ancestral halls, academies, memorial archways and genealogy represent the cultural features as well as traces of life of a tribe.

（译：梅新慧）

自入桃源来
墟落此第一

西递

文/雪女

清朝诗人曹文植是这样描述它的：『青山云外深，白屋烟中出。双溪左右环，群木高下密。曲径如弯弓，连墙若比栉。自入桃源来，墟落此第一。』

1

西递，一个遗世独立的村庄，一个清静自在的村庄，被世人誉为：“世界上最美的村庄”“古民居建筑的宝库”“明清古民居博物馆”“桃花源里人家”。清朝诗人曹文植是这样描述它的：“青山云外深，白屋烟中出。双溪左右环，群木高下密。曲径如弯弓，连墙若比栉。自入桃源来，墟落此第一。”

西递始建于宋朝元祐年间（1086—1094），由于河水向西流经这个村庄，故原来被称为“西川”。后来改称为“西递”，有两种说法。一种是：以前这里是交通要道，官府在此处设有驿站，用于传递公文和供来往官员暂时休息，驿站在古代又称为“递铺”，所以西川又被称为“西递铺”。另一种是：中国大地上的河流大多是向东去的，而西递周围的河水却是往西流——“东水西递”，所以西川也就被称为“西递”了。

西递位于安徽省黟县东南部，黄山南麓，距黄山风景区仅40公里。村落平面呈船形，面积12.96公顷。全村东西长700米，南北宽300米，居民二百余户，人口一千多。这里自然景色秀丽，房屋建筑壮观，至今已有

1. 粉墙黛瓦
2. 凸凹有致的马头墙
3. 高墙深巷

2

3 ▶

4

960余年历史。

西递是一个以宗族血缘关系为纽带、胡姓子孙聚族而居的古村落。据史料记载，唐朝末年，随黄巢起义的朱温叛变，投降朝廷，成了手握重兵的军阀。他先后杀了宦官和宰相，在天祐元年（904）向唐昭宗李晔提出，把京城从长安迁到洛阳。唐昭宗不敢违抗，带着皇后、皇子、公主、侍从和朝中官员奔赴洛阳。途中，怀有身孕的何皇后生下一个皇子，李晔明白此去凶多吉少，便把小皇子托付给贴身侍卫胡清（又名“胡三”），让他把皇子带往乡下逃命。后来，唐昭宗全家果然被杀。胡清将小皇子带往老家婺源，改姓为“胡”，取名“昌翼”。胡昌翼寒窗苦读，21岁中“明经科”第二名进士，本可出山做官，但当他得知自己的身世后，终身不仕，耕读乡里，成了一位隐居乡野的饱学之士，直至96岁逝世。他的子孙遵循他的遗训“儿孙后代不得复宗”，要世世代代铭记胡清的恩情。北宋皇祐元年（1049），胡昌翼的第五世孙胡士良，从婺源前往金陵，路经西递，见此处峰峦环抱，山形有“天马涌泉之胜，犀牛望月之奇”，会看风水的他，根据风水学的理论得出“船行西递，大吉大利”“东水西流，吃穿不愁”的结论，从而选定西递为胡氏家族又一处安身立命之地。

西递自古文风昌盛，到了明清年间，一部分读书人弃儒从贾。他们经商成功后，回乡建房、修祠、铺路、架桥，将故里建设得气派、堂皇。

4. 胡氏宗祠

5. 胡文光牌坊

6. 牌坊式门楼

5

十八世纪到十九世纪，西递的繁荣达到顶峰，当时村里有大约600幢华丽的住宅、99条巷子、90多口水井、34座祠堂、13座牌坊、近万人口，号称“三千烟灶九千丁”。历经数百年社会动荡，风雨侵袭，半数以上的古民居、祠堂、书院、牌坊已毁，西递至今尚保存古朴典雅的明清民居124幢，大量的砖、木、石雕等艺术佳作点缀其间。经整理开放的有胡文光牌坊、凌云阁、敬爱堂、追慕堂、大夫第、履福堂、瑞玉庭、桃李园、青云轩、惇仁堂、膺福堂、东园、西园、笃敬堂、仰高堂、尚德堂、枕石小筑等民居古建筑，其“布局之工，结构之巧，装饰之美，营造之精，文化内涵之深”，为“国内古民居建筑群所罕见，堪为徽派古民居建筑艺术之典范”。

进入村口，一座高大的青石牌楼威严耸立。这是胡氏家族在明万历

6

7

六年（1578）建造的“胡文光牌坊”，俗称“西递牌楼”，距今已有400多年的历史。当时的西递人胡文光（1521—1593）系嘉靖乙卯科进士，先为江西万载县知县，后为胶州刺史，迁荆王府长史，授四品朝列大夫。因其政绩显著，皇帝遂恩准建这座石坊。该牌楼高12.3米、宽9.95米，系三间四柱五楼单体石雕牌坊，通体采用当地的“黟县青”石雕筑而成，牌楼上下用典型徽派特色的浮雕、透雕、圆雕等工艺装饰出各种图案，每一处图案都有深刻的寓意。整个牌楼造型庄重、典雅，石刻技艺出众，堪称明代徽派石坊的代表作。它是西递的标志性建筑之一，也是当年胡氏家族显赫地位的象征。

位于胡文光牌坊西侧的“走马楼”，又称“凌云阁”。始建于清代道光年间（1821—1851），相传是当年西递首富胡贯三家族为迎接歙县的亲家，当朝中堂曹振镛的到来而突击营造的。现今的走马楼是依据当年的布局重新修复的，并与相邻的七哲祠遗迹共同组成一个景点。走马楼分上下两层，粉墙墨瓦，飞檐翘角。楼下有单孔石拱桥，名为“梧赓古桥”。西溪流水穿桥而过，在这里可领略到“西递八景”之一的“梧桥夜月”美景。

敬爱堂是全村现存规模最大的祠堂，始建于明万历二十八年（1600），进深60余米，跨度30余米，占地面积1 900多平方米。40根高大

7. 作退一步想
8. 水街
9. 老街

8

9

10

11

12

的白果木柱、48根粗壮的梁枋，高高托起了大厅屋顶，宏伟壮观。敬爱堂原为明经胡氏十四世祖仕亨公之享堂，他的三个儿子为表示兄弟间互敬互爱，将享堂改建成祠堂。敬爱堂作为宗祠，一直是族人商议族事、举办婚嫁仪式、惩罚不肖子孙的场所。入中门为祭祀大厅，厅分上、下庭，左右分设两庑，下庭的两根6米高的“黟县青”石柱与上庭两根粗壮的白果木柱相映衬，承托着规整的梁架，威仪凛凛。梁檩悬挂着“天恩重沐”“上国琳琅”“四世承恩”“盛朝英俊”等多块金字古匾，似向游人宣示胡氏宗族当年的荣耀。上庭正面木板壁上悬挂着祖宗的画像，上悬匾额“百代蒸尝”，意思是要世世代代不忘祖先的恩典。下面正中是一把太师椅，当是族长之位。两边纵列两排罗汉椅、案，为族中年长和有声望之人议事或祭祀时所坐。厅前还有一大几案，用于祭祀时放置祭品。上庭之后为楼式的供奉厅，供奉列祖列宗神位，次序是始祖居中，其他依昭穆之序左右排列。后厅有一个斗大的“孝”字，很值得玩味。它是南宋大理学家朱熹所书。“孝”字从后方看像一个俊俏后生，跪地作揖；从前方看则是猴子嘴脸。字画浑然一体，寓意孝敬长辈则为好儿孙，不孝则退化为猴子，可见徽州人十分重视敬祖尽孝。

追慕堂建于清乾隆五十八年（1793），为明经胡氏廿四世祖胡贯三为追思慕念祖父胡丙培、父亲胡应海一生崇文尚义、乐善好施而建，是西递胡姓支祠的代表作。所谓支祠，是宗族里的同一支脉亲属祭祀、议事的场所，它的“级别”低于宗祠而高于家祠。与西递其他胡氏祠堂里供奉先祖昌翼公不同的是，它的神位上端坐的是唐太宗李世民。祠堂的梁柱上镌刻着李世民的手书“以铜为镜可以正衣冠，以史为镜可以知兴衰，以人为镜可以明得失”。后堂有李世民塑像和李世民的功臣的画像。也证明了“李改胡”的渊源。正堂供奉着胡氏始祖胡昌翼和义祖胡三遗像，及此二人与西递支派始祖胡士良的三个牌位。旁有祖宗家训：义祖大于始祖，儿孙不得复宗。追慕堂屋顶为飞檐翘角，八字形大门楼，檐下三元门外设有木栏，八字墙用整块打磨光滑的黟县青石制成，风格独特，极为精美壮观。

大夫第建于清康熙三十年（1691），为朝列大夫胡文熙任河南开封知府时在家乡修建的住宅。大夫第一般指文职官员的私宅。该住宅为临街亭阁式建筑，四合院二楼结构，正厅高大轩敞，厅前设天井，门罩上砖刻“大夫第”三个大字。临街的一面，建有彩楼，俗称小姐绣楼，原用于观景，楼额木刻隶书“桃花源里人家”六个大字。有趣的是，近人多将此楼当作古装戏中小姐择婿“抛绣球”所在，现其已成为西递村举办此项民俗活动的场所。大夫第阁楼下门洞上方，嵌有一块“作退一步想”的石雕，并且在建筑上实施了这一想法——将整个阁楼后缩一米，磨去棱角，以方便村人行走。

10. 祖先画像
11. 敬爱堂
12. 追慕堂
13. 祠前广场

履福堂系康熙年间（1662—1723）建造，是清代收藏家胡积堂的故居。胡积堂酷爱读书、吟诗、作画，却不愿参加科举。他一生潜心收藏诗书画，并著有《笔啸轩画知录》。履福堂是一座三间三楼结构的民居建筑，天井下设有一池，用来灭火养鱼。屋内陈设典雅，充满书香气息。厅堂题有“书诗经世文章，孝悌传为报本”；“读书好营商好效好便好，创业难守成难知难不难”的对联，显示了儒学向建筑的渗透。另有一幅更加醒目并被游人津津乐道的对联：“几百年人家无非积善，第一等好事只是读书。”精辟地概括了主人的人生哲学，也普遍反映了古西递人家不废诵读的风尚。

沿着青石板路走进村中大路街，出瑞玉庭前行数步，便是桃李园。桃李园建于清咸丰年间（1851—1862），由正屋和庭院组成，是清代秀才胡永明的私塾。正屋为三间三进二楼结构，前两进为两小套背向三间屋。二进楼上设有独特的“楼上井”，使整幢房屋光线充足，空气流通。楼上木雕扶栏板可充作小姐窥视之孔洞，供小姐相亲时窥探来往家中的郎君。二三进之间用粉墙相隔，中间有门相通，门上有隶书“桃花源里人家”石刻横

13

额。通往街面的小门上，刻有小篆“桃李园”三字门额，寓意“桃李满天下”。桃李园后厅厢房由屏门组合而成，上面镶嵌着康熙年间书法家黄元治草书“醉翁亭记”木雕，很有观赏价值。

青云轩建于清朝同治年间（1862—1875），是一个书厅，又叫“便厅”，至今已有130多年历史。二楼结构，整个建筑类似四合院，便厅居中，两侧为平房，环绕一小庭院，院门临巷设有门亭。长方形的庭院中石条花台、假山盆景错落有致。厅内菱花隔扇，彩绘天花，格调高雅。青云轩的绝妙在于家有“二宝”，一是半个大海蚌化石，历史约1亿年以上，据说还有半个化石，因老主人胡春开赠给他人以解救其破产之危机，后来被卖到日本。二是有中国最早的“空调”：厅堂正中地面上有一个小圆洞，上面放着石盖，冬天掀开，暖气上升;夏天掀开，凉风送来，如同一个天然空调，令人称奇。圆洞较深，与地下洞道相通，梅雨季节洗刷地面的水可以经洞流入阴沟，建筑师的设计巧妙绝伦。

惇仁堂建于清康熙末年，是徽商泰斗、明经胡氏二十四世祖胡贯三之父胡应海晚年居住的地方。房屋呈五开间两厢二楼结构，气势轩昂，现为胡贯三嫡系三十世儿孙居住。房大屋亮是惇仁堂建筑的显著特点，其中间厅堂十分宽敞，目前在西递明清古民居中数第一。后半部平顶天花，前半部拱形卷蓬为顶，并高于后半部，以确保天井光线直射到厅堂的太师壁。两侧各两间为卧房，两间卧房相通，古称“联珠房”，类似现代的套间。紧靠厅堂的两间卧室，面临天井，光线也很充足。两侧的房间，由于离天井较远，光线自然就差多了。为此，设计者专门在房间窗户上方设计了一方小天井，俗称“子天井”，以供采光之用。同时在两梢间又装有桃花木雕图案的隔扇门分隔，关上隔门，是三门两厢式样；而打开隔门，就一眼能看清并列五间房和两侧类似天窗的小天井，另有一番天地。其建筑结构非常特殊，在西递众多的古民居中独树一帜。厅堂内摆设古朴典雅。“惇仁堂”匾额高悬太师壁上方，是清嘉庆年间（1796—1821）自称“菊叟”的汪承霈手书。厅堂上悬挂木刻楹联两副：“几百年人家无非积善，第一等好事只是读书。”“寿本乎仁，乐生于智；勤能补拙，俭可养廉。”楹文寓意深刻，气度不凡，道出了当年主人的心志。

14. 漏窗
15. 飞檐翘角门罩

14

膺福堂建于清康熙三年（1664），乃明经胡氏二十五世祖、诰封从二品、户部尚书胡如川的故居，现为其后裔居住。膺福堂门楼高大，飞檐翘角，方柱月梁，砖雕精美，气势宏伟，显示了非同一般的官第型制。膺福堂为三进三楼式建筑，俗称“五凤楼”，最有特色的是八字门楼门罩上的“龙头凤尾”砖雕。左看龙口吐水，右看凤尾摇曳。进入大门，就有一个高尺余的门槛（古时门槛是衡量一个人官职高低的标志）。文官从右侧进，武将从左侧进，七品以上的官员才能开大门、跨门槛而进。屋内木雕的莲花门，以及一些古家具，均玲珑剔透，精巧别致。

旷古斋建于清康熙年间，取空旷古朴之义。徽州人十分重视门楼的修建，有“千金门楼四两屋”之说。门楼既可以遮风避雨，保护门扇、门框，也可以显示主人的身份、地位和理想追求。门楼上一般有精美徽州三雕——木雕、砖雕、石雕，制作得富丽堂皇，展现了新安画派和徽州版画深厚的艺术根基，也彰显了徽商在当时的中国无与伦比的财力和物力。从旷古斋门罩的造型就不难看出主人显贵的身份：整个门罩呈元宝形，两头翘角的下方各有“富”“贵”二字，“富”字表达了主人对经商赚钱，招财进宝的追求；“贵”字则反映了主人亦商亦读，以商保仕的愿望。旷古斋是一座由庭院、花园和多单元房子组成的私家宅院。目前对游客展出的是前楼厅堂。厅堂的陈设是典型的古徽州风格，正面板墙上方悬挂的是一块隶书木质大匾“旷古斋”，匾额下是中堂画，画两边有两幅古对联，其中一幅是“孝弟传家根本，诗书经世文章”。这是一幅改字联，其中把“孝悌”写为“孝弟”，更扩展了兄弟和睦之意；“文章”的“章”字中“早”字里的一竖出了头，寓多读诗书早日出人头地之意。

东园建于清雍正二年（1724），原为西递富商胡尚焘建造。据传胡尚焘为了让儿子胡文照实现自己未实现的愿望——读书考取功名，从杭州回到家乡西递盖了东园，并亲自教子读书。儿子不负父望，十年寒窗苦读，一举成名。所以东园既是主人修身养性的书屋，又是主人办私塾的场所。东园包括凉厅、正厅、前厅三进。正厅为厚光堂，用于接待贵客；前厅用于接待亲眷内宾；凉厅为书厅。凉厅左边厢房房门为六边形，右边却是圆形，突破了传统式的对称建筑结构，却取得了不对称中之对称美的效

15

果。这里“取吉”图案随处可见：六边形门上雕刻“五蝠捧寿”的图案，寓意多福长寿；右边厢房房门为圆形，是一幅很大的冰梅图（俗称“冰裂”图），冰凌寓意“十年寒窗”，香梅象征“梅花香自苦寒来”，从中不难看出主人希望自己的儿孙后代刻苦攻读，积极上进，获取功名。凉厅天井墙上，嵌着一块碑刻，此碑宽近70厘米、高约30厘米，从右往左刻有行草“结自得趣”四字，为清代西泠八大家之一陈鸿寿所书。

西园建于清道光四年（1824），原为胡文照住宅，是一座典型的徽派园林式建筑。其绝妙之处在于房屋与庭院呼应，庭院与自然贯通。宅居以“八”字形门楼作为入口，进入园内，右侧是三幢楼房一字摆开，它们由一个长方形的庭院连为一个整体，中间用大的砖雕漏窗以及形态各异的门洞隔开，分为前院、中院、后院，院中栽种花卉，设有假山、鱼池。透过前院的漏窗，隐约可见中院、后院的景物。整个庭院处于“界与未界，隔与未隔”状态。庭院深深、层层相连这种不让人一览无遗的设计，使得整个狭长的庭院显得幽深雅静。其“移步换景，借景园外”的设计手法在乡间村居的建筑格局中并不多见。西园有很多精美的石雕。前院的石条上陈放着有“西递”两字的石刻，它是古代的村碑，原来放在村口，“文革”中被丢置一旁，是现在房屋主人将其抬放家中并保存至今。边上石几、石桌、石凳、石井、石鱼缸给整个庭院增添了北方的阳刚之气。进入中园的门额上嵌有石刻“西园”二字篆书。中院住宅大门两侧墙上各嵌有一个石雕漏窗，是“徽州三雕”的代表作。左边是“松石图”，傲然挺拔；右边是“竹梅图”，高雅别致。中院住宅大门门罩上有一块民间极为罕见的石雕，刻着“周文王访贤”的故事，可惜的是，这块雕刻细腻的石雕人物的头部在“文革”中被毁掉了。进入后院的门额石雕上刻有“井花香处”四字，充分体现了主人的品位，后院有厨房及古井一口。再往里走，门洞上方题有“种春圃”，是指门洞里面是一块菜园。简单的几幅题额充满诗情画意，足以将徽州文化的深厚底蕴揭示一二。

聚族而居的西递村，村民虽是同一祖宗派生繁衍的，但每家每户的房屋又都形成独立的单元，不肯与别家合用一墙，于是房屋之间出现了一条条狭长的小巷。近百条小巷纵横勾连，相互贯通，再加之两侧青苔荒

16. 爬满青藤的老墙
17. 砖雕门罩

17

◀ 16

18. 西递水口

19

草、霉迹斑驳的高墙，令人有走入历史迷宫之感。西递古民居内大都设有天井，这是徽派建筑的一大特色。天井的设置，一般三间屋设在厅前，四合屋则设在厅中，可起到采光、通风诸功用。过去徽商巨贾为了防盗，其住宅大都建有高大封闭的屋墙，很少向外开窗。设置天井，则把大自然融入屋中，使“天人合一”，足不出户，也可见天日。还有一种说法，就是商人以积聚为本，总怕财源外流，造天井，可“四水归堂”，即四方之财如房顶上的雨水汇集于天井内，不至于外流他家，俗称“肥水不外流”。此外，村中各家各户富丽的宅院、精巧的花园里到处是徽州三雕。石雕的奇花异卉、飞禽走兽，砖雕的楼台亭阁、人物戏文，及木雕的门框、漏窗，都体现了中国古代艺术之华美。

1986年，西递被定为安徽省重点文物保护单位。2000年11月30日，在澳大利亚凯恩斯召开的联合国教科文组织第24届世界遗产委员会会议作出决定，将中国安徽古村落西递列入《世界文化遗产名录》。

19. 洒满阳光的老墙

（本文摄影：吴建平　方德才　雪女）

Xidi

Xidi locates in the southeast of Yi County, 40 kilometers to Huangshan District, and seen from a bird's view, it looks like a giant ship sailing amidst green mountains, on which descendants of the Hu family have been living for more than 960 years. Xidi was built in the reign of Yuanyou, Song Dynasty, where river flew westwards. It was called Xichuan in the first place, and then was changed to Xidi, which was because of two reasons. One is that since the village was on a vital communication line where government set courier stations that were called Difu in ancient times, therefore it was named Xi Difu. The other saying is as the rivers along the village were flowing from east to west, so Xichuan could also be called Xidi, in which Xi means west. Xidi is an ancient village connected by blood lineage where descendants of Hu family gathered and made a living. According to historical records, ancestors of Hu family in Xidi were actually descendants of Li Ye, Emperor Zhaozong of Tang, and were not surnamed Hu in the first place. In last years of Tang Dynasty, due to the betrayal of Zhuwen, who killed the royal family on the way moving to Luoyang, the capital. The prince born on the journey was taken to countryside by Li Ye's bodyguard, Hu Qing and was named Hu Changyi and settled down in Xidi later. With a title of "museum of civil residences in Ming and Qing Dynasties, Xidi has altogether kept 124 residences, all of which are elegant and unsophisticated. Some open to the public are the Memorial archway of Hu Wenguang, the feudal provincial governor, Lingyun Pavilion, Ruiyu Courtyard, Taoli Garden, East Garden, West Garden, Dafu Mansion, Jingai Hall, Lvfu Hall, Qingyun Pavilion, Yingfu Hall, Dujing Hall, Yanggao Hall, Shangde Hall, Zhuimu Hall, etc. These constructions, which were "orderly designed, ingeniously structured, beautifully decorated, exquisitely built, and with deep culture", are very rarely seem as an ancient civil residence group, and can be called the role model of ancient civil residences in Huizhou. In 2000, Xidi was inscribed on *the World Heritage List by UNESCO.*

（译：梅新慧）

南屏

文/胡迟

众多的祠堂、民宅、书院、寺庙、亭阁、园林及36眼古井泉组成了宏大的明清徽派建筑群；纵横交错、拐弯抹角的72条古深巷形成了神奇的乡村『迷宫』。走进南屏，有一种穿越时空的感觉，似乎，往事历历……

老楊家染坊

2

南屏村的出名源于张艺谋，他当年拍《菊豆》，为了找“老杨家染坊”，在国内跑了几十个地方，但就是找不到感觉。1989年5月，他来到黟县南屏，立刻被吸引了，近300幢高墙深院的明清古民居，8座风格各异的古祠堂，还有纵横交错、四通八达的72条巷弄……古井、古树、古园林、石拱桥……天然布景啊！他兴奋极了，在村中穿梭往来，跟摄像师念叨：就是这儿了，就是这儿了！

他选择了叶氏宗祠的叙秩堂作为“老杨家染坊”的主场景，甚至，杨天白的扮演者也是“就地取材”，找了一个南屏的小孩张毅。

1990年，《菊豆》在43届戛纳电影节获奖，南屏村也因此浮出水面，成为大众视野里的旅游胜地。

但在学术界，南屏村的出名是因为它被誉为“中国古祠堂建筑博物馆”。南屏原名“叶村”，位于黟县县城西南5公里处，背倚淋沥、南屏、顶游三山，环临武陵溪、东干溪、西干溪三水，因背倚南屏山而得名。其古建制属黟县五都，故又名“五都叶村”。众多的祠堂、民宅、书院、寺庙、亭阁、园林及36眼古井泉组成了宏大的明清徽派建筑群；纵横交错、拐弯抹角的72条古深巷形成了神奇的乡村“迷宫”。走进南屏，

1. 老杨家染坊（叙秩堂）
2. 老杨家染坊外景

◀ 1

4

有一种穿越时空的感觉，似乎，往事历历……

南屏村原来只是个很不起眼的小山村，据说，元朝末年有一位叶姓的人从祁门白马山迁来后，才变得枝繁叶茂。到明代，南屏村已有相当规模，全村逐渐形成叶、程、李三大姓。

南屏村最具特色的建筑应属祠堂群。“邑俗旧重宗法，姓各有祠，支分派别，复为支祠”。南屏村至今还保留着8座祠堂，大多坐落在村前横店街长约200米的一条中轴线上。其中有属于全族所有的“宗祠”，也有属于某一分支的“支祠”，还有属于一家或几家的“家祠”。宗祠规模宏伟，家祠小巧玲珑，形成一个风格古雅、颇具神秘色彩的祠堂群。比较有特色的是叶氏宗祠叙秩堂、叶姓叶奎光堂、尚素堂和程家祠堂。

南屏村大姓叶氏的宗祠“叙秩堂”是一座占地2 000平方米的古祠。据《南屏叶叙秩堂值年规则》中的《叙秩堂建造记》记载：“我始祖季明公祠自成化年间，三世祖思聪公派建于南屏村心，宗祠基址坐东朝西；系

3. 幽深的巷弄
4. 叶氏支祠

◀ 3

经理称字号，重修数次，于嘉庆二十三年兴工至二十五年告竣，乃十五世孙有广监造，气象完固，永垂久远焉。”距今，已200多年。

祠堂歇山重檐，典雅大方，整幢建筑左右对称，既轩敞又幽深，是目前南屏村保存最为完整的大型祠堂。

祠堂大门上端悬挂着“钦点翰林”“钦赐翰林”“钦取知县”等金字匾额，门前照壁矗立，门楼高大，一对一人多高的“黟县青”大石鼓，雕刻十分精致。4根大石柱托着额枋，上面雕刻着古鼎宝瓶类的祭器。

叙秩堂分前、中、后三厅。一进大门，就见有80根硕大的木柱支撑着这座宏伟的建筑，柱子上挂着“石林派衍家声远，武水澜回气象新”等木制对联。横枋上悬有“贡元”“进士”“经魁”和“松筠操节”“津逮后生”等横匾。前厅是吹奏乐曲的地方，也可以搭台演戏。中厅为礼堂，

5. 奎光堂
6. 思孝堂
7. 祠堂前的石鼓

5

6

是举行祭祀仪式的大厅。中厅有前厅的三倍大，屋高十余丈，顶部呈圆拱卷棚式，用木板隔瓦，月梁、童子柱、额枋一览无余，香花、瑞草、祥云等木雕图案使整个厅堂显得雄伟富丽。前厅和中厅既有宽阔的明廊相连，又有四方天井相隔，这是徽州建筑的典型样式，可以让自然光布满整个空间。后厅为享堂，楼上放置本族的祖宗牌位。中厅和前厅可容纳数百人举行祭祀仪式。

叙秩堂大门以往只在重大节庆之时才开，平时走边门进出。其大门的高度比其余七座祠堂都要高，同姓的一切支祠、家祠均不可逾越。

1989年之后，叙秩堂一直保持着拍摄《菊豆》时的原貌。墙上张贴着《菊豆》剧照，祠堂中摆放着染布、晒布的台架、绞车、染池等，“老杨家染坊”的横匾也高悬在叙秩堂大门上方，算是叙秩堂的一个新身份，一张新名片。

建于明弘治年间的叶奎光堂，是叶姓祭祀其四世祖叶奎光的祠堂。距今已有500多年的历史，叶氏四世祖叶奎光，明成化二年（1466）当过

7

山西岚县知县，他的孙子叶廷玺便主持建造了这座祠堂。清雍正十年（1732）改造了祠堂门楼和大门，乾隆五十二年（1787）又重修祠堂及门楼，形成如今轩宏庄严的气象。其占地2 000多平方米，也是南屏村8座祠堂中规模较大的一座。

祠堂门前有高大的照壁形成护垣，使中间空出宽敞的大院，供人们歇车停轿；祠堂门楼4根40厘米见方的“黟县青”石檐柱直达楼顶，支撑着厚实的额枋和曲梁，使门楼形成四柱三间三楼式结构。祠堂分祀堂与享堂两大进，结构与叙秩堂大致相同。多年来，叶奎光堂一直作为南屏小学的校舍，被定为重点保护文物后，才重新修缮，恢复原貌。

尚素堂规模不大，但独具特色。这个祠堂是清康熙年间由叶晓公主持修建的，以后又几次整修翻建，清朝末年最后一次的修整让这座祠堂有了一点异域色彩，成为南屏村祠堂建筑中西交融的样板。尚素堂大门前有个矩形小院，院墙是砖石合砌，水泥抹面，装饰以长方形、菱形等几何花纹。大门整体外形颇有当时流行的西洋风味。但祠堂里面又是典型的中国传统木结构的建筑样式，可谓“洋装虽然穿在身，我心依然是中国心”。

坐落在村西程家街的程家祠堂，以石雕与木雕的精美闻名于世。程家祠堂原称“宏礼堂”。据说，程姓在晋朝从广平迁居歙县，始祖为新安太守。三十三世祖迁居南屏，人才辈出，在当时是非常显赫的江南望族。程姓在南屏村曾建了七座祠堂，而宏礼堂最著名。这座祠堂门楼上最引人注目的就是额枋上的戏文木雕和屋檐旁的力士托盘木雕，雕工精细，戏剧场景逼真，人物形象栩栩如生，一看就知道是清乾、嘉时期的木雕精品。祠堂中厅的两根冬瓜梁上也是遍饰锦纹，平添一份富丽。

8

祠堂大门两侧各有一组由石鼓、鼓座和护栏组成的“黟县青”石雕，这组石雕是徽州

石雕的代表性作品。鼓座上雕的四幅山水画，不单画面有大家手笔，而且上有题头，下有落款，还有篆体印章，完全是中国画的范式。最让专家学者们赞不绝口的是石鼓护栏石上的“八骏”“十鹿”图。流水旁，柳树下，八匹骏马或驰或卧或仰天长啸，奔马背上飞扬的鬃毛都清晰可见；十只鹿游走在苍松翠柏间，神态各异，栩栩如生。

当年徽州的能工巧匠，浸淫于徽州的山水人文中，其匠心，直达艺境。

南屏不独祠堂各具风格，民居之美也是有口皆碑，在建筑上的独特之处比比皆是。

被《菊豆》摄制组选为药铺的一幢民居，建于清代咸丰年间，是一个徽商发迹后回乡建的宅子。二进三间回廊式建筑，建筑结构设计和一些细节，相比较徽州传统民居，已经有了一些不同。比如入井的廊檐较低，后厅结构将南北走向变为东西走向，还有隔扇的花纹样式……

到了厅堂，当地人让我们注意地面砖的勾缝，说勾缝的黏合剂是用石灰、糯米粥、桐油和野猕猴桃藤按一定比例制作而成的，其淡白色与地砖的青灰色搭配，典雅大方。这种黏合剂历经岁月，毫无磨损，在古代建筑上是少见的。

程氏祠堂的后面，有一幢建于清代末年的小洋楼，之所以叫“小洋楼”，是因为其建筑大胆打破了徽州古民居样式，吸收了罗马建筑中的半圆拱门及窗户样式。东南大学建筑系的专家曾实地考察，认为类似小洋楼的建筑，不仅徽派民居中独见，就汉民族古民居而言，也是绝无仅有的。

村中现保存有明清古民居建筑近300幢，幢幢结构奇巧、营造别致，高墙深巷、长短不一，巷弄拐弯抹角、纵横交错。游客进村，如入徽州三雕艺术的迷宫，时而惊叹冰凌阁的“西湖十景”，时而欣赏慎思堂的“月夜行舟图”，时而迷恋于雕花厅的雕梁画栋，时而徜徉于南熏别墅的玲珑剔透……

在徽州，水口不但是村落结构中的一个重要组成元素，也是一个村子最绝妙的风景胜地。南屏水口的布局就令人流连忘返：绿树村边合，上百棵参天古木耸立于南屏村头水口，名曰“万松林”，像一扇巨大的绿色

9

8. 多层次的马头墙
9. 精美的石雕

10

屏风，密密环抱着这个小村庄；穿过万松林，就看见姚鼐题写的三孔石拱桥——“万松桥”，桥下的流水潺潺，是引渡人去桃花源的武陵溪；万松林和万松桥之间，穿插错落有致的一组古建筑：雷祖殿、文昌阁、观音楼、万松亭……观赏着雷祖殿气魄宏大的壁画；聆听着文昌阁檐角的风铃叮当；万松林中，微风习习，绿荫遮日，青草铺地。有诗云：“亭拥万松小，临溪近傍村。偶来拾得句，久坐好开尊。覆地应常合，乔林鸟忽喧。悠然忘暑气，苍翠滴苔痕。”

那一刻，游心于寂寞，寂寞中却有万千风情。

万松林的东北角，有一泓清泉。泉水清冽甘甜，煮茶酿酒，其味纯正。当地人称之为“醴泉”。关于醴泉，有一则传说，说是八仙之一铁拐李酒醉睡在万松林中，三天三夜不醒，酒葫芦沿着山坡滚下来，打翻了，形成了今天的醴泉。

南屏村的人在醴泉四周砌了石栏，供村里人汲水；还凿了暗道，引泉水到旁边一个长方形大水池，供村人浣洗。

万松林中，曾有古黟一大胜景——南阳书院，许多文人雅士与之结缘。岁月变迁，南阳书院已不复存在，只留下一些文人韵事在民间流传。曾经悬挂在书院正厅的一副对联相传是朱熹所撰：“少伯潇洒，安石风流；云龙品格，司马文章。”如今，此联被收藏在南屏一个村民的家中，算是南阳书院的一点遗迹。

10. 11. 12. 精美的木雕

南屏的半春园也是文人雅士的聚集之所。位于村庄上首的半春园又名“梅园”，建于清光绪年间，是南屏村富商叶自璋为孙子们读书建造的私塾庭院。园子分两大部分，进门是个大庭院，靠墙一方砌有半人高的大鱼池，相传池底有泉眼与山溪相通。与鱼池相对的是三大间私塾书屋，莲花隔扇门，半腰花格窗，门窗打开，屋内光线充足，是读书习字的好地方。穿过“巡檐”“步月”小门，就来到一个半月形的庭院，这是半春园的第二部分——花园。依墙有六间半月形回廊，临园有美人靠。园子里栽满名贵花木，还有假山、花台、石几、石凳……园中有联：“静乐可忘轩冕贵，清游端胜绮罗尘。”任红尘滚滚，此处，只有书香与草木清香。静立片刻，也是清心之旅。

抗战时期，一代园艺大师周瘦鹃、苏州剑客程小青、历史学家张梦白等纷纷来南屏避难，他们常在半春园里杯茶解愁，号称“苦茶诗会”。一些南屏名士也参与其中。其中，南屏名士叶闲山的两句和诗广为传诵：“天地旅亭同过客，松风清雨试新茶。”满腹心事无解，不如且享受眼前的云淡风轻吧。

南屏村素有36井之说，大大小小，风格各异的水井遍布全村，也算是南屏村中的一大景观。其中最有名的是下叶村凿于元末的“古井”和位于檐店街北段的“三元井”。

古井是南屏村有据可查的最古老的水井。《叶氏族谱》云：“井底有二穴，一通武陵溪，一通古醴泉，每逢闰年七月初七的子、午时分，水溢井栏，甚为奇观。”至今，古井仍波光粼粼，四时不枯。

三元井在南屏村有四口，圆形井栏用整块“黟县青”凿成，高约一米，为全封闭式，只在顶部以等边三角形的布局凿三个直径约30公分的圆孔，供人们汲水，所以叫“三元井”。檐店街北段的三元井井深十多米，水量丰富，水质甘美，酿酒最佳。在南屏村，很多人舍近求远到这口三元井打水，久而久之，石井栏圆孔的边缘被勒刻出了许多条绳槽。

据说，历史上南屏村及周围的山冈平原一直是兵家必争之地，但史载有军队过南屏却兵不血刃，也许是这里的“小桥流水人家”突然让征战在外的人平息了杀伐之心？

明清时期，徽商崛起，南屏村也进入了鼎盛时期。清同治、光绪年间，南屏村号称“十万富”人家不下二十户，还出了名震江南的“江南十二家”之一的徽商巨贾李宗媚。

11

12

13

李宗煝出身贫寒，成为巨富后，他遵循徽商古训，把大部分钱财用于公益事业。曾一人独资修建“铜陵坝”，铺设青阳至大通石板大道数百里；出资“刻印前哲遗书，不下万金”；还捐资修建徽州会馆；在家乡办免费私塾，据说一度包下了黟县碧阳书院的全部灯油费。李宗煝于光绪十七年（1891）末病逝，灵柩返故里南屏，“远近吊者数千人”。

那时节，是南屏村无限荣光的时期。那山、那水、那屋、那桥、那园、那井、那人……在南屏村游历，老徽州的生活图景被一点点拼凑、复原。但终了，只是一张残缺的老照片。

13. 村后

有的，再也看不到了。比如南阳书院，比如清代著名散文家姚鼐的《西园记》里的“西园”，比如有“南屏晚钟”的天才庵……

时间不断掩埋着过去，今人在编织着南屏村的未来，我们将许给它一个怎样的未来呢？

（本文摄影：吴建平　方德才）

Nanping

Nanping got famous because of Yang's dye house in the movie directed by Zhang Yimou, Ju Dou, however, in academic world, Nanping is well-known as "the museum of ancient ancestral halls in China". Nanping was originally named Ye Village, and locates in a place 5 kilometers to the southwest of She County. It leans against three mountains: Lingli, Nanping and Dingyou, and faces three rivers: Wuling, Donggan and Xigan. Nanping got its name from one of the three mountains, and since it was one of the five parts of She County in ancient political organizational system, it was also called Fifth Part-Ye Village. Nanping was in the first place an obscure and small village, and it was said that until the last years of Yuan Dynasty when a family surnamed Ye moved here from Baimashan, Qimen County, it started to be populated. In Ming Dynasty it was considerably large in scale, and gradually three big families formed, they were Ye, Cheng and Li. A large number of ancestral halls, residences, academies, temples, pavilions, gardens and 36 ancient wellsprings constitute a large group of Hui Style constructions in Ming and Qing Dynasties. 72 intertwining and roundabout lanes formed an amazing labyrinth in the village. It was the heyday of Huizhou merchants in the Ming and Qing dynasties, when Nanping, too, entered into a period of great prosperity. In the reign of Tongzhi and Guangxu, Qing Dynasty, there were more than 20 families claimed to own 100 thousand coins, and a very famous Huizhou merchant, Li Zongmei, belonging to the Twelve Families in Jiangnan Area, lived in Nanping .

（译：梅新慧）

渚口

文/李传玺

历史上的渚口有十四景：天马饮泉、金鱼戏浪、渔谷暖烟、罗星拱极、佛岭斜阳、水环玉带、伊川霁雪、葛潭夜月、渚堤新柳、校场古迹、楼峙金华、梵殿迎晖、字尖峰、荷花池。读着这些名字，即使没有见过这些美景，心中也会油然升起诗意。

1

2

从祁门县城出发去渚口，人们告诉你，从大北埠左转翻过一座大山即到。到了渚口才得知，这座大山其实就是渚口背靠的风水山——来龙山。车子来到一处地方，看到溪上修了座桥，并有广告牌：鲁溪弯，徽州百佳摄影景点。既然在路边，何妨进去一看。而询问此处离大北埠还有多远，去渚口是否方便时，当地人用急速的皖南话说，大北埠就是大北河的埠头，大北河绕过龙山再向西流去，绕过龙山的这段就叫鲁溪弯，鲁溪弯三面环绕的村落叫滩下，顺着鲁溪弯往下游再绕过一个山嘴就是渚口。当年没有桥，去渚口非得爬过龙山，现在有桥，从此处走，好走而且近多了。

去一个古村落，看两个景点，何乐而不为。车子立即左折。

到了滩下，看有关介绍又得知，滩下和渚口的村人是同一个祖先。相传唐僖宗乾符年间（875—879）兵部尚书倪康民解甲归田，由歙州篁墩移居到祁西的伊川，成为祁门倪姓的始祖，他有16个儿子，昔年随他征战而定居在南京、南昌和武汉的有7个，随他迁居祁门的有 9 个，其十三子就迁居鲁溪，由于鲁溪离伊川最近，倪康民死后就葬在此处。

3

过了桥不远便是滩下村的水口，所谓百佳摄影点便在此。过山嘴急转的大北河由于河面开阔，一下顿显从容。眼前平铺着一大片澄碧的绿，从山坡到岸边全是古树，有樟树、枫树、楮树、银杏和桂树等上百棵。村口的那棵大樟树，是建村初期所植，树龄已千年，高20多米，直径 1 米多，需 4 人才能合抱，树阴面积达50多平方米。抗战时，驻扎此处的国民党部队为了熬樟油，派了一小队士兵来劈树，当劈到六七担树块时，村民前来阻拦才罢手，于是留下了一个深近尺面积约一平方米的树疤，能睡下两个小孩。村口还有一棵大桂花树，高10米多，树径30多厘米，树龄数百年，每年八月盛开，金黄耀眼，香溢全村。为了方便村民到水边洗濯如今还修了水泥码头。村口古樟树下建了两座小亭和一座廊亭，便于游人来此游览。在古树林中筑了石阶道，靠岸边修了直通渚口的公路。坐在小亭中，倚着“美人靠”，看着对岸山岭依然翠绿盎然的修竹古树，听着大河流水的沉静，你似乎能真切地体味到1 100多年前那位十三子选择此处定居的心情。

渚，水中的小块陆地。渚口自然与水有关。它处于大北河水与伊水的汇合处，倪康民移居伊川后，看到此处三面绕水，曾把它作为自己的屯兵场所。到了北宋中期，其五世孙倪社五来到此处，见“丹崖碧水，望之若锦，遂名其地为锦城”。由于伊川倪氏家庭人口繁衍较多，便建议长兄倪四三留守伊川，自己和次兄倪三六迁往渚口，开辟倪姓新的栖居地。

4

5

1. 鲁溪湾
2. 鲁溪湾竹排
3. 渚口远眺
4. 鲁溪湾水榭
5. 贞一堂庭院

6

7

6. 贞一堂华美斗拱

7. 贞一堂前旗杆石鼓

8. 贞一堂木雕雀替

倪三六成了渚口合一堂的支祖。相较之下，倪社五一支发展较快，到了第八世，已分出遗安堂和崇本堂。到了第九世，又分出集义堂和贞一堂。到了明代，其他几堂人口逐渐减少，只有贞一堂一枝独秀，至民国时期，渚口倪氏家庭90%以上人口属于贞一堂，从而奠定了贞一堂在渚口的核心地位。

贞一堂始祖倪伯玉，晚年多难，为了维持家族生存，令其女婿胡叔顺从贵溪移居至此帮助治理家政，其后又与吴姓联姻，这就造成了渚口倪、胡、吴三姓共居的局面，也为倪姓贞一堂在渚口的一支独大打下了基础。据清倪望重《锦城纪略》记载，自此之后，渚口贞一堂倪姓迎来了快速发展，“人才辈出，或置身通显，或著名黉序，或匿迹岩阿，类多游心于道德之林，逞能于文章之府”。倪思辉是其中最为突出者。倪思辉，号实符，晚号石乔。小时家境贫寒，祖父和父亲做生意皆不成功，父亲本想让倪思辉也走经商之路，母亲力劝道：“儒不利不失其为儒，贾不利不成其为贾。汝既自误，误伯子（长子）矣，可再误仲子乎？”父亲听了母亲的话，让小思辉又重回科举之路，并曰：“我以汝为命，汝其以读为命！”父母不仅“减午餐而佐儿夜读”，而且严加督促，“少休息则其父督之于

8▶

外，其母答之于内”。他天资聪慧（小时曾抱柱玩耍，一老人家出对“手抱屋柱团团转”，他迅疾对曰“脚踏金阶步步高”），再加此番苦读，终于明万历丁未科（1607年，此科状元黄士俊）高中进士。初授太常寺博士，之后历任户、礼、吏、兵四科给事中，累官至南京户部尚书兼都察院右副都御史，总督粮储，并在任上逝世。根据明史记载，倪思辉曾和震旸、朱钦相一起上书弹劾皇上保姆客氏，“帝大恚，并贬三官”，直到“皇子生”才“并复故官”，之后，又因弹劾魏忠贤而遭削职。崇祯初，才重新得到任用。他在担任总督粮储期间，为国勤恳理财，曾上书痛陈粮食管理中的弊病（虚报、盗卖、需索、挂欠等），并力主改革。虽然朝廷采纳了他的建议，但在日益动乱的形势下，已不能很好推行，自然也无法改变明朝覆灭的命运。

由于人口日繁，贞一堂开始独立建祠。起初由明初第十四世倪文瓚“构祠祀先”，清兵入关后贞一堂被毁，康熙十二年（1674）倪思辉之子倪宗衮发起重修，两年后落成。至清宣统二年（1910），厄运再次降临贞一堂，正月十六，族人在祠堂大闹灯火，引发火灾，结果除“道士巾”外，全部烧毁。此时，倪氏家族中的实业家倪尚荣挺身而出，决定个人捐资重建。倪尚荣七岁丧父，一家人靠砍柴卖柴勉强为生，稍长，自己开始以撑船为业，并尝试做贩运生意，后生意越做越大，成了“打通鄱阳湖及阊江水路之祁门第一人”。贞一堂重建工作顺利进行，没想到天有不测风云，就在祠堂即将完工之际，倪尚荣突然病逝，而他的捐款也已用完，他的两位侧室金氏和王氏为了完成他的遗愿，毅然

9

10

11

拿出私房钱，并变卖金银首饰等，凑足资金将未完工的部分修完。这就是如今呈现在世人面前的徽州最大的祠堂之一、省级重点文物保护单位“贞一堂”。

如今的渚口，村口新建了牌坊，上书“锦城重光”，沿着村中仍然保存完好的青石路，很快就可以来到位于村中央的贞一堂。整个建筑坐北朝南，占地1 276平方米，有屋柱108根，取三十六天罡、七十二地煞之义，象征世系绵延，家族昌盛。贞一堂分为门前广场、仪门和祠堂主体三大部分。门前广场用青石铺成，中轴线为大块青石横铺，左右两侧摆放着18对巨大石鼓，石鼓也是用青石凿成，为竖旗杆之用，俗称“旗杆石”。倪姓宗族为了鼓励后人走科举入仕之途，不仅规定每年祭祀后分发祭祀品，对有功名和学识的加倍，对有天资而家境差无力进学的，由祠堂出钱供读，而且规定每在科举中取得功名者，就在祠堂门前放置石鼓一对，祭祀时竖旗一对，以示荣耀。仪门呈“道士巾”形状，宣统大火后仅存部分。至于为什么要把仪门修成道士头上的方巾模样，有人说是表示对道士出身的贞一堂始祖倪伯玉的崇敬；也有人说是堂门正对村南的五鬼峰（五座连绵起伏的山峰），只有以道降魔，才能让贞一堂欣欣向荣。也有人说，仪门并

12

不像道士头上的方巾，更像虎头：紧贴祠堂主体的仪门三开间，两头各向中间收缩一丈，中宽而两旁略窄，像虎脸；旁开两道小门，像虎耳，于是整个建筑就像一头猛虎蹲伏在村中央，守护着倪姓家族及其每一个子孙。三开间上方从左至右分别悬挂着“锁阒原僚”“尚书”与“古喉延帝”三匾，意在彰显倪思辉的职位与功绩。

祠堂主体分前进、正厅和后进。大门前一对黟县青石鼓，雕有龙凤呈祥、麒麟送子图案，稍加拂拭，仍然油光发亮。前进到正厅有大道穿越大天井，也可从两廊到达正厅两侧。两廊的雀替如果从侧面细看，全呈凤形，凤头朝向天井，凤尾隐于廊顶；而正厅的雀替又呈大象形，那长长的鼻子轻轻扬起来，不仅打破了图案的呆板，而且使雀替极具动感。正厅南北两披大屋是祠堂的中心，有特大木柱10根，须两人才能合抱，使得正厅显得高大轩敞。顶梁正中绘着方巾图案，相对两角指向梁的两端，另两角从梁心两侧下垂，形如花盆，承载着侏儒短柱。前进在祭祀时可搭戏台演戏，正厅则是春秋两祭和举行庆典的场所。正厅正中檐下悬挂着“大纳言”横匾。

正厅两侧有通道可达天池与后进寝堂。天池为长方形，中有石拱桥将

9. 贞一堂享堂
10. 贞一堂后寝
11. 石栏雕刻
12. 象鼻形梁架

13

13. 新屋里正门
14. 新屋里天井
15. 迪光堂正厅

天池一分为二；东西两半各有石柱10根，栏板10块。中间6根石柱夹4块栏板为桥栏，上方雕刻有小狮子，或抚弄幼狮，或戏耍绣球，形态逼真，意趣横生。其余石柱上端刻着莲花，或含苞待放，或瓣含露珠，摇曳多姿，惹人爱怜。天池北侧两边各有栏板3块，中间一块各刻有颂词，一篇记载着重修贞一堂的艰辛，一篇颂扬着两位女性捐资修建的壮举。其余的依次刻着鲤鱼喷日、雁落荷池、松鹤延年、松柏常青图案，既是对家族未来的美好祝愿，也是对列祖列宗深切的怀念。重建的天池在功能设计上非常精密，平时蓄水以防火，可放养红鱼以怡情，为防雨季水患，又修溢洪孔下穿正厅至大天井，再由大天井疏出祠堂外。过天池，登三级石阶，便是寝堂。寝堂分两层，上层是藏书楼，由西侧楼梯上去，上方悬挂着新安太守冯世雍题写的“贞一堂”匾，靠墙是倪姓家庭祖宗的灵牌。与其他祠寝堂不一样的地方是，这里放入了两位建祠有功的女性的牌位，当然，为了表示男女有别，在她们的灵位与男性灵位之间巧妙地增加了一个纵隔间。

贞一堂东侧原本还有一座祠堂，叫庶母祠。庶母，是宗法制度下子女对父亲妾的称呼，在宗法等级森严的古徽州，为女性建祠本就罕见，为祭祀父辈小妾而专门建祠，则仅此一例，历史文化意义也更显独特。有文记载，庶母祠与贞一堂同一朝向，占地约400平方米，入祠是一个清雅的庭院，院内东、西两侧分别植有一棵柏树和一棵柳树，取“百年和好，流芳千古”之意。院中一条宽宽的石板路通往大堂，大堂轩敞空旷，地面铺设方砖，两边各有厢房一间，正壁排有活动的木板，取下木板，可以看到后面安放着倪氏多位小妾的牌位，用木板遮掩，也象征着古代对女性的“封闭”。遗憾的是庶母祠上个世纪八十年代被拆除，如今只留下地基让人凭吊，也让人感叹。

出贞一堂西门约百步，即来到渚口古民居在徽州赫赫有名的“一府六县”。它是倪望重的宅第。相对于其村西的老屋，村人又称其为“新屋里”。倪望重，清道光二十四年（1845）生，字仲荣，号愚山。其父亲倪伟人身为邑廪生，虽有县学的补助，但毕竟是老童生，科考既不利，日子也过得紧巴。好在家中有书，这给“秉性颖慧，髫龄读书，十行俱下”

14

的小望重带来了极大的便利。不幸的是，父亲不久病逝，母亲只好四处乞讨供养家人。作为儿子，此时至少应该帮助母亲养家糊口，可是只会读书的他能干什么呢，在母亲的激励下，他以对联立下誓言："通盘打算，毫无半点生机，饿死不如读死；仔细思量，还有一条活路，文通即是运通。"这副对联写尽当时一家人的辛酸，也表达了倪望重当时的自强之情。后来此联广为流传，成为清末至民初祁门读书人自我激励的警句。

15

受父亲的熏陶，加上聪颖、苦读，倪望重终于迎来了上苍的回报——同治十二年（1873）乡试中举，第二年高中进士，之后历任浙江分水（今属桐庐县）、淳安、黄岩、临海知县，二任诸暨知县，四任浙江乡试同考官。无论于何地何任，他都留下了较好的政绩政声。光绪十年（1884），他于诸暨任上耗银1万两，在故乡修建了这座豪宅，占地面积1 600多平方米。光绪二十九年（1903）罢归，第二年初病逝于杭州寓所。

倪望重酷爱读书，藏书200余柜，多为宋、元旧本。建"慎余斋"书斋，著《慎余斋全集》，分文集、诗集、笔记、祁门县志补、祁谚考等10

16

17

16. 新屋里南门
17. 华美斗拱
18. 新屋里中间屋
19. 石雕
20. 南门庭院图案

种，又校刊婺源汪双池《戊笈谈兵》10卷、《读书录》2卷、《读困知录》3卷。现存的《倪氏族谱》即为倪望重主持编修，为修族谱，倪望重不辞辛劳，并请恩师、军机大臣李鸿藻为之作序。倪望重的藏书、著书，为后人留下了宝贵的精神财富。新中国成立后，大部分藏书被省博物馆运走。遗憾的是剩余部分在“文革”期间被毁。

重建的新屋里很有特色。首先表现在整体布局上。建筑坐北朝南，可是大门却朝东。为了风水和门向吉利，有的古建筑的大门会稍微斜侧一点，但像新屋里这样整个丢开布局而把大门另设一边的并不多见。在大门正对街道的南北两边建有过街门，北门上刻着“风来北阜”砖雕，南门上刻着“云霭南山”砖雕。门前广场铺满青石，门楼砖雕麒麟，简洁不失细腻，平和不失威严。走进大门即是正厅，正厅并没有顺从门向，而是同整体布局保持一致，坐北朝南。大厅是倪府待客迎宾所在，三开间，无楼，屋架下镶以轩顶，开间宏大，雄伟庄严。正中高悬“迪光堂”匾额，相传为张治中将军所题（已遗失），高壁上当年“捷报”字样依稀可见。厅前排楹柱间花格护栏，工整且线条流畅，对称又灵动自如；天井两边木雕花窗照壁，高大繁密、巧夺天工，堪称古徽州木雕精品，安徽博物馆“安徽古代文明陈列展”有它的巨幅图片，遗憾的是也已被盗。正厅东边是花厅，乃倪望重慎余斋，因藏书丰富，又被时人称为“万卷楼”；西边隔一墙是其弟倪望隆设馆课读的学屋。

其次表现在内部设计上。即“一府六县”。一府六县本是古徽州区域概称，何以用它来指称其内部设计呢，因为新屋里有一个正厅和六个小厅，正好契合；也有另一种说法，倪望重一生六任浙江五县知县，也正好符合其一生履历。六个县厅分别是正厅后的小厅和东花厅，中间屋和西边屋的前、后厅。正厅后的小厅是其长子倪启佑住所；中间屋的后厅是倪望重的长孙和次孙居住，是一个四合院，前厅是其三孙居住，是一个三开间；西边屋前厅也是一个四合院，后厅是一个三开间，由倪望隆的儿子们居住。这里前、后进的隔断花窗上镶嵌有彩色玻璃，乃当时罕见之物，也为古徽州民居中的罕见之物。

其三表现在细节讲究上。东边屋与中间屋之间设计了一条狭长的

18

夹道，由北向南分割成两间厨房。徽州古建消防专家在《徽州古民居探幽》中对此作了重点分析与评价："将厨房设在主屋内，便于大宅第内部各小家庭的生活，但这种做法在徽州古民居建筑中极为罕见，它违背了徽州古民居厨房应设在主屋之外的防火安全原则。设计者为了弥补不足，采用了高筑（防火）墙的防范措施，以期达到防火分割的目的。这样既满足了方便生活的需要，又达到了安全防火的目的。"既然南向不能作家的正门向，但又必须开门，那南门外就必须有附属物，既吉祥又能挡住不祥之气的冲击，于是围了道围墙，修了座庭院，仅在西角南向开了道侧门。围墙东面是学屋雕花美人靠回廊，南、西两面均砌花坛，南面花坛当年栽植的一株紫薇已经相当高大，足有一尺来粗，春天会开出一树淡粉色的花，老宅在它的映衬下，焕发出盎然生机。庭院鹅卵石铺地，中间选用白色石头嵌出一只意气风发的梅花鹿，寓意"禄在其中"，它不仅活泼了地面，也让伦理教化渗透到了一切可以利用的空间，更为我们现在如何装饰庭院提供了启示。

大宅中自倪望重之后也是人才辈出。其弟倪望隆曾任龙南、吉水等县知县，民国时曾被选为安徽省第一届议员；其长子倪启佑，以海运积功，荐保三品衔，候补江苏知府；侄女倪畅予，1925年考入上海大学，在瞿秋

19

20

白等人影响下，接受了革命思想，1926年南下广州，后参加北伐，抗战胜利后，出任皖南第一所女子师范学校校长，1947年调任宁国师范学校校长，1949年9月病逝。

渚口200多户人家，屋连着屋，墙靠着墙，街巷曲径通幽，纵横交错，一不留神便有走进迷宫的感觉。但前后村又有变化，前村由于靠近大北河，成了商业街，街道宽大，以方正的大青石铺路，当年一村人就是踏着它走出沉沉大山的；后村靠近来龙山，主要是住户，街道相对窄小，虽然三五步便可能要迈上几个台阶，但替街道平添了灵动的情趣。如今走在这些街巷中，十字形的交叉，八字形的门脸，都在无声诉说着当年的繁华。新中国建立后，一波波运动也在这里刻下了印痕，当年的徽州人以特有的认真劲用红漆把标语口号写在墙上，只要屋不倒、墙不换，这些字迹便不容易褪掉，如今读着它们，有时空穿越之感，仔细一想，它们已成为历史的一部分。

历史上的渚口有十四景：天马饮泉、金鱼戏浪、渔谷暖烟、罗星拱极、佛岭斜阳、水环玉带、伊川霁雪、葛潭夜月、渚堤新柳、校场古迹、楼峙金华、梵殿迎晖、字尖峰、荷花池。读着这些名字，即使没有见过这些美景，心中也会油然升起诗意。现如今，渚口人正试图恢复这些传统美景。沿河修了景观路，在老渡口处栽了许多柳树，“渚堤新柳”已然重现。随着渚口旅游事业的发展，加上新农村建设的进行，相信将来会有更多新的美景呈现于世人眼前。

据说站在来龙山上向下看渚口，大北河像一道圆弧绕着村落，使得渚口像一面铜锣，为了保护这面“铜锣”，让它时时在大山深处敲出清脆的音响，让后人永远受到它的激励，全村只挖有两口井，寓意铜锣的两个绳眼，如谁再挖第三口井，那就是破了一村永远的风水；如果从下往上看，来龙山就是一条巨龙，一条向渚口奔腾而来的巨龙，渚口是龙头，巨龙要从此游入大北河然后汇入大江大海。既然渚口是龙头，那么龙眼何在龙须何在，前村两户相邻的人家天井中各有一个小水池，上承山上溪水的暗溉，下受大北河水的滋养，丰沛澄澈，被人们认为是龙眼；村前靠近大北河是一大片茶园，左右对称地长着两棵高大的银杏树，被人们确定为巨龙

22

23

21. 青石街巷
22. 新建渚堤
23. 标语墙

◀ 21

24. 大北河河床
25. 古银杏

高高竖起的双须。遗憾的是新中国建立后，茶园改成水田，为了水田的规整，为了敢于破除神话，一棵有点误事的银杏被砍伐。如今为了发展旅游，也为了新农村建设，部分茶园恢复，部分栽了果林，于其中修了石板路，沿着它们走去，你会发现剩下的那棵银杏树孤独地站在那儿。人们在它的周围修了土台对它进行保护，又在旁边竖了标牌进行说明。大家都知道，银杏是分公母的，只有阴阳搭配，它们才能互相促进，它们才能结出果实。可它虽孑然一身，却仍然这么繁茂，原因何在？原来村西还有一棵银杏。村西原本有一大片树林，长着各种大树，一年发大水，村庄被冲毁了，许多大树也被冲倒了，只有一棵银杏挺立在水中，而且它伸长自己的枝杈将凡是流经的村人甚至牲畜救了上来，水退后，村人便视这棵树为救命的神树，为一村人的生命树。如今这棵树须几人才能合抱得过来，庞大的树冠覆盖了近亩地，人们就把这块地划归它的领地，并在树下盖了个小祠，常年供奉，祈祷它岁岁平安，也保佑一村人岁岁平安。当那棵龙须被砍之后，它再次伸出了救援之手，虽然处在村子的不同方位，但利用河口之风，不停地送去爱的安慰。那棵银杏终于不再孤独。树也有爱，这不是渚口的传说，而是渚口给你的另一种教诲。

24

25

（本文摄影：吴建平 方德才 殷娅 李传玺）

1. 远眺龙须山

3

绩溪的龙川是一块风水宝地，龙川人都这么说。后来，外地人也这么说。

此村前面有座龙须山，一条小河穿村而过，古称“龙川”。当地人常把小河称为水坑，此村大部位于小河流入登源河的出口处，故又俗称为“坑口”。龙须山因盛产“澄心堂纸”主要原料的龙须草而得名。龙川村东龙峰耸立，村西凤山对峙，北有登源河，南有天马山，村庄静谧地躺在四面环山的一个小盆地里，“其山清以旷，其水环以幽”，是徽州古村落中典型的依山傍水的格局。整个村貌犹如靠岸之船，而呈出海之势。

据《龙川胡氏宗谱》记载：始祖胡炎，原居山东青州濮阳（今属河南），东晋大兴四年（321），敕封散骑常侍兼中领军镇守歙州（今歙县）。咸康元年（335）元月，与绩溪华阳女王氏结为连理，并于两年后迁居此地。为何要迁居？古书云：“东耸龙峰，西峙鸡冠，南则天马奔腾而上，北则长溪（登源河）蜿蜒而来，羡其山水清丽，便卜龙川之口荆林里聚族而居。”从此，龙川成了胡姓聚族而居的古村落，迄今已有1 600多年的历史。明末抗倭名将胡宗宪乃胡氏36代，传至当今的“锦”字辈，历经48世。

“山不在高，有仙则名；水不在深，有龙则灵”。这个普通的山

2. 胡氏宗祠门当户对

3. 胡氏宗祠

◀ 2

4

5

4. 胡氏宗祠
5. 胡氏宗祠享堂
6. 丁家宗祠后寝

村，宋、明、清三朝，出了进士11名。其中明朝就有进士7名，最著名的是户部尚书胡富、兵部尚书胡宗宪和以都御史巡抚辽东的胡宗明三人。龙川因此又名“进士村”。胡宗宪这一支曾有五代行医，以骨科闻名于世。近代则有巨商胡炳衡、名医胡雨田、实业家胡练九等。

龙川的古建筑是徽派建筑集大成者，以三个代表性古建筑扬名于世——胡氏宗祠被誉为“中国古祠一绝”，胡宗宪尚书府是古徽州最具代表性的官宦豪宅，奕世尚书坊则是典型的明代徽派石雕中的精品。

在徽州，宗祠是聚族统宗、维护宗族的建宗法制的产物。龙川的胡氏宗祠是全国现存的最好的宗祠之一，乃全国重点文物保护单位。这座宗祠始建于宋，明嘉靖年间（1522—1567）大修过一次。建筑风格是明代的典型样式。祠堂坐北朝南，前后三进，由影壁、露台、门楼、庭院、廊庑、享堂、厢房、寝室、特祭祠等九大部分组成。宗祠采用中轴线东西对称布局的建筑手法，气势磅礴，蔚为壮观。

越过古祠的大天井，是中进正厅，此为过去族长举行祭典的大堂。正厅有一联：“毓秀钟灵彩，换一天星斗；凝禧集祉祥，开历代名人。”可谓豪气冲天，估计是后人所撰。厅堂中间隔扇门内是祭坛，里壁上悬挂

6 ▶

邦家之光

7

着始祖容像，上方的匾额“世恩堂”是胡宗宪的幕僚、著名书法家文徵明所书。隔扇门外有摆供品和香烛的大供案。

胡氏宗祠以木雕艺术著称于世，原有600多件木雕作品，经过100多年的风风雨雨，现存400余件，分布在额枋、梁、柱、隔扇、斗拱、轩顶等大小部件上。宗祠正厅有14根直径166厘米的银杏木圆柱，柱基用枣木刻成莲花瓣托，架着大小54根冬瓜梁，结构为抬梁和穿斗式相结合。正厅的每根屋梁，两端皆椭圆形梁托，梁托上雕刻着彩云、飘带，中间分别镂成龙、凤、虎，檩上镶嵌片片花雕，连梁钩均刻有蟠龙、孔雀、水仙花、万年青，玲珑别致。

正厅两侧和上首的花雕更是别具一格。两侧各10扇落地窗门以“出淤泥而不染”的荷花为主体图案，花形千姿百态。有的含苞待放、有的花蕊初绽；有的亭亭玉立，随风招展；有的平铺水面，舒展自如……更令人称绝的是花中有物，物中有景。池水或微波粼粼，或浪花朵朵。花丛之中，有鸟翔蓝天、鱼潜水底、鸭戏碧波，还有蛙跃荷塘、鸳鸯交颈，整个画面生动逼真，妙趣横生……近年来，一扇“荷花螃蟹图案”尤为人们所津津乐道，说此图谐音“和谐”，更有学者为此撰文，论证“和”文化才是徽文化的重要内涵。

厅边廊上的一个明代大铁钟也是人们谈论的话题之一，其上有铭文“国泰民安”。有趣味的是，“国”字少了一点，成了“国”；“民”字的笔画则一勾出了头，成了“民”。这样的设计大有深意，看到的人均会心一笑。

正厅上首一排落地窗门的花雕是一幅“百鹿图”，衬以各种水光山色和竹木花草，成群的梅花鹿在这里自由活动，有的漫步，有的疾奔；有的回眸招侣，有的仰首高鸣；有的饮水溪畔，有的口衔灵芝；还有幼鹿吮乳，母鹿抚舔等情景，形态各异，惟妙惟肖。

登上台阶，来到古祠后进，这里又是一个“仙境”。一排排落地窗门上雕刻的全是花瓶，有六角、八角、半圆、菱形、大口、长颈等各种形状，瓶体上还刻有梅、兰、竹、菊、牡丹、玉簪、海棠等四季花卉。构图匠心独运，雕刻巧夺天工，彰显了徽州木雕的雅洁大气。正厅后的寝楼是供奉胡氏祖先牌位的地方，楼上存放着祭祀用具和宗族典籍、谱牒。寝楼保留了明代建筑格式的原貌，坊柱也都是明代的原物。

从正厅出来，走进正祠东侧的边房，其结构分上、下堂，高度仅有正祠一半，木雕简陋，另有风格。这是一座祭祀唯一一户丁姓祖先的副祠。

据说，因为龙川地形像一艘大船，为了稳固这一艘大船，胡氏某一代祖先在风水先生的指点下，特地从深山里请来一户姓丁的人家定居村内，以丁喻“钉”，用来稳固这艘大船，奇怪的是，这一户丁姓人家几百年来一直都是单传。为啥要请姓丁的人家？丁姓人家为啥总是单传呢？有人说是船没有钉子固然不易稳固，但是钉子也不能多。这种传说充满民间谐趣，却真的和现实很应景儿——目前该村落有四百多户，一千多人口，除了一户姓丁，其他都是胡姓。

丁家总是单传实在是个谜，而古祠还有另一个谜是古祠大修之后距

7. 胡氏宗祠木雕精品荷花图
8. 胡氏宗祠木雕

8

今400多年，祠内找不到一只蜘蛛。有人说，这与古祠选用了优质木料有关；也有人说，关键是古祠地处风水宝地的缘故。

这些未解之谜，给胡氏宗祠添上了一点神秘的色彩。

龙川的中石桥的南侧，有一座奕世尚书坊，这是纪念胡富和胡宗宪的功名坊。奕世尚书坊建于明嘉靖四十一年（1562），比歙县的许国牌坊早建22年。

“奕世”出自《国语·周语》，“奕世载德，不忝前人”，就是说要一代接一代，传德、传功，光宗耀祖，不辱没前人。在龙川人心中，胡富和胡宗宪做到了这一点，因为他们俩当了封建王朝的尚书。

胡富（1454—1522）是明成化戊戌科进士，在南京大理寺评事、福建佥事等任内，曾平反众多冤案，在顺天府尹任内和南京大理寺卿任内，不畏刘瑾等权贵，果敢执法，后曾官至南京陪都户部尚书。〔大明王朝自永乐十九年（1421）迁都北京后，南京就成了陪都。〕胡宗宪（1512—1565）字汝贞，号梅林，嘉靖十七年（1538）进士。任杭州知府时，修整西湖，扩建岳坟。倭寇骚扰东南沿海，胡宗宪召徐渭、文徵明、戚继光等抗倭，弭平倭患。以此战功获得殊荣，官至太子太保、兵部尚书并加少保。胡宗

9. 胡氏宗祠和丁家祠堂

10. 胡宗宪雕像

9

10

宪还著有《筹海图编》十三卷，书中收入浙江沿海地形、防务、战具、倭变战事甚详，在这部书中，钓鱼岛就在中国版图之内。

奕世尚书坊的石料是采自浙江淳安的茶源石，为火山灰凝石。这座牌坊为四柱三门五楼，南北朝向，高10米，面宽9米，抬梁式建筑，是龙川历史上十四座牌坊中仅存的一座。

奕世尚书坊的主体结构由四根柱子、四根定盘枋和七根大小额枋组成。在四根柱子的南北两面，各有抱鼓石护座，是典型的明代徽派石雕中的精品。尚书坊最顶端的人物是天官老爷，寓意为天官赐福。最上方两字是“恩荣”。在恩荣匾的下面，四只宝瓶托起的花板两侧写有楷书“奕世尚书”和“奕世宫保”八个大字，据说这书法也出自文徵明之手。“奕世宫保”的“宫保”即太子少保、太子太保的通称，明清时对加有太子少

11

保、太保衔者，尊称为“宫保”。胡富曾在死后被加封为太子少保，胡宗宪则在任兵部尚书的同时加封太子太保，所以坊名用宫保二字。

在南侧花板下面写有“成化戊戌科进士户部尚书胡富、嘉靖戊戌科进士兵部尚书胡宗宪”。两人中举时间相隔60年，一个甲子。两边写着“大司徒”和“大司马”，大司徒是古代管土地、户籍、钱粮的高官，指胡富；大司马是古代掌管军政、军赋、军队的高官，指胡宗宪。

11. 奕世尚书坊
12. 都宪坊

七根大小额枋上，匠师运用圆雕、透雕、镂空雕等手法，创造出一幅幅精美生动、巧夺天工的立体画面。上额坊描绘了鲲鹏展翅和双龙戏珠。宋代朝廷有龙图阁，设学士等官，其中大学士称“老龙”，直学士称“人龙”，待制称“小龙”。胡富、胡宗宪虽然没有加封大学士，但其地位已不低于大学士，在这里用龙图，是暗喻胡富、胡宗宪为人中之龙。中额坊描绘的是仙鹤腾飞。下额坊描绘的是太狮滚球。画面布局脱俗，立意深远。中额枋北向上的雕刻技艺尤其令人惊叹，在不大的一根额枋上，匠师以石代纸，用凿为笔，驰骋在广阔的艺术天地之中：山水、亭台、楼阁，无一不肖；文武百官，或弈林决雄，或书海探宝，或独钓河畔，或互论阴阳，太平盛世之欢畅，在这里得到淋漓尽致的描绘。额枋两边的镂空雕也极其精美，在同一石料上正反两面雕刻出不同的花瓶和四季花朵，寓意四季平安。

奕世尚书坊的雕艺精湛、造型优美，堪称建筑的瑰宝，也是当之无愧的国宝。有人曾借用郭沫若的诗句来赞美它：“天工人可代，人工天不如。”

奕世尚书坊隔河北侧正对面是都宪坊。这座牌坊是为胡宗明而立的。都宪坊最上方是“圣旨”二字。“圣旨”下方是“都宪坊”三字。“都宪”指汉代所设中丞，为御史台长官。明代改御史台为都察院，都御史相当于前代御史中丞，所以坊名“都宪”。都宪在这里是都察院左都御史的简称。都察院级别与六部（吏部、兵部、礼部、户部、刑部、工部）相同。都察院左右都御史与六部尚书均为二品。“都宪坊”的下方写着“正德十一年丙子科副都御史胡宗明”，胡宗明曾经以副都御史的身份巡抚辽东，行使监察之职，又统领地方事务，为地方的最高长官。他显然也

12

13

14

是龙川胡氏家族的一位杰出人物。

龙川最显赫的家宅是胡宗宪尚书府，坐落在龙川村中央，从胡宗宪至胡氏“炳”字辈共有12代人曾在此居住。龙川村呈船形，而尚书府居船之掌舵位，为龙川风水最佳之处。

国家历史名城研究中心主任、全国历史文化名城保护专家委员会委员阮仪三教授考察尚书府后，给予高度评价：“尚书府非常典型地反映了徽州建筑的一个重要特点……细部做得很精致，可以左顾右盼，处处生景，是徽州保护最好的古建筑，精品！精品！”

15

可以说，尚书府是整个古徽州迄今保存最为完整、气势最为雄伟、结构最为复杂的明代建筑群，也是古徽州最具代表性的官宦豪宅。粉墙黛瓦，绿水环绕，古徽州的神秘尽现于此。走进占地3 000平方米的尚书府，像走进一个小社会。从善堂、官厅、梅林亭、胡氏家井、绣楼、徽戏园、松公家祠、文昌阁、蒙童馆、土地庙、医馆等，与众多小巧的庭院相映生辉，组成了一个巷弄阡陌、四通八达的迷宫豪宅。漫步其中，会觉得置身于一个时空长廊，走进了徽州往事……

据说尚书府鼎盛时期，曾七世同堂。足不出户就可以上私塾、唱大戏、请郎中、祭祖拜佛……遥想当年，这里，庭院深深深几许，有才子，有佳人，是不是也曾恩怨交织，也曾充满爱恨情仇，那些被岁月层层封存的故事，不知道可留下了一些蛛丝马迹。

胡宗宪尚书府的木雕隽秀典雅，窗上、隔板上、梁栋上满是玲珑剔透的木雕，苍旧的木楼，徽州民间特有的小摆设……低头是鹅卵石路，抬

13. 胡宗宪尚书府官厅
14. 胡宗宪尚书府
15. 胡氏宗祠内景

16

头放眼见的是青砖细瓦、飞檐高挑的砖雕、石雕，还有那错落有致的马头墙，鳌鱼禽兽，栩栩如生，那一刻，真想时光倒流，回归到古代的慢板生活里去风花雪月，颐养天年。

走在龙川的水街上，放眼望去，青山环绕，绿水蜿蜒，雕梁画栋的古建筑触目皆是……多美的故乡！偶尔荣归故里的达官显贵们置身其中，也会有一种船行千里终靠岸的安稳与释怀吧！

16. 胡氏宗祠庭院

外面的世界也许尊荣华贵，但终究是在风口浪尖讨生活，心是疲惫的。龙川人都说，龙川的地形村貌像一艘靠岸的大船呢！船到码头车到站，是人生中最如释重负的一刻！徽州是龙川的岸，龙川是游子的岸，走出去的徽州游子都知道，当所有的风景都看遍，解甲归田，落叶归根，只有故乡，才是自己安顿生命的最终港湾。

（本文摄影：吴建平　唐祖怀　方德才）

Longchuan

Located in the southeast of Jixi County, Longchuan is an ancient village with a history of more than 1,600 years, where the Hu family gathered and lived. The village was originally named after Longxv Mountain before the village and the brook flowing through it, hence the name Longchuan. Later, people found that the brook i.e. Keng flew out into Dengyuan River, so renamed the village Kengkou. Now it is Longchuan again. At the end of the village, Longxv Mountain stands upright, facing Feng Mountain in the west; as in the north is Dengyuan River and south Tianma Mountain, Longchuan lies quietly in the basin with mountains and rivers on all sides. The whole village is like putting out to sea, or a ship pulled in to shore. "Mountains are green as if in the wilderness, waters flow and surround the area, and everything is secluded." This is the typical pattern of "pillowing mountains and facing waters" in ancient villages in Huizhou. In Song, Ming and Qing Dynasties, 11 successful candidates in the highest imperial examinations were coming from this village, 7 of which were in Ming Dynasty, and among them the most famous were Hu Fu, Minister of Revenue and Population, Hu Zongxian, Minister of War; and Hu Zongming, the Imperial Censor. Ancient constructions in Longchuan are comprehensive expression of Hui style architecture, three of which are well-known throughout the country: the Ancestral Hall of Hu family, the most special of ancient halls in China; Minister Hu Zongxian's Residence, the most typical of officials' mansions, and the Memorial Archway of Generations of Ministers, a fine piece of work of stone carving in Ming Dynasty.

（译：梅新慧）

万山不许一溪奔

上庄

文\胡迟

所有用过徽墨的人，都知道有一个名字叫胡开文，所有读书的人，都知道有一个名字叫胡适……他们都来自同一个故乡——安徽绩溪。其实更巧的是，他们还出自同一个村庄：上庄。

1

1. 胡适雕像

上庄位于绩溪县的西部，西接黄山区（原太平县），北与旌德县交界，南与歙县毗邻，距黄山风景区的直线距离仅20多公里。是一个一村邻四县的村庄。

“万峰回抱，一水环带”，上庄村的中间是一片开阔的盆地，四周环列着十座千米以上的山峰，将上庄如明珠般托在手心。一条终年清澈见底的常溪河，从村边缓缓流过……对于上庄村的地理形势，清代钦点翰林院编修、三品衔选授江南徽州府知府静海刘汝骥曾如此题赞：“竹竿峰前，山萦水聚；杨林桥旁，星布棋罗。”胡适曾引用南宋诗人杨万里的《桂源铺》来形容自己的家乡：“万山不许一溪奔，拦得溪声日夜喧。到得前头山脚尽，堂堂溪水出前村。”绩溪人有如山泉，万山是难挡其向大海奔流的。

在《上川明经胡氏宗谱》里绘制有上庄地形地貌图，并称《绩西上川胡氏世居阳宅之图》是按照风水学的原理绘制的。风水学所要求的环境模式是一个后有靠山，前有流水，形态部局完整的地理单元。

上庄坐落在绩溪县芦昆常盆地的西部，三面环山，北有大会山，西有南云尖和北云尖，南有贵人峰；源于黄柏凹（即黄蘖山）的常溪河，出山后汇上金山之水流入芦昆常盆地，由西北向东南流至花楼山下汇北来之上溪（昆溪与芦水汇合后之称）称大源河。村落依竹根尖，傍常溪河而建，背靠大山，地势高爽，负阴抱阳，山环水绕，宛如太师椅状。整个环境构成“左青龙，右白虎，前朱雀，后玄武”之势，上庄恰好处于中心的“藏风聚气”位置。所谓 “藏风”，即挡风或避风，是风水理想模式的重要功能之一；所谓 “聚气”，就是使周围良好的自然环境不致丧失。从自然属性来讲，“藏风聚气”是确保一方水土的良好气候，不受外来寒气的侵扰，使这里物产丰富；从人文属性来说，“藏风聚气”则是宗族之气受封闭山水的庇护。这种封闭的山地阻挡了来自外界的干扰，为胡氏宗族的生存和繁衍提供了极好的自然环境。

但上庄的靠山竹根尖和环水常溪河都在村庄的北面，缺少“枕山、环水、面屏”的地理形势。为了改变这种山、水都在村庄北面的地理形势，上庄的先辈们在村落的营造上对上庄动了大手术。首先，在常溪河上游筑坝，使河流改道，从村南环村流过，从而符合“风水”的要求。除此之外，上庄村落改造的措施主要是“障空补缺”和“引水补基”。

所谓“障空补缺”，就是在上庄地理缺陷处培土增高，筑水口坝竭，建造桥梁，广植水口林。按照风水学理论“水本主财”，水是“财源”的象征，“环流则气脉凝聚”，水“左右环抱有情，堆金积玉”。作为“一方众水出处”的水口，是“藏风聚气”的关口，也是上庄整个村落风水的咽喉所在，关系到整个村落的兴衰。因此在上庄村落选址时，尤其重视水口的形势。按照风水学的要求，水口两侧山峰呈“喝形”，分别称之为狮山和象山，象征狮象把守门户，村落财气自然大增。

同时在水口北侧栽植成排高大的杉木，增强水口的“藏风聚气”之功，增加锁钥之势，把住水口；还在水口上修建杨林桥“关锁水口”，形成封闭的自然环境，彻底保住上庄村的“财气、富气和人气”。桥后广植高大乔木，以形成郁郁葱葱的水口林。上庄人对水口林的树种选用也十分讲究，选的主要是枫树和杨树。选择枫树，寓意兆封旺气；选择杨树，因其生籽，顺序串于枝条，寓意亲人对出门子弟的思念。

如今，上庄水口完整的自然景观大部分已被人为破坏，仅存数株树龄数百年的古枫树和古杨树。从这寥寥数株至今苍翠葱郁的古树上，也能看出当年水口磅礴的气势。

“引水补基”是什么呢？所谓“人身之血以气而行，山水之气以水而运”，风水学认为，村落所处的环境应该“以形势为身体，以泉水为血脉，以土地为皮肉，以草木为毛发”，所以要引水弥补不理想的地形。其实风水学中的“引水补基”，按照现代的说法就是修建水利设施，对自然水系进行改造，使之便于人们的生活和生产。上庄有自然溪流常溪河，上庄的先辈巧妙地从常溪河上游的上碓附近筑坝取水，使常溪河水通过数条水圳流经全村，将自然溪流与人工水系相结合，创造出富有动感的村落。村静水转，自然溪流常溪河水绕村南，人工水圳在村中形成网状水系。水圳时隐时现地由地势略高的村西北九曲十八弯地沿巷穿室通向村东的水口，营造出“家家门前有清泉”的村落环境，也使静谧的上庄多了潺潺的流水声。上庄的水圳沿途还建有下圳踏石，人们取水、洗涤、浇花灌园都极为方便。不过村民取饮用水、洗菜、洗衣等都有各自规定的时间，决不混淆。由于上庄位于

2. 上庄水口
3. 胡适故居院门
4. 雕有兰花的木门

2

山区，自然溪流和村内水圳的流水落差都较大，且降雨集中在春夏时节。为防止旱季水量不足，上庄人在水口附近筑了一挡水坝堨，在水圳内每隔几十步设一小水闸，以提高水位，控制流量。并且将拦水坝堨的落差水流作为一种能源，在常溪河畔建水碓，以满足人们生活和生产的需要。

3

上庄坐北朝南，依山面水，周围有围合的平地、流动的河水和丰富的山林资源，如此选址，既有利于冬避寒冷的西北风，夏迎掠过水面的暖湿东南风；又可以轻松地获取生活、生产用水。周围的植被既可涵养水源，保持水土；又可以调节小气候，还可以提供部分薪柴。这些环境因素整合在一起，造就了具有典型生态功能的人居环境。

山有竹木之秀，谷有清静之幽；脉有腾水之势，河有曲折之美。春有山花烂漫，鸟语花香；夏有清风徐徐，碧茶飘香；秋有红枫点缀，凉风伴奏；冬有雪花飘飘，绿竹摇曳。人居此处赏心悦目，精神舒畅。上庄古时就有杨林夜月、西岩瀑布、竦岭积雪、兹山晚钟、井阜松风、竹峰插云、金山茗雾、曲水澄澜八景，每一景都有说不完的迷人动听的故事。

4

上庄的古民居，充满徽派建筑符号。民居多内向方形，以一个包含长方形天井的四合院为基本单位，院中有正厅、便厅、厢房、卧室、边屋、厨房等。房屋和房屋（或围墙）围合而成的露天空地——“天井”的设计，在室内通风、采光、透气中起着相当重要的作用。上庄人经商致富的观念很强，并特忌财源外流，遂按照水为财之源的风水理论，通过精心设计，使天井屋脊淌下的雨水不流向屋外，而是顺水枧纳入天井之中，再由下水道流出，名曰“四水到堂”或“四水归明堂”，以图财不外流。一

5. 6. 7. 镂刻有兰花的窗腰板
8. 胡适故居庭院
9. 胡适故居内景

5

6

7

般来说，三间屋的天井设在前厅，四间屋的天井设在厅中。如胡适私塾，砖木结构，硬山屋顶，方砖地坪140平方米。前后两进各设天井。一进大门是一庭院，以条石铺路，其余皆码以鹅卵石，围墙下筑有花台。前进堂屋前檐用木雕撑拱承挑出檐。檐部用扇和矮窗装饰。整栋建筑表现出书香门第的风格。当年，胡适就在这堂屋中完成了九年的私塾教育。再如胡寿基宅，坐北朝南，占地面积234平方米，宅分前后两堂，中设天井。大门及前檐窗户，用水磨青砖净缝砌成，并镶嵌一块精致砖雕。尤其是该宅的内装修，如隔扇、矮窗、窗栏板等，均雕刻细腻生动的人物故事。因此该宅实为难得的晚清徽派建筑之一。

远观上庄，村中的水圳将全村分成根根“圆木”，全村鳞次栉比的数百栋徽派民居构成了“木排”的“排体”。上庄人说，木排靠浮（胡）力支撑。所以，上庄一姓一村，注定是胡姓人聚族而居的地方。

上庄胡氏的来历中，埋藏着一段惊心动魄的历史传奇。

据《上川明经胡氏宗谱》记载，现在居住于上庄的胡氏宗族，始祖不姓胡，而是姓李，是唐朝昭宗皇帝李晔的小儿子。天祐元年（904）的春天，企图篡位的梁王朱温，胁迫唐昭宗李晔从长安迁都洛阳。迫于朱温兵权在握，昭宗只好听任他的摆布，带着皇族和朝中大臣向洛阳进发。昭宗一行经过河南陕州时，皇后何氏生下一个皇子。昭宗深知此去凶多吉少，便命皇后将此子用帝王衣物包裹，藏匿民间。昭宗身边的贴身侍卫歙州婺源人胡三，秘密将皇子带回家乡婺源考川（也称“考水”），取名昌翼，改为胡姓。（昌是吉祥平安的意思；翼是翅膀，是希望他能够平安地飞离虎口。）天祐四年（907），梁王朱温篡位，自立为梁朝，昭宗一家全部被杀，唯有昌翼一人幸免。昌翼成人后，于后唐同光三年（925）考中明经科进士。胡三告知其真实身世。自此昌翼便绝意仕途，隐居于婺源考川，造明经堂讲学，人称“明经公”。为区别于其他胡姓，世称“明经胡”，俗称“李改胡”。

北宋开宝八年（975），昌翼长子胡延政任绩溪县令，后知严州军，敕封为中王，举家赐居绩溪胡里（今临溪乡湖里，宋代以前称通镇），其子孙世代繁衍，又自胡里分迁翠北、杨林和上庄等地。

8

首迁上庄的始祖是二十世祖胡七二，胡七二以后的上庄行辈按千、贵、福、真、巽、祖，满、普、道、玄、永，元、文、志、兆、应，天、德、锡、贞、祥，洪、恩、毓、善、良排行。据《上川明经胡氏宗谱》记载，“吾族自三十六世以上，均无一定排行，祇以先取者为主；三十七世以下，始有天德锡贞祥洪恩毓善良等字，使人一诵而知行辈”，“旧谱中自天字行后，原有排行名20字，唯后10字近于生僻难用，故今为易定更增20字于后，共编成五言律诗一首，皆取通行习见之字，将来依次命名，庶使人一诵而知世数之尊卑焉，诗附于左：‘天德锡贞祥，洪恩毓善良；明经承肇祖，世泽振同光；秉国思名彦，为邦有宪章；家庭敦孝友，继起衍宗长。’”上庄胡氏宗谱中的这首五言律诗，是宗族为便于支丁取名而特别编制的一首歌谣，它保证了宗族子弟的昭穆世次明确不乱；希望族人发扬祖先忠厚的美德，以保证宗族将来的兴旺昌盛。上庄的胡氏宗族自胡七二始迁上庄到现在，已经在上庄这块土地上，繁衍生息了700多年。

民国以前，由于上庄地处绩溪和旌德、歙县、太平（今黄山区）四县区的交界处，因此成为旌德、绩溪、歙县粮油茶等的重要中转地，这里

9

10. 胡适故居木雕雀替

11

的土产杂货店、粮油店、药店、当铺、茶号、饮食店、糟坊、烟馆等林立，生意兴隆。传说有一次绩溪县令请客，需要一种海鲜菜，跑遍全县最后在上庄买到，县令高兴地说，“上庄可称小上海了”，自此以后上庄有了“小上海”这个别称。另外，上庄的旅外商业，也以上海最多。据《上川明经胡氏宗谱》记载：“吾族自十三世以前经商者颇少，其后则文谏公于闽，兆孔公于上海，汉三先生于广，其商业皆焜耀一时。逮道咸间，端斋公起，遂以开文墨业名天下。同时族人列肆上海者，又有万字招十三肆，皆兆孔公派也；鼎字招九肆，皆志俊公派也；而余派亦称是。同光之际，则上海有贞海公之鼎茂，玉庭公之万生瑞，贞春公之松茂……吾族旅食者，以上海一带为最多，率常数百人。”胡适在其口述自传中说：“我们的村落(上庄)正与华南其他地区的村落一样，是习于聚族而居的。洪杨起事之前，我们聚居的胡氏一族总人口在六千上下——当然也包括散居各地经商的族人在内——大半务农为生。但是大多数家庭也都有父兄子

11. 胡适父亲墓
12. 胡适事迹陈列馆
13. 胡适当年婚房
14. 胡适婚房的门

12

13

14

弟在外埠经商的——尤其是在南京、上海一带。”胡适家在上海做以茶叶为主的生意，卖的便是家乡的名茶“金山时雨”。据说这种茶在南宋还被选为贡品，足见茶质之优良。

上庄出了两个胡姓名人，这两个名人让绩溪上庄家喻户晓。一个，不用说，是大名鼎鼎的胡适；另一个，则是徽墨大家，胡开文墨业创始人胡天注。

有一家杂志曾这样开篇：“所有用过徽墨的人，都知道有一个名字叫胡开文，所有读书的人，都知道有一个名字叫胡适……他们都来自同一个故乡——安徽绩溪。”其实更巧的是，他们还出自同一个村庄：上庄。

位于上庄村后半部西北边的胡适故居，是一座典型的晚清徽派建筑，占地面积1 100多平方米。故居的大门前是一个宽敞的用鹅卵石铺成的院落。关于这个庭院，《胡适自传》中还有一段回忆文字。

胡适的父亲胡传是一个文化人。他曾对建筑的装饰提出过要求：

15

"略事雕刻，以存其朴素。"这种审美情趣当然也在故居上表现出来。故居的大门用水磨青砖净缝砌筑，门的上方有四块砖雕装嵌，五飞砖之上是瓦顶，东西两端发戗翼腾，线条明快活泼。前檐墙的檐下两角，用墨、赭两色绘以山水花鸟，简洁雅致。故居内部装饰以隔扇、窗栏、撑拱和雀替为主。

与一般民居不同的是隔扇、窗栏的"兰蕙图"，采用平地阴刻技法，构思新颖，技法精到，行家一看就知是徽墨墨模雕刻能手胡国宾之作，这也展现了主人雅致脱俗的审美情趣。"我从山中来，带着兰花草。种在小园中，希望花开早。一日看三回，看得花时过。急坏看花人，苞也无一个。眼见秋天到，移兰入暖房。朝朝频顾惜，夜夜不能忘。但愿花开早，能将夙愿偿。满庭花簇簇，开得许多香。"有人说，这首台湾流传的校园歌曲，是胡适思乡之作。果然。

步入胡适故居大门，第一进前厅正中悬挂着一块黑漆横匾，由当代书画大师沙孟海题写的"胡适故居"四个大字赫然在目。故居分前后两进，中以户牖相隔。当年胡适和母亲冯顺弟便住在前堂西房，而与西房相通的厢房，便是胡适念书的书房。1917年，胡适与江冬秀结婚，新房就设

15. 胡适故居正厅
16. 曹诚英墓

在这里，他母亲便搬到后堂西房去住了。

在故居屋内中堂，挂着一幅胡适画像，在画的左上方题有十六个字：“一代英才，迷误堪哀，风清月朗，魂兮归来。”其实，迷误不迷误的，仁者见仁，智者见智。不过，胡适自14岁离家后，除了留学归国、与胡夫人结婚、因母亲去世时奔丧三次短暂返乡外，始终漂流他乡；徽州人很讲究落叶归根，可他即使晚年思乡心切，终究还是客死异地。从这个角度说，也算是一种迷误吧。

胡适没想到他回不来，曹诚英也想不到。徽州古城绩溪通往上庄的大路旁，芳草萋萋掩映下有一座古朴坟墓，石碑上刻着“曹诚英先生之墓”。据说，是她坚持要葬于此地，因为这是胡适回乡的必经之路……

1998年5月，胡适故居被安徽省政府公布为省级文物保护单位。现在，胡适故居已经全面维修，形成了一个独立封闭的院落。在故居的各项单体建筑内辟有故居复原陈列、胡适的家乡教育、胡适父母生平简介、新文化运动的领袖、出使美国为国奔波、胡适的家人及其他、胡适的中外朋友、胡适先生像以及胡适研究成果等版块，力求以丰富详实的内容、客观公允的态度，向世人展现胡适的一生。但胡适的一生，又岂是这十几个陈列版块能说得清、道得尽的呢？

16

胡开文纪念馆坐落在上庄村口水圳边。

明清时期，发迹后的徽商在建造亭台楼阁、陶醉于笙歌管弦之外，同样工于诗词书画，徽州的崇山峻岭中，大大小小的徽墨作坊应运而生，墨香四溢。“徽人家传户习”“新安人例工制墨”，成为徽墨鼎盛期的真实写照。“墨师汗滴是真魂”。制墨是个苦差事，生产环境像个煤矿，四面墙壁和制墨师傅都被熏得黑漆漆，而且生产工序极为繁杂。和胶工序，所谓轻胶十万捶，要用六磅大锤将调好的墨泥翻打成百上千

18

次，捶得越多，墨品越高。无怪古人制墨，要发出“辛勤破子夜，收此一寸玉”的慨叹。胡天注（1742—1808），原名胡正，字柱臣，号在丰，胡开文墨业创始者。胡天注出身商贾之家，少年从业于休宁城汪启茂墨店，后娶汪启茂之女为妻。乾隆二十一年（1756）入休城“汪启茂墨室”业墨；乾隆三十年（1765）在屯溪开汪彩章墨店，开始经营自己的墨业。乾隆四十七年（1782），承继汪启茂墨店。为创出高质量产品，挑选旧墨模中之精品，不惜巨资购买上等原料，聘良工刻模制墨。并取徽州府孔庙的“天开文苑”金匾中间两字，冠以姓氏，打出“胡开文墨庄”店号。在墨家如林的竞争中，独占鳌头。在其苦心经营下，墨质不断提高，声名日盛，销路日广。其所制零锭墨品种繁多，制作的“集锦墨”长期被作为贡品。墨镌“苍佩室”者为胡家老法制造，最受人欢迎。到胡天注晚年，胡开文和曹素功、汪近圣、汪节庵一起，被并称为清代制墨四大家。其子胡余德所制之“地球墨”1915年曾获巴拿马博览会金奖。

17. 胡适故居天井
18. 胡开文纪念馆

胡开文纪念馆占地400多平方米，原为胡开文长房胡恒德祖屋，属“通转楼”式古建筑，馆里陈列了胡开文各种名墨复制品及荣获巴拿马博

◀17

19

19. 胡开文墨厂

龍翔鳳舞

20

21

览会金牌奖的“地球墨”及其奖状、奖章复印件和照片等。书画界人士到上庄，总要到这里逛逛，在墨色墨香中，遥想当年的盛景。

有人说，上庄的风水到底比不上龙川，两个胡，虽是声名满天下，但究其身份，不过是一个文人和一个手艺人。政坛上好像没有出现过啥显赫人物。要知道，曾经，上庄胡可是响当当的皇族后裔啊！

可我觉得，上庄的祖辈们凿山引水，费尽心机，也许就是不想后辈儿孙们再和官场有什么瓜葛呢！以思想名世，凭手艺吃饭，咱要的，就是这份俯仰无愧于天地的踏实……

20. 胡适故居通转楼
21. 胡开文故居

（本文摄影：吴建平　方德才　唐祖怀　李传玺）

Shangzhuang

Shang zhuang locates in the west of Jixi County, adjoins Huangshan District (i.e. Taiping County) in the west, Jingde County in the north, and She County in the south, and is about 20 kilometers straight-line distant from Huangshan District, which means it is a village neighboring four counties. "Mountains hug back the village and a river flows on all sides." In the center sits a wide and open basin where Shang Village is embraced as a pearl in the palm, and shut in ten mountains, each being one thousand meters high. Changxi River, as clean as it could be all year long, flows slowly along the village. The geography of Shang Village can be described as the following, "In front of Zhugan Peak, where mountains hover and waters gather, the village is beside the Cottonwood Bridge and houses scatter all over like stars in the sky." Hu Shi, the well-known scholar once represented his hometown by quoting a poem from Yang Wanli, a poet in South Song Dynasty, "Tens of thousands of mountains try to prevent one river from running forward, and thus cause noises day and night. Mountains end just in front of the village, where the river finally flows through smoothly." The origin of Hu family in Shang zhuang was legendary and astonishing. When ancestors finally settled down here, they went to great pains to tunnel through mountains to conduct water according to geomancy theories, and built a village full of spirits of wind and water, which is Shang Village. Two world-famous people surnamed Hu came out of Shang zhuang: Hu Kaiwen, known by every person who has ever used the Hui Ink, and Hu Shi, known by every person who has ever read. Both of them came from Jixi, Anhui Province, and what a coincidence that they should come from the same village!

（译：梅新慧）

回不去的故乡

霞水

文／胡迟

在父亲心里栩栩如生的人和事，已经被岁月一点点涂抹、折毁，直至面目全非。这支离破碎的故乡，我用想象拼凑，父亲用记忆复原……暮色将临，眼前的点点滴滴，正在不断黯淡的黄昏光影中，飞快地消逝着……

1

2

3

4

霞水村，一个建村已一千多年却长期名不见经传的徽州小村落，在父亲的记忆里，是一生无法忘却的天堂。

我常常想起我那绿色的故乡。

我的童年和少年，就是在那绿色的山村里度过的。

一百多户人家，一色白墙黑瓦。村庄背后是山，村庄对面也是山。一条水清见底、游鱼可数的河流穿村而过。山上满是茂密的树木和茂密的竹子。对面山下有很大一片略有高低起伏的田地，一年四季长着青青的庄稼。也有几户人家在这一边的河旁筑屋居住。村庄的水口，河岸上长满了千年古树，不少树历经风霜雨雪，变得十分古怪而可爱。水口的河流宽阔处，多年沙积而成一鱼形的小岛，俗名就叫"鱼形岛"。岛大约数亩。岛的四边已由我们的祖先用大石块包镶了边，山洪暴发，也可确保小岛安然无恙。岛上原先也是一片丛林，抗日战争期间，我们的上一代和我们这一代的有心人，把那里开辟成家乡小学学生们的运动场所。小树和荆棘砍去了，保留下了所有的大树，其中包括一棵挺拔参天的大松树。又把场地弄平，还从河的北边到小岛架上了一座过河的木桥。其实，没有这木桥，除了老人和幼童，一般人也都能踩着河中参差排列的石块上岛的。

水口上树木的茂密使人走到村边还看不见房子。从水口到村外，全是大石块铺成的很宽的路，那里有相距不甚远的两座庙宇，离村近一点的是廻龙庙,离村远一点的是周王庙。廻龙庙边有一座由我的木匠祖父胡培成经手做成的八角亭。据老辈人说，当时，家乡从来没有这种亭子，我祖父是自己摸索着做成的。廻龙庙里的正梁，有一道锯得相当深的缝。据说，木匠上梁时，发现梁长了一点，就放下来准备锯短。正锯时，来了一个外地人，说，不会长的，你们不用再锯了。大家抬上试了一下，果然并不长了。这件事后来被传得神乎其神。那个过路的外地人被神化成了鲁班先师显圣。廻龙庙右，有一个门洞，那上边写有四个苍劲古拙的字："霞川古里"。据说，也是一个过路的人顺手用瓦匠刷石灰的笋壳刷把蘸墨写成的。我至今还没见过有多少书法家写的字能胜过那四个字。廻龙庙的南边有一座相当大的弓形石桥。据县里的专家考证，这桥始建于唐代，是全县现存最古老的一座桥。这桥现在还基本完好，而它已历经一千多年的山

5

6

1. 水坝,当年这里是水碓所在地
2. 水口禁碑
3. 石块参差的河床
4. 水口
5. 古巷
6. 稻箩

7

8

9

洪考验，真是奇迹。

我的家，原在村中心的河北大路边，那里下河玩水或捉鱼很方便。后来搬到离河较远须上几十个石台阶的紧靠后山的一座租来的房子里。住在这儿，下河不太方便，上山却太方便了。我家屋后的西首，有一棵上千年的巨大银杏树。每当银杏成熟的时候，我家的屋顶上、天井里、猪舍边的小院里常落下许多银杏。那棵银杏似属全村所有，银杏成熟坠落时，谁去拣拾都可以。只要勤快点，一冬天能拣很多。即使懒于去拣，银杏树附近几家，光是落在屋前屋后和天井里的，也差不多够一家几口过春节时炒来吃了。我家屋左是邻居的大片菜园，菜园的左边是山。后门口则有一条东西向的路。路北有条水沟，水沟上面一片丘陵地便是我家的菜园。菜园东边有一个小小的土地庙，庙前一块不大的平地上有石桌石凳，庙边有一棵数百年的大柏树和几棵梅花树。菜园里还有一棵很大的桂花树，一棵香椿树和许多小竹子。菜园后面就是郁郁葱葱的大山了。山上有多种多样的大小树木，还有很多竹子。反正我们整个村庄，我的整个家都被包围在绿色的海洋之中。我小时，夏天常泡在河中游泳，春秋两季则常和伙伴们比赛爬山、砍柴、采野茶、摘野果、逮野兔。冬天，我很喜欢在屋后那个土地庙前读书或和小伙伴下棋。我也很乐意在菜园里和田地里干活，特别喜欢在家中来了客人时，拿把锄头到山上现挖冬笋来让母亲烧了待客。

那时，家中日子过得相当艰难，可是，那种徜徉在绿色的土地、绿色的山谷、绿色的河流中的日子，总是使我难以忘怀，不胜向往。我现在给人写字、作画，喜欢署名“太荒真人”，我把那段生活看作太荒真人的生活。我署这个名号，是为了纪念那段生活，是为了说明我很怀念那段生活。

……

这是他笔下的故乡，也是他常常向我描绘的故乡。他说，你要记住，你是霞水村人。

但这个故乡，于我，却是隔膜的。

1996年，第一次随父亲回乡祭祖，故乡是伴随着此起彼伏的乡音和一些杂乱、模糊的面容映入脑海的。唯一记得的是两件事：一是年迈的父亲拉我跪在爷爷的坟头，老泪纵横，哭得像个孩子；另一桩，是我赞美故乡的青山绿水时，一个亲戚家的男孩子表示不屑：“如果我是富贵闲人，我也觉得这里美！你在这里住两个月试试！”

2009年，父亲和几位同乡画家邵增虎、章飙、邵灶友等在家乡举办联合画展，我带着儿子陪同。同样去霞水村祭拜了爷爷奶奶。83岁的父亲已经跪不下去了，我拉着年幼的儿子跪下来，儿子问，这里面有谁？我

7. 迴龙庙边石拱桥
8. 霞川古里门坊
9. 石拱桥台阶
10 村头晚烟
11. 古桂花树
12. 河床

10

11

12

14

说，是妈妈的爷爷和奶奶。

说的时候，我有些茫然。未曾谋面的他们，在我的记忆里完全没有音容笑貌……把我和他们联系在一起的，是父亲；把我和故乡联系在一起的，也是父亲。

真正让我对故乡伸出心灵触角的，是这一次，因为这一本书促成的回乡之旅。

我的朋友要做一本书《徽州古村落》，选20个古村落进行图文并茂的介绍。父亲听说，就问，霞水村可以写进去吗？我说，不可能。绩溪只选了龙川和上庄。你那个霞水村，又没啥名胜古迹，写啥啊？

父亲生气——什么叫我那个霞水村，那也是你的霞水村！

但也不再提。

谁知，他并不甘心，在朋友看望他的时候，他又忍不住唠叨这事。他们比我更体恤他的心意，为了圆他的梦，和出版社的编辑一商量，决定：加上！然后，利用一个双休日，张罗摄影师、张罗车辆，大费周章地组织了一个小团队向霞水村进发。

说来也巧，霞水村以郑尧云为首的老人们最近在鼓捣霞水村的村

13. 深巷

14. 跨街门楼

◀13

15

志，名不见经传的霞水村历史在这些老人锲而不舍的挖掘下，竟然形成了一部近十万字的村志。村志的初稿，他们寄给了父亲。

我翻着村志，陌生的故乡，被这些文字一点一点地丰满……

霞水村始建于何时没有文字记载，但据老人们传说，至少有一千多年的历史了。

霞水村坐落在绩溪县城东北40公里的山间函谷之中，属两省（安徽、浙江）三县（绩溪、宁国、昌化）的交界地带，古时隶属绩溪县最末的一个都——十五都。

一千多年来，霞水村的村名曾几经变更，但“霞水村”（亦称“霞川”）作为正式村名一直沿用到现在。

绩溪这县名很高雅，绩溪的许多村名也是很高雅的，比如霞水村附近的村落有云山村(俗称“磡头”)、竹里、梅杆、暮霞、松岭等，大都是以当地的特有景色或特别多的树木来命名的。

胡姓是霞水村里的大姓，霞川胡姓属“金紫胡”的一支，并与“龙川胡”同源，胡氏的始祖为胡公满（世系一世祖）。而金紫胡氏的远祖可以追溯到东汉时的胡广（世系二十九世）。胡广在东汉灵帝时，曾任司徒兼太傅。当时他的子孙居住在湖广岳州。晋代，他的后代胡琰（世系三十四世）在山东为官，于是迁居山东青州濮阳县板桥村。唐代，胡氏的后代胡宓（世系五十世）司职散骑常侍，持节新安（即古徽州，今属安徽省黄山市），并迁居歙城乌聊山下，死后葬于绩溪县西关石牌头。五代，胡宓后代胡沼供职南唐，担任客都官，为奉祀墓葬，迁居绩溪县城东。从此，一支胡姓在绩溪安家落户。胡沼下传数世至胡咸。胡咸生有四子：胡舜陟、胡舜申、胡舜俞、胡舜举。其中，胡舜陟为宋代名臣，他做过金紫大夫，绩溪胡氏这一支叫“金紫胡”，应该与此有关。胡舜陟有一子叫胡仔，是历史上著名的学者。其后的子孙中还有因研究《礼记》而出名的“礼学三胡”：胡匡衷、胡秉虔、胡培翚。但迁到霞水村的则是普通人

15. 敦睦门楣
16. 河床

16

了。父亲便是这普通人的后代，但也可说是胡舜陟的后人。胡舜陟任庐州知府时曾在抵抗金兵的庐州大捷中立了大功。他曾向宋高宗上奏本为岳飞辩诬因而得罪了秦桧遭贬，胡仔则有《苕溪渔隐丛话》这一著名的文艺理论著作传世，这都使父亲感到脸上有光。

村志里记载的景点，有父亲记忆中的鱼形岛等。村志告诉我们，几十年的沧海桑田，这些景观已经面目全非：

鱼形岛在大跃进和“文革”时遭到严重破坏，现已痕迹无存。

廻龙庙的正殿在“文革”时遭拆毁，其走廊过道在2001年也倒塌了四分之一。2002年元旦前，由本村50岁（属龙）的村民发起，自发捐款捐料捐工重修，并刻有石碑记述。但因遭到一场狂风暴雨，修缮不久的庙殿又倒塌了。现在整个庙只剩北面的一堵墙。墙体上由周邦人补写的“霞水

17

17．“兴资灭无”小院
18．小孩识字的墙面
19．祈福的红纸袋

潴明”四字和最后一次修缮的碑铭还在。

周王庙年久失修，多处损坏，2001年由台胞郑渭贤捐资千元修复。现仅存大殿，里面的菩萨、楹联、匾额等，则已荡然无存。

太子庙已倒塌多半。

太尉殿、观音堂、真武庙等，大都已严重损毁，有的仅存遗址。

六座造型各异的明、清古桥大都已因损坏而经过后人改造。

沿河原有三座碾米的水碓，也因碾米已用机器，早已拆除。

麻柞岱公园如今已变作菜地。

仙人石如今已是杂草丛生，路迹全无。

……

这样残缺不全的故乡，父亲还要一再回去，有什么意义呢？我不明白。

去的前一天晚上，父亲很晚才睡着。

清晨出发，一路颠簸，直到下午2点多才到。

一行人，浩浩荡荡，来到村委会。父亲立刻被村里几个老人围住，在会议室里叙旧。我们看看天色，摄影师说，现在光线正好，晚了，就拍不到好照片了。于是，我们丢下父亲，由我表哥领着，在霞水村来回穿梭……

经过一座石桥，桥下，溪水潺潺，两岸民居错落，四周青山环抱，远处还有像黄山奇峰一样的山峰在云雾中时隐时现……典型的皖南古村落。这是我第一次静下心看故乡的样貌，宛如初见。细看之后，甚觉清秀可人。

表哥领着我去看望了90岁的三伯母，她瘦小精干，笑嘻嘻地站在家门口和我合影。记得父亲写过他的四叔，四叔公因时运不济而郁郁寡欢，渐渐精神失常。上半年沉默不语，下半年口若悬河，后来信了佛，天天要父亲念《金刚经》给他听……这个传奇的四叔公给我的印象很深，眼前的三伯母就是他的大儿媳。

表哥领着我到父亲生长的老宅，老宅多年前已经易主，也已荒废……空无一人的宅子里破败荒芜，雕花的窗子布满尘埃。屋顶的青瓦长满了一种叫作“瓦松”的植物，直棱棱立着。

堂厅的天井里堆了几块长满青苔的石头，表哥说，这是你父亲小时候从山上搬来的。朋友们怂恿我搬一块回家，我摇头，人，已经飘在异乡了，石头，还是让它留在故里吧。

屋后面，父亲说的千年银杏已经没有了，土地庙也倒塌了，那株桂花树还在，竹林、菜地还在。我们一群人，相拥着在那里照了几张相……这屋子和这屋后的山坡、菜园组合的“记忆空间”里，有父亲终年沉默的祖母；有会拳脚，懂医术，常常为村里人打抱不平，最终却饿死于三年自然灾害的爷爷；有因儿女夭折而一度神志不清的奶奶（父亲的生母）；有守着父亲画像默默思念的大奶奶（父亲的大母）……这个空间，收藏着父亲最难忘的少年时光。如今，我环顾着，试图还原那年那月的光景，却总是，隔山隔水。

走到太子庙，表哥说，这是你父亲读过书的地方，也是他曾经教过

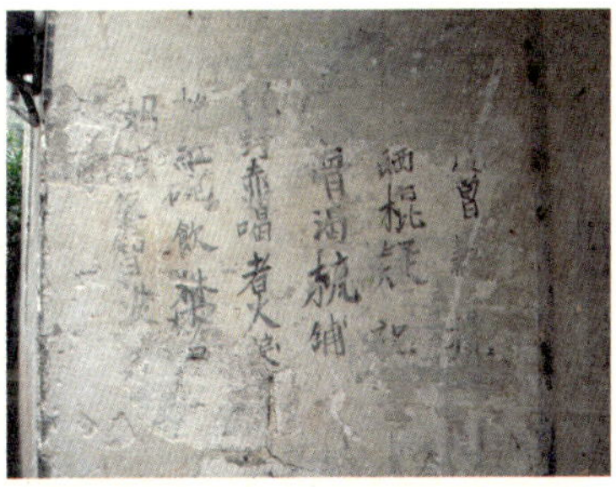

18

19

20

书的地方。

霞水村的小学校在绩溪十五都地区是开办得最早的。民国元年（1912）创办，到上世纪二十年代时，有了较快的发展。

上世纪三十年代，村人胡大刚在原学校基础上创办了私立成章小学（成章系胡大刚父亲），学校经费由他全包。学校也从较小的胡家巷迁到太子庙。1943年，这个初级小学曾改为戈溪乡高级小学分校。1945或1946年曾与竹里小学合并，校址一度迁到霞水村和竹里交界处的观音阁，周明尘任校长。

胡大刚是霞水村的传奇人物。他曾于抗战前在南京创办《三民导报》，结交了国民党很多高官，他老爹葬礼的排场让全村叹为观止。抗战期间他曾拉起一支抗日队伍……在霞水村的人眼里，他是个能量很大、特能折腾的人。

周明尘是父亲读云川高级小学（戈溪乡高级小学前身）六年级时的校长和语文老师，后来，父亲又和他成了一道教小学的同事。父亲曾写过一篇文章《明尘老师说的故事》，感慨明尘老师的博闻强记。我一直记得那篇文章，因为一来喜欢这个老师的名字，二来觉得他说的那个和尚作诗的故事甚为有趣。

20. 当年的小学后来做了大队部
21. 22. 大队部中残留的标语

除了周明尘，周梦醉和胡耘圃也是父亲忘不了的师长。梦醉老师好饮酒，时常微醺。他很喜欢父亲，常把学校里订的杂志让父亲优先借阅。父亲常常念叨的当时县里民众教育馆的《儿童巡回文库》，也就是在这所学校里读到的。从程尚远所著的《绩溪亭阁文化》中得知，梦醉先生曾为周王庙茶亭撰写了一副对联，很有文采，并饱含人生哲理，联曰：“这边到路南，那边到路北，浮生匆匆，世事悠悠，保不住白璧黄金，留不住朱颜玉貌；富如石崇，贵如杨素，绿珠、红拂竟何在？请子且坐些时，喝一杯说三道四，得安闲处且安闲，历尽坎坷皆顺境。/此日在河东，明日在河西，前途渺渺，后顾茫茫，夸什么碧血丹心，掌什么青灯朱卷；勇若项羽，智若孔明，乌江赤壁总成空；劝君姑息片刻，听两句论古说今，有快乐时须快乐，出得阳关无故人。”而梦醉先生只不过是个农村小学教师，他自己也不过是个小学毕业生。胡耘圃则喜欢领着父亲做公益事业，建造图书室，整理图书；用文化活动引导赌徒离开赌场；开荒建设公园……以至于父亲后来也见样学样，兴致勃勃地领着一帮孩子将村里的鱼形岛弄成了一个少儿乐园。

春节时到元宵这半个月期间，太子庙还是排戏和演出的场子，原“霞川剧团”也以此作为团址。上世纪三十年代，父亲也粉墨登台演过戏哩！他说，他演过武松，演的那一出叫《醉打蒋门神》。

走进去，眼前荒草迷离，学校的样貌完全没有痕迹。原先的大礼堂堆满了柴火与草料，中心的柱子是白底红字的标语牌：“伟大的领袖毛主席万岁！”侧面的墙上，抄了毛主席语录。边角，不知是谁写的打油诗：“少年读书要努力，夫妻伴侣要互爱。有径不必多吃苦，故乡有机早建成。”虽文字粗糙甚至欠通，却有点家国天下的意思。

戏台也是空空荡荡的，横七竖八地放着几根圆木和一些草料……墙上，不知谁手写了歪歪扭扭几个字：霞水剧团。

一路走着，水口上古怪与可爱的大树还有幸存的，鱼形岛不见了；廻龙庙只剩一面斑驳的老墙，还有横卧在荒草中、布满青苔的柱子……

古人感慨岁月，总说物是人非，其实，万物都在时间之流里不停地损耗、消逝……无一幸免。

走在霞水村，触目所及，都是历史残留的记忆碎片，一面墙上抄写着第一次政治协商会议纲领；一面墙上书写着“全党动手……”；一面墙上标注着“1991年7月2日洪灾水位线”；一户人家厅堂里贴着旧纸，写着家宴的菜单与各人的分工；一户人家门口墙上满是教小孩子认字时随手写的字……

一户人家的门楣上赫然写着“兴资灭无”。我们感到诧异，村里人

21

22

解释说，是一个精神病写的。可居然，就这样保留下来了。

寂寞的村庄，老宅、老树、老人，守护着一段老时光……我游弋其中，举起相机，一张一张，拍下这时光的遗迹。

同行表哥丁晓文是个摄影爱好者，他说，如今，古老的风景大都凋零了，公路的开辟更使水口无复当年模样，但从霞水村到云山村（磡头村）的一个山头已经被打造成全省甚至全国的一个摄影基地。每当油菜花盛开时，从山头四望，几个村落的田地里一片金黄，十分壮观。父亲畅想，如果公路是打隧道一路穿山而过，保留整个十五都以至荆州的原版石板人行道及沿路风景，那现在不就留下了一个完完整整的世外桃源了吗？但有些事情，总是：理想很丰满，现实很骨感。

父亲说，他少年时的偶像有两个人，一个是出身于书香门第的唐子宗，后来旅台在一个大学当教授；一个是能工巧匠灶芳师傅。灶芳师傅让他一辈子都关注普通人的卓异之才；而唐子宗作为村里学问人的代表，最终客死异乡。唐家的宅子，土改时被瓜分了，后来父亲写信让他回家乡看看，他回信说："已无家可归，还看什么呢？"

其实，在霞水村，我们也是无家可归的。但父亲却一生情牵故里。他曾为村里的胡氏宗祠写了几副联语，其中即有"生前总梦萦故里，死后当魂落家乡"。落叶归根，是中国人的传统梦想。但，故乡，已不是原乡。

那天拍摄完，我们急着赶到下一个地点。父亲流连着，不肯走。拄着拐杖，一径地穿梭于村里的巷道与人家……

在父亲心里栩栩如生的人和事，已经被岁月一点点涂抹、拆毁，直至面目全非。这支离破碎的故乡，我用想象拼凑，父亲用记忆复原……暮色将临，眼前的点点滴滴，正在不断黯淡的黄昏光影中，飞快地消逝着……

父亲，我们回不去了，这已是我们回不去的故乡。

这瞬息万变的世界，哪一条路，能通向我们心灵的故乡呢？

（本文摄影：吴建平　方德才　李传玺）

23. 老树上新结的柿子

23

Xiashui

Xiashui locates in a valley amidst mountains 40 kilometers to the northeast of Jixi County, and is the border land of two provinces (Anhui and Zhejiang) and three counties (Jixi, Ningguo and Changhua). In ancient time, Xiashui was the last part of Jixi County: the Fifteenth Part. Here is the picture of Xiashui: a hundred families and more, houses with white walls and black tiles, a river as clean as to count the fishes flowing through the village, leafy trees and verdant bamboos all over mountains, green crops growing on a field with slight ups and downs throughout the year. Beside the water gap and river, there are many ancient trees, each more than one thousand years old. In open space of the water gap, a fish-shaped islet was formed after so many years of accumulation of sand, and it is called Fish Islet among villagers. As obscure as it is, Xiashui is actually a typical ancient village in south Anhui province. Hu is an important surname in the village. Hu family in Xiachuan is one branch of Hu family in Jinzi County, and has the same origin with Hu family in Longchuan County. Hu Shunzhi, a famous official in Song Dynasty, once was the governor of Jinzi, therefore, the branch of Hu family in Jinzi is called Jinzi Hu. Hu Shunzhi had a son named Hu Zai, who was a well-known scholar in history, and among his descendants three got famous for researching *the Book of Rites*, Hu Kuangzhong, Hu Bingqian, and Hu Peihui. For more than one thousand years, the name of Xiashui was changed several times, but Xiashui, or Xiachuan, as an official name has been in use till present day. Nowadays, lonely hamlet, old residence, ancient trees and aged people are protecting this period of old time, and when you are walking among them, you can taste the natural evolution of ancient villages in Huizhou over time.

（译：梅新慧）

江村

文／李传玺

1918年元旦刚过，新婚的胡适陪着江冬秀回门。写了这样一段文字：『与新妇同至江村，归途在杨桃岭上望江村、庙首诸村，及其北诸山。重山叠嶂，都似一重重奔涛东向！山脚下几个村乡，一百年来多少兴亡，不堪回首！——更不须回想！想十万万年前，这多少山头，都不过是大海里一些儿微波暗浪！』

1

1. 世科坊和狮山上“双忠庙”
2. 3. 4. 5. 聚秀湖边石栏上的石雕
6. 江村水口聚秀湖

走进江村，你首先会看到一个开阔的广场，中央矗立着一尊雕像，革命烈士江上青一派上个世纪三十年代热血青年的模样，左手背后，右手紧握革命文件，目视远方，衣襟飘动，似乎正迈向新的征程。广场背后是两座小山，一左一右守卫着村口，那是江村水口的狮、象二山。狮山上建有古庙，名“双忠庙”。它祭奠的是唐代的张巡和许远，二人在安史之乱中困守睢阳，宁死不降，不仅阻遏了叛军的势头，也使江淮甚至江南人民免受叛军的蹂躏。绕过山，眼前又顿显开阔，聚秀湖〔成于明朝成化年间（1465—1488)，面积 6 500 平方米〕映入眼帘。湖边 120 块石栏，均刻有诗文和麒麟等吉祥图案。春夏之季，堤上杨柳依依，湖中翠荷亭亭。有人说，这湖像弓，弓背处深入湖面两丈许，建有座世科坊，与其相对的堤外，仿杭州雷峰塔，江村人建了座文昌塔，连起来，就是一个引弓待发的弓箭，它喻示着江村人时刻在警醒自己激励自己。当然也有人不这样认为，原先这一带建有六座牌坊，于是人们这样比喻，湖水是墨，湖形似砚，塔是彩笔，牌坊是笔架，江村人在这里书写繁庶，更要在科举考场上、商海竞争中书写辉煌。

这就是江村的水口。重视水口是徽州人的传统，我们走过很多古村落，虽然当年它们都建有水口，也各具特色，但如今不是荡然无存，就是被新建筑所取代。唯有江村不仅保存了当年水口的格局，而且将之修葺一新。这也使得水口不仅成为江村的重要标志，也成为全国研究水口不可多得的实例实证。

水口的设计凝聚着江村先祖们的智慧以及对后世子孙的期望。

江村的远祖是颛顼帝玄孙伯益之子玄仲，伯益助禹治水有功，禹封其子于江（今河南信阳一带）。鲁文公四年（前 623），楚灭江国，后人遂以江为姓。南朝文学家江淹（江郎才尽的原型）为其近祖，江淹于齐明帝初年出为宣城太守，一任四年，离开时，次子江茎留居宣城。江韶是江淹五世孙，约生于公元 570 年，“器局不凡，识量超迈，饱读诗书，习性好静，因宣城市居嚣杂，乃遍游皖南名山”，“游黄山白岳，见旌西金鳌山，峰峦回合，山水清明，环绕双溪，另成一境，有蓬勃不可遏之气，遂卜居焉。名其地曰江村”。其时间是在公元 600 年前后。旌德建县是在唐宝应二年（763），故江村建村应该比之早 150 多年。同时，从这个世系来源上，我们可以看出它与婺源江村江姓的区别。婺源江村之江为萧江氏。其一世祖为江祯，唐朝宰相萧遘〔唐时历史有两位，一为唐代宗永泰元年（765）状元，一为唐懿宗咸通五

2

3

4

5

6

進士坊

8

年（864）进士，唐史评价“姿宇秀伟，气孤俊”，这里显然是后者〕之子。江祯英勇善战，曾大败黄巢，被朝廷封为上将军、江南节度使，并赐宅新安（今安徽屯溪），后其父因“朱温篡唐”被赐死，江祯于唐僖宗广明元年（880）避居歙县篁墩，因“念先世从北渡江而来，遂易萧姓为江氏，凡江氏宗于萧者，此其鼻祖也”。这也是江村纪念江上青的姓氏根源，也是江泽民同志于 2001 年 5 月 21 日前来视察的历史原因。

9

先人们在选择村落时，是讲究地形风水的，这就需要“卜居”。江村地形除风水上强调的枕山面屏外，还特别突出了“水绕”以及村中水系的规划与设计。江村周围森林茂密，地表水与地下水都异常丰沛，先人先将一条溪水从所枕金鳌山引出，入村行至进修堂北侧分成南北两条（北溪是在自然溪的基础上改造而成的，南溪是纯人工规划修建的），两溪平行并进，如伸开的双臂将村庄紧紧拥在怀里，最后在聚秀湖汇聚。北溪叫“玉龙溪”，南溪叫“凤溪”，如此取名，无疑有阴阳相协龙凤呈祥的含意。而这种格局又使得江村对溪水的利用与众不同，像查济、龙川等是沿溪而居，像宏村等是利用山溪修成水圳及枝蔓状水渠。因山地落差比较大，再加上溪水受季节性影响较强——雨季可能暴涨，旱季则容易干涸。为了解决这个问题，就必须在溪水的疏与堵上下功夫。查济的解决方法是隔一段河段用长条石对水进行拦截，而江村使用的石条则更加细密，用一块块条石为溪水铺路，溪岸甚至溪底均由青石砌筑。由于家家户户都是门临溪水，每日都要利用这溪水，甚至出门就可能要过河，因此每家门前的溪水上都会架一座小桥，桥下都会设一水闸，用长条石悬空砌成台阶下到水边。水闸均是双凹槽，前后可以插两道木板，既是双保险也能替换备用，而桥也可能成为水闸的上横栏。想当年，每家门前一座小桥，桥下一道小水闸，旱季时，水闸上都竖起木板，既可留足自家用的部分，又可泄出分给下游各家，这该是一道何等和睦的景象。如今，家家户户都通了自来水，水闸已不再使用，但那些卧在水底的横条石和它们上面的凹槽，仍然带给人们美

7. 子坊
8. 父坊
9. 江氏宗祠前牌坊

◀ 7

10

11

12

13

好的想象。有许多老人仍喜欢把菜和衣服拿到溪水里去洗，听那砧声，一声一声，不紧不慢。

江村人利用水的一大特色还在于村中修了很多水塘与水井。因暴雨时山溪会变混浊，以及遇到火灾时，溪水又远不够用，于是江村先人在一些公共场所修了三十六口井和十八口水塘。江氏定居江村的第一口水井至今仍在使用，该井井口为宽大的正方形，用四块长条青石拼接成井圈，在四个拐角还立有四根精美的石柱，用以固定井圈。有了这个“开头”，以后建成的水井基本上都是这种形状。为了方便，有的水井左右两旁还分别用麻石砌有洗衣池和饮马池。因为水源来自周围高山，这些水井水位都很高，有的水距离井口也就尺许，用脸盆就能舀上来，而且清冽甘甜。水塘基本上呈半月形，人们称之为“月亮塘”。取这个名字，一是觉得美好，二是认为月亮主阴克阳，能够较好防火。江村水塘往往与建筑群相伴，一组大型建筑旁必有一口水塘，为了保护好这些水塘，江村人也用青石垒墙护卫。水塘与其他水系相通，基本上是活水，常年清澈洁净。如此水网，使江村呈鳌鱼形，一溪源出金鳌山是“鳌鱼”摆动的尾，双溪是“鳌鱼”流畅的脊线和腹线，古井和月亮塘是“鳌鱼”美丽的鳞片，聚秀湖是“鳌鱼”明亮的眼睛。

这条美丽的“鳌鱼”终于游出了自己的天地。江村先后建起九座祠堂，明万历六年（1579）知县卢洪春就给江村送来了“旌阳第一家”的题匾。据清嘉庆《旌德县志》和江氏宗谱记载，嘉庆十年（1805），江姓一族人口达到8万，当时旌德人口是37万，占了全县的十分之二多，受旌表的各类牌坊就达18座。明清两代就出了127位进士、举人等；民国前期又出博士、学士17人。这里

14

稍加介绍几位。江希舜（1585—1668），清代医学家，首创人痘接种术以预防天花，著有《痘疹元珠》，其所创种痘方法，比欧洲早 100 多年；江绍原（1898—1983），现代著名宗教学家和民俗学家，“五四”运动时期，因参与火烧赵家楼等行动，是当时被捕的 30 多人之一，留美归国后，曾担任北大教授，与鲁迅交往甚密，参与创办《语丝》。江泽涵（1902—1994），中国科学院院士，杰出的数学家和教育家、胡适夫人江冬秀之堂弟，1918 年随胡适北上求学，后赴美求学，归国后曾任北大教授、西南联大教授，是我国现代拓扑学创始人。此外，还有祖籍于此，清末迁居江苏扬州的江石溪、江上青、江泽民祖孙三代。当然也出了江亢虎、江朝宗这样的民族败类。江亢虎创办了中国社会党，并曾于 1921 年 6 月出席在莫斯科召开的共产国际第三次代表大会，受到了列宁等人的接见，20 世纪初，参加巴拿马万国大会时，“万国谱牒学者召集联席会议，予被推为中国代表，以西文草中国谱牒源流考，举曲阜孔氏、前清皇室爱新觉罗氏，暨吾金鳌江氏为例，颇博欧美学者之赞许”，从而使江氏宗谱成为世界宗谱的范例，并被奉为中国三大宗谱之一。抗战后，他却投向了日伪的

15

10. 供路人休息用的石壁房
11. 杨桃岭上古徽道的古亭，
12. 江氏宗祠门处砖雕
13. 江氏宗祠
14. 江氏宗祠木雕及功名牌匾
15. 江村溪桥

16

16. 木雕雀替
17. 18. 宗祠庭院
19. 溥公祠享堂狮子悬垂

怀抱；江朝宗先随刘铭传，后投袁世凯，在府院之争中，曾短暂担任过国务总理，抗战后，同样投入了日伪的怀抱。

沿着小溪踏着石板向村中走去，在通往江氏宗祠的中轴线上，你会看到江村仅剩的两座牌坊——父、子进士坊。父亲江汉，明成化八年（1472）壬辰科（本科状元吴宽）进士（二甲七十五名），历任户部郎中、宝庆知府，有治声；子江文敏，明弘治十八年（1505）乙丑科（本科状元顾鼎臣）进士（三甲十八名），授南阳推官，擢升川东分巡道，历任河南、河北道及松藩等处粮储兵备副使。父坊建于弘治初年（1488），高 8 米，两柱净跨 3.3 米，为二柱二楼石质牌坊，石雕上双凤飞舞，刻麒麟曜日，双狮欢腾；子坊建于弘治十八年（1505），架构、用料和高度与父坊基本相同，仅宽度略窄，为 3.2 米，左凤右鲤，喻鲤鱼跳龙门，背面对龙，与父坊结合起来，正是龙凤呈祥，横梁一面书“青云直上”，一面镌“金榜传芳”，为工部左侍郎张宪所书。其他牌坊都在“文革”中被毁去了，为什么独剩下它俩？由于两坊建于街道中，“文革”中有人想炸掉它们，可又怕炸坏了两边的民房，曾用火烧，但那青石根本不惧，如今那青石底座

17

上的黑印，正是当时火烟留下的痕迹。遗憾的是子坊的东南瓦檐残损了半边。

往西走不远，有一片偌大的广场，一座巍峨的宗祠。宗祠的飞檐翘角俨若一朵绽放的莲花，宗祠门前有旗杆石，但同其他宗祠不一样，其门前即是水池，围以精工雕刻的栏杆，中间一座单孔跨桥，这就是江氏宗祠。它始建于明永乐年间，距今已经 600 年，原为四进三天井，这个水池就是原来一进与二进之间的明堂水池。宗祠曾毁于两次大火，现在呈现在大家面前的是 1935 年重修的，原一进门楼没有再修，于是这个水池移挪到了门外。正厅里的两副对联是江村人的座右铭："先进何曾崇左道，后来切莫走旁门。""贤良方正开支族，隐逸潜修奠德基。"它既是江村列祖列宗的道德垂范，更是对后代的谆谆告诫。不同于其他宗祠雕刻的是它那二十四块屏风隔板，对应着二十四节气以及应时而开的花卉，让人在这里能够感受到不同节气的芬芳。

与江氏宗祠相对应的中轴线东端是溥公祠。它是江溥（1447—1509）为自己这一分支所建的，因其字纪源，故又称"纪源公祠"。江溥是江氏第 48 代，中明成化二十二年（1486）丙午举人，参加第二年丁未科会试，已定十八名进士，因有人诬告主考官向唐寅等人泄露试题，于是前百名一律落至乙科，江溥受到牵连，遭受了同样命运，之后授开封府洧川县教谕。去世 20 年后，被追封为顺天府推官。溥公祠坐东朝西，三进两天井，现存总建筑面积 744 平方米，外观呈典型明代特征。前进门楼为三层五凤楼造型，顶层屋脊正中置蓝色宝瓶一个，每个翘角上都设一条倒置鳌鱼，

18

19

20

20. 江冬秀故居
21. 龙山书屋碑
22. 江泽涵故居
23. 标语墙

口含檐角尾朝天，而且造型特别，一是特别高大，二是每个鳌鱼都多出四条腿。大门上彩绘着尉迟恭、秦叔宝的神像，日夜守卫着祠堂，拦截鬼魅于门外，保障族人的平安。二进正厅悬挂着溥公及两位夫人容像，相传因江溥与唐寅同科，二人交往深厚，此容像就是唐寅所绘。容像中的江溥极具写实感，真切生动。两边的对联“有威凤祥麟气象，具浑金璞玉精神”是吕佩芬（江冬秀曾外祖父）所书。祠内有围 1.4 米银杏木柱 36 根，围 1.7—1.9 米承重方形青石柱 22 根。人们成功地利用梁柱的变化为江溥鸣了冤，也使得此祠正厅的空间格局与众不同，更创造了一种减少梁柱仍能够承载同样架构的建筑范式。溥公祠外观呈五开间，但因江

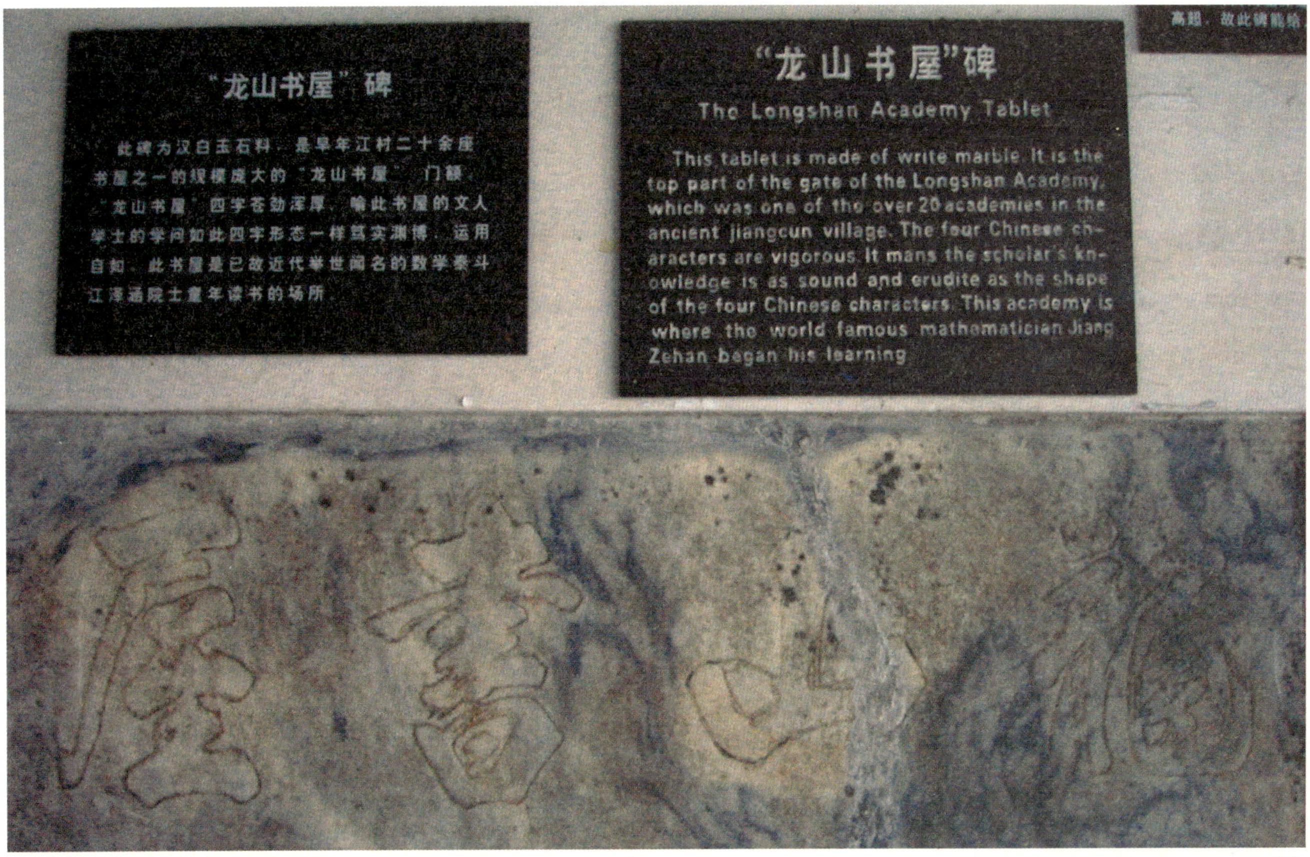

21

溥从未做过五品以上的官，并不能建此格局（因当时规定，只有五品以上的宗祠才能建成五开间，以下只能建三开间）。江村人既为江溥感到委屈，又不能破了朝廷的规定。怎么办？能工巧匠们想出了主意——在正厅，有两根倒挂的狮子悬垂，它其实是截断的木柱，从力学的角度看，它既能够固定横梁，也能够起到支撑的作用，呈现的是五开间的格局，却因截断的木柱看上去就为三开间，又符合了朝廷的要求。为了美观，工匠们将截断的柱头又作了雕刻装饰，丰富了徽州古民间装饰与雕刻的品种。

因江溥的贤明，又让他的后代赢得了一座“孝友祠”。它也是明朝所建，原名“孝友堂”，清光绪年间才改建成祠堂。它是为纪念明孝子江文昌而建的，是全国唯一以孝道为主建立的祠堂。明代大学士许国幼时家贫，曾卖身于江溥家为书童。江溥器重人才，觉得许国聪明伶俐，将来必成大器，便让他和自己的儿子江文中、江文昌一道读书，后来又将卖身契交还许国，送他参加科考。许国不负众望，果然有所成就，为感恩，曾邀请江氏兄弟外出做官。江氏兄弟拒绝了，特别是江文昌，一直以孝敬年事已高的父母相辞。他的孝行感动了许国，也深受世人的敬佩。孝友祠，坐北朝南，三进三开间，曾有建筑面积629平方米，如今仍然保存完好。江

22

23

24

25

文昌的遗训“务勤俭弃安逸，子孙有志于学者，教以经；有志于家者，传其业”，至今读来仍感字字真切。

江村因人才辈出，现存许多名人故居。紧挨着江氏宗祠的东北边，就是江冬秀和江泽涵两家的故居。江冬秀的曾外祖吕佩芬和外祖吕朝瑞是邻村庙首人，是一对父子翰林。吕朝瑞还是咸丰三年（1853）癸丑科的探花。江家当年也不弱，故居名“厚德堂”，原占地 459 平方米，二进三开间，加上厢房和边屋，共14间，东厢房外还有一个小花园。曾有人回忆，故居“厅堂宽敞，装饰精雕，有一座四面可周转的楼”。胡适 1917 年 8 月前来相亲，就是在此楼上演了一出江冬秀躲在床帐中不见的喜剧。遗憾的是，此楼前进已坍塌，后进也是一片破败，小花园更成了菜园。小花园当年应该是与江泽涵家共有的，因此穿过现在的菜园就是江泽涵故居。在此菜园的乱草丛中，你会发现一座倒卧残缺的石碑，上面刻着“瓞衍瓜绵”的字样。故居门额上写着：“龙山毓秀”，曾名“悦心堂”，架构同江冬秀家基本相同，影壁上依稀可见江泽涵赴美留学的捷报。此屋现在已是全国重点文物保护单位。

在村中最高处坐落着“闇然别墅”，它建于 1927 年，是民国期间曾任安徽省省长的江绍杰的故居。由于年代和主人的身份、阅历，此房融入现代风格和西方元素，没有天井，代之以围墙内正门前一个大花园，围墙门设在侧面，圆形，上用篆体刻着别墅名，正房门有挑檐门罩，题刻“吾爱吾庐”。一“闇然”一“吾爱”，细细体味，可感知其中隐含着的自得与自足。透窗改用玻璃，楼上设内走廊和美人靠，房门不再采用传统木雕，代之以简洁的装饰线条，由于地势最高，晴天站在院落中即可欣赏到黄山天都峰的雄姿。

除了这些老宅，名人故居还有江亢虎、江绍原两个立场歧异兄弟的“笃修堂”、江朝宗的“茂承堂”、江氏族长江旦仁的“进修堂”等，也都以各自的独特风格与历史展示着走过的风雨历程。

在江村最高处，有处挂着“中共旌德县委旧址”“中共旌泾太中心县委旧址”“中共皖南地委旧址”等三个标牌的院落值得一说。江村为中国革命作出了应有的贡献。同时，它也在皖南的文化教育方面特别是抗战期

26

间皖南的基础教育上有值得称颂的贡献。科举废止仅仅三年后的1907年，翰林院庶吉士江志伊就返乡以金陵试馆房租及江姓文会田租为常年经费，在江村创办了公立养正初等学堂及育英女子学堂，主讲均为当时名流，求学者日多，经有司考核，评为皖南乡学之冠。与其相应，他又创办了江村图书馆，在一个乡村创办图书馆，这本身就是一个文化教育史上的壮举。为了搞好学校教育，他率先垂范，献出珍藏的经史子集，继之翰林江希曾捐出一部分，其他乡绅陆续跟进，一个初具规模的图书馆就这样诞生了。民国初年，曾任安徽省省长的江汉珊回乡省亲，为了丰富馆藏，又派人到中华书局、商务印书馆购了几万册图书相赠。而江村文会也一直不停地购买图书充实。图书馆日益扩大，后来分藏书室和阅览室，共有书架200多个，书橱36柜，《四库全书》《四部备要》《二十四史》《万有文库》等巨著，江村图书馆均有留存。正是由于有这样的教育条件，抗战期间，宁属六县联立中学才把学校搬到了江村。八年间，联中在此共培育了8000多学生。那时的江村，溪旁山边到处都是学子们的身影，古老的祠堂中飞扬着年轻的琅琅书声。1938 年下半年，联中一搬到江村即开始创办，并油印《联中晨报》宣传抗战，每周一期，报道抗战消息，宣传各地救亡活动，激励学子们树立抗战必胜的信心和为民族解放而奋发图强的决心。刊物一直到抗战胜利联中从江村搬走才停办。

24. 宗祠大门
25. 阏然别墅正厅
26. 宗祠大门屋脊

27

28

27. 孝友堂
28. 笃修堂

1918 年元旦刚过，新婚的胡适陪着江冬秀回门。在回去的路上，胡先生站在旌德与绩溪的分界杨桃岭上，写了这样一段文字："与新妇同至江村，归途在杨桃岭上望江村、庙首诸村，及其北诸山。重山叠嶂，都似一重重奔涛东向！山脚下几个村乡，一百年来多少兴亡，不堪回首！——更不需回想！想十万万年前，这多少山头，都不过是大海里一些儿微波暗浪！"

（本文摄影：吴建平　方德才　徐天一　李传玺）

Jiangcun

Jiangcun locates in Baidi Township, Jingde County, adjacent to National Highway 205, 37 kilometers to Huangshan Scenic Spot. On the village' s front square stands upright the statue of a revolutionary martyr, Jiang Shangqing. On Shi Mountain and Xiang Mountain, people built a Temple to memorize two generals, Zhang Xun and Xu Yuan, who died during the Anshi Rebellion in Tang Dynasty to defend Suiyang City. Behind the mountains is Juxiu Lake, along whose banks stand Shike Archway and Wenchang Tower, as inspiration for village people to make more brilliant achievement. Jiangcun, first built between the end of Sui Dynasty and the beginning of Tang Dynasty, has a history of more than 1,400 years. According to historical records, Jiangcun had the fame of "No.1 family in Jingyang" even in the reign of Wanli, Ming Dynasty. In the year of 1805, the Jiang Family had a population of 80,000 and 18 memorial archways as commendation and reward. In Ming and Qing Dynasties, altogether 127 successful candidates in the Imperial Examination came from Jiangcun, and 17 bachelors and doctors during the early period of the republic of China. Now there are only two old memorial archways in the village, belonging to a father and a son who won the Imperial Examination. Besides, the Ancestral Temple of Jiang Family, Memorial Archway of Mr. Pu, and the Hall of Filial Piety, with their magnificence and beauty, still attract tourists and researchers today. There are many former residences of celebrities scattering around in the village, any one of which tells a particular period of history. In 1938, more than 2, 000 students and teachers from the Union High School of six counties in Ningguo City moved here from Xuan City, and within 8 years, 8,000 students from all around came to Jiangcun to attend school, which left an amazing record in the history of culture and education in southern Anhui during the anti-Japanese war. Jiangcun is also an ancient village with red culture and history, as we can find blotting like "the Committee of Chinese Communist Party of Jingde County" , "the Central Committee of Chinese Communist Party of Jingde, Jing, and Taihu County" , or "the Prefectural Committee of Chinese Communist Party in Southern Anhui" somewhere in the courtyard which was built on the highest point of the village.

（译：梅新慧）

汪口

文/毕新丁

历史是一位不知怠倦的行者，总是毫不踟蹰地前行。一些明清时期声名显赫的汪口商人就像陨落的流星，但毕竟曾经辉煌过！他们向当今经济社会传递着丰富的文化信息，引发世人对徽州商人精神的思考。

1

1. 水边的汪口

传统村落中，山水包含着农耕民族最本质的生存原则，山水不仅是一种可见的物质，更传达了一个地方的人文精神。千百年来，这种人文精神造就了中国不同的村落文化气质。汪口村传达的是一种古老商埠的文化气质。

汪口村三面环水，地势北高南低，宽阔的河道，丰沛的流量，在为居民提供生产灌溉与生活用水之便时，形成了婺源最著名的水路集散码头。村内一些大巷里均有店号、仓库和茶号。除官路正街，从街头至街末，横向设置了从溪埠至村落纵深的鱼塘、水碓、祠堂、酒坊、李家、双桂、小众屋、大众屋、柴薪、四公、桐木岭、汪家、上白沙湾、余家、下白沙湾、赌坊、夜光和油榨巷等十八条横向主要巷道，以及100多条长短不一、宽窄有致的纵向街道小巷。这么多巷道除通行、防火作用外，更是便于物流输送。

以往，徽州婺、休二县山货经汪口水运出去，换回日用品，经水运到汪口，在汪口的“官路正街”18个码头交换后，再经汪口村水口“北上”，肩挑运至婺、休二县目的地。想当年，川流不息的挑夫穿着草鞋，用“哼吃哼吃”的低喘和着汗水，竟然将这条交通要道上的青石板打磨得光可鉴人，成就了不朽的古老商埠。

汪口位于婺源县东部，为江湾镇管辖。汪口村西距县城23公里，东离江湾镇江湾村8公里，距景德镇市84公里，距安徽省黄山市101公里。

婺源大多数村庄都只有一个主姓，即所谓“聚族而居”。汪口亦不

例外，这里的主姓为俞。据《永川俞氏宗谱》载，歙县篁墩俞昌懋徙婺源第九代孙，宋代朝议大夫俞杲于宋大观三年（1110）迁到今天汪口村后的郑婆坞，再由郑婆坞逐渐向河边今官路正街扩展。从此，汪口人在这里耕读并举，儒商结合，繁衍生息。

元、明两朝期间的1264年—1380年，是汪口的初步繁荣时期，人口剧增的俞氏家族“亦儒亦商”，励精图治，苦心经营，财富迅速积累，一批官邸、商宅、祠堂、牌坊逐步兴建。龙潭道院、栖真观、文昌阁、胡王庙、关帝庙、致爱堂等均在这100多年里相继建成。明代洪武二年（1369），官府还在汪口设立了第一个官方机构——用于投递公文的汪口邮铺。1736年后，历史进入乾隆盛世，汪口也进入鼎盛时期。俞氏宗祠（重建）、平渡堰、养源书屋等著名建筑，都在此后的100多年里相继建成。汪口官路正街，这条繁华了几个世纪的商业街，更是在这一时期得到发展、完善。

清朝末期以后，汪口村逐渐走向衰落，特别是惨遭太平天国时期战争的破坏，古村落更是一蹶不振。据婺源人汪镜芙宣统元年（1909）调查，太平天国时，兵乱使徽商衰落，给徽州婺源的村落造成了重大破坏。到了民国间，内忧外患，封建宗法制度趋于解体，曾执天下商界牛耳的徽商，背影苍凉渐行渐远，汪口村的发展日渐受挫、衰落。经过岁月之河漂洗的汪口，曾经清晰的映像逐渐模糊、暗淡，村落发展似乎已经定格。

这些，只是汪口衰落的客观原因。主观原因是汪口的商人——其实

2

也是徽州商帮——未能与时俱进，仍然把当地的木竹制品、茶叶、香菇、桐子、棕皮、油料、箬皮等山货运出，把粮食、布匹、咸盐、日用百货运进，在传统行业中抱残守缺，苟延残喘，因而几乎被历史淘汰。

1949年后，百废待兴，渐渐地，公路进村了，电灯亮起来了。特别是自汪口开发旅游后，老店铺先后开张，十八个水运古码头整修一新，一条正街十八条巷道，从静默中惊醒。“汪口新区”崭新的徽派民居、办公大楼接踵矗立，有线、无线电话与互联网进村入户，高速公路、高速铁路也相继环村而过……这些很现代的变化，对汪口明、清时期的村貌并没有多少改变。老式徽派建筑依然鳞次栉比，浅灰马头墙依旧连片成群，青石街巷还维持着古时的布局；宅第之间的巷子照样幽深，墙角的护石还是谦让地缩进半寸；居住在老房子里的众生，依旧如前人那样进进出出，生存忙活着。在汪口村幽深的巷子里行走，可以体会比深巷更深邃的历史：村前潺潺的永川河，河中的埠头与漂着的竹筏，隔河向山的郁郁森林，都依旧保持着明清时期的风貌。最大的意趣是，你能边走边咀嚼前人“鸟语鸡鸣传境外”这一句诗的精髓妙处，如同走进明清时期的古建筑博物馆，而不像许多地方那样：老屋拆了，历史在乡野中裸奔的苍凉。

3

建筑是“一目了然”的文化，是不需要“翻译”的文化。因此，看一个地方的文化，首先要看那里的建筑，建筑最能直观地表白一个地方文化的特质，最能形象地表现一个地方文化的意蕴。而看村落建筑，自然要看那里有一定历史的古建筑和有代表性的民俗建筑。因为从古建筑和民俗建筑中，可以找到一个地域或一个村落的文化基因，可以追溯这个地方的文化源流。

4

明清时期，汪口是当时徽州东南部、婺源东北乡重要的水运码头与中心商埠，其正街上店铺林立、商贾云集，河中帆影昭昭、人影憧憧，一派喧闹繁华的景象，汪口村的近百条巷道，都围绕商业码头的格局来规划、建造、经营，直接或间接地为商业利用、服务。600多米长的正街就有店铺80余家，“住宿餐馆、代客发佚、裁衣百货、糕饼点心、理发修面、衡器账簿、消防水龙、行会仓库、看病医牛、赌坊暗娼”等等，无所不有。在十八条巷道口安装了十八盏天灯（路灯），为夜行人照明；在十八条巷道口附近还建了小便处。当年，河中穿梭的船只，路上往来的行人，对这个人烟稠密、商旅辐辏的村子无不油然而生敬意。

汪口的土地可谓寸土寸金。因地制宜，节约用地，宜居宜商的商宅，是汪口村，尤其是正街的突出特点。

据《婺源县志》载，明清时期，汪口沿街几乎家家设店，裕丰、立

2. 喜庆人家
3. “时光邃道”
4. 晚霞下的码头

和、兆记、同茂、悦来和德通、四通商行，以及裕馥隆、裕盛悦、发芬源、怡生蔚等字号店铺、茶号、发夫行等鳞次栉比。每个店铺均砖木结构，粉墙黛瓦，有二至三层和三进规模。从建筑的平面布局来看，老街店铺大致可分为前店后宅式、前店中坊后宅式、下店上宅式，或后伙房、楼仓库等，都兼有居住与商业双重功能。因寸土寸金，一般不设庭院。若从建筑的单体来看，绝大部分建筑的外观都极为普通。但是，变化丰富的街巷肌理和沿街建筑的整体立面，构成了老街变化丰富的空间景观。店铺大都为二层木排门房屋，它们具有极为相似的立面。这种开放式立面，与徽派传统民居封闭式立面完全不同，使这条商业街具有鲜明的特征。一般不设庭院的商业街，俞泮尧宅却设有一小型院落，这是官路正街唯一的例外。因原房主是懋德堂的一个分支，最早为官，并不靠商业利润养家。

临河一侧的店铺，几乎每家在伙房之外再延伸出一块敞开的空间，便于货船搬运货物进店出店。而五色工匠的店铺多为左店右厂。每个店铺都是宽阔的店面、设可装拆的厚重的门板，开有夜间供顾客买货的窗口，既安全又方便。

旧志载，婺源"山阻而弗车，水激而弗舟"，"走饶则水路险峻鼓一叶之舟；走休则陆路崎岖，费肩负之力"。处于万山之中的婺源县，史上交通主要靠步行，货运主要靠肩挑背驮。且道路曲折崎岖，虽历代民众不辞辛劳，为境内乡间古道铺填了青石板，但不少通道仍需翻高山越峻岭，步履何其艰难。

婺源通往他省他县的主要道路，除了山岭就是山路，共有五条主要通道：赴安徽的五岭，到浮梁的浇岭，出开化的济岭，过城南至德兴及往西南去乐平。

历史上，汪口村一直是婺源与徽州府的主要交通、通信、运输要道。据记载，婺源县的邮递机关始于明代。明洪武二年（1369），当时，在县署内建有厅屋三间为总铺，并建有邮亭一所。在乡间设十四铺，其中就有汪口铺。清光绪年间，全县设县前总铺一处，乡间设急递铺十七处，其中也有汪口铺。民国二十二年（1933）全县设置递步哨53所，民国二十四年（1935）设传递哨79所，汪口都名列其中。

5. 高墙深巷
6. 汪口正街

6

◀ 5

民国政府出于“剿共”、抗日、社会发展等需要，曾致力于改善婺源的交通条件，公路建设曾几起几落，但收获甚微。民国三十年（1941）、三十六年（1947），安徽省都曾下令修建婺—屯公路。但鉴于“婺源经济枯竭，贫困已极”，请求上级救济未成，修建公路的计划一再告吹。

所幸老天为婺源留下了一条通达鄱阳湖的星江，婺邑才能通航、运货、经商。

陆路的屡修不通，使汪口作为这条水道的大型货物集散地愈显重要。这条水道对汪口这个商业码头的经济贸易与繁荣，起了十分重要的作用。

明清时期徽州大族聚居的村落，脱离了对农业的依赖，脱离了传统农业村落发展的轨迹，村落发展基本仰仗徽商商业利润。汪口以上东北乡的数百山村，是婺源绿茶主产区。当时，作为“农业立国”的传统中国，稻、黍、稷、麦、菽等五谷是不准出口的。因茶叶不在禁止出口之例，东北乡茶叶都经茶农肩挑到汪口，再装船经鄱阳转运南昌，溯赣江至赣州，越大庚山达广州。鸦片战争以后，五口通商，婺源绿茶开始转运上海出口。此时，东北乡箱茶多由汪口经星江或浮梁运至鄱阳转九江至上海。1930年后的大革命年代，乐安河沿岸有些村庄成为红色革命根据地，资本家们为免受影响，就将茶叶逆流而上，经汪口、休宁至屯溪，由新安江、富春江运至杭州。

无论从广州还是上海出口，作为处于茶叶主产区末端的汪口，都是茶叶及山货特产的中转站。每年都要接驳从江西饶州、九江、鄱阳湖等码头用商船运到汪口的粮食、布匹、咸盐、日用百货，再由此靠人力运往休宁、岭南、山斗、五城（今属安徽）、段莘、溪头、江湾、大畈和晓鳙等目的地。商船返回时装上当地的山货扬帆远去。

那些在汪口过往的客商、挑夫，发了财的富户、破了产的老板，地痞、无赖，还有还乡探亲的先生、绅士都成了汪口村的过客，鱼龙混杂，在汪口吃、住、喝、嫖、赌、抽。除正街上80余家商业店铺外,在村中迷宫似的大小巷道里，一天24个小时还流动着卖“香烟洋火桂花糖”以及清汤、糕饼、点心的摊贩。这是明清时期繁华商埠的常年景象，一幅活脱脱的清明上河图。

到汪口运货的本县及饶州船种类很多，有小驳子船、鸭秧船、东港船、鸭尾子船、雕子船等等。昔日，婺源、休宁地狭人稠，粮食供应不足，汪口的富户就在乐平、余干、鄱阳买下大片粮田种五谷杂粮。他们把粮食运来汪口加工，造就了汪口发达的粮食加工业。繁盛时，仅“上浇龙”舂米水碓就有80多处，日加工大米达160多担。大米由脚夫肩挑到五城一带，供应歙、休等地居民，糠麸则用来养猪。尽管这种工巧的水碓已渐行渐远，古人的智慧却在当世显出耀眼的光芒。在汪口村末的曹公桥边，有一座复原的水碓，成为年轻游客眼中的稀罕物，都说：古人不简单，确实聪明，水碓有很高的“科技”含量！一如今天的小学生见到火柴一样稀奇：不用金属、塑料、汽体，也没有火石或压电装置，怎么一划就着呢……

由此，历史上汪口有不少船夫。据“土改”时调查统计，当时百业凋零的汪口村还有船家14户、船夫56人。直至上世纪六十年代初，婺源县组织木帆运输合作社、县运输公司航运站，汪口船工仍是婺源县航运的主要力量。

汪口村现年86岁的俞德开先生，13岁开始随父俞养源学撑船，经年累月，往来于婺源县城与汪口这三十余里航程中。当年从汪口这个“草鞋码头”把山货运往婺源县城所用的船只是小驳船，每船载重约3000斤。货物到县城后卸下，再装上往来于乐平、鹰潭、景德镇等地、能够在鄱阳湖上行驶的鸭秧船（后改为机帆船）运来的其他日用品返回汪口，鸭秧船每船可装载上万斤货物。从汪口到县城的河道上，主要的险滩有曲尺堨（平渡堰）、鸭尾滩、黄源潭、庙滩、王村滩和北门滩。运送货物的船只一般都是十余艘结伴而行，它们首尾相连，互相帮衬。船队每遇险滩，先是停下来，互相“打帮”，由经验最丰富老到的船手撑头舵，让头船顺利过滩。头船一旦顺利通过，“咬”在头船后的其他船只，则基本不存在通过问题了。最惊险的是即将到达县城的“北门滩”。因为北门滩上架有木桥，船若冲撞木桥，不但要赔偿，请人另搭桥，还会因桥倒下来把船打

7

7. 汪口水碓

8

9

10

8. 汪口大夫第石雕
9. 10. 精美砖雕
11. 俞氏宗祠
12. 钟楼

翻，造成船毁人亡的大事故。因而，快到“北门滩”时就格外小心，要胆大心细，心明眼亮，紧盯着船的走向变化，及时把正航向，用力扳桨撑篙，让船从北门桥下“像泥鳅”一样滑过。过了北门桥才能稍稍缓口气，那时已是满身大汗。新中国成立初期，俞德开和汪口村其他几位船夫都成了县交通局航运公司的船老大。因为行船技术过硬，他总是拿甲级工资。跟俞德开一起拿甲级工资的还有俞进丁、俞荣林、俞关炎等，其中俞关炎的技术最好，是“龙头老大”。

汪口的店铺这么多，在店铺当学徒的自然不少。汪口人，乃至整个徽州人把在店铺学做生意的孩子叫“学生”。2014年85岁的俞永钦老先生说他十五岁开始到杂货店当学生。当时，这个店有两个学徒，两个伙计。学生天亮就要起床，晚上差不多12点睡觉。白天扫地抹桌，搬货物，为老板搓吸旱烟的“纸媒”。学生不能进柜台里去，柜台外边有一个清龙牌，学徒只能走到那里。老板为试学生人品，专门把钱丢在地上。一天早上俞永钦起床后去扫地，天还未亮，看不清楚，等扫好地天也就亮了，再把垃圾看一下，发现有钱，就把钱捡起来放在台面上，等老板来了将钱还给老板。老板断断续续试了他三次就不再试了。学生除了打扫卫生做杂事外，还要学打算盘，但白天是不可以学的，吃了晚饭以后才可以学，错了就拿抽烟的烟筒杆打，很严厉。当学生是没有房间给住的，只能睡柜台上守店。一个柜台约二尺四宽，长不到六尺，拿一床被条放在上面，半边垫半边盖。老板看不看重学生，就是看学生的字写得怎么样。做学生没有假期，吃饭吃老板的，剃头也算老板的，总之当学徒就是衣食住行都由老板负担，一年还有一担大米（150斤）的工钱。三年满出师了叫“半作”，过了两年看你的能力好，就叫你做伙计，伙计就可以站柜台了。

店铺多了，也流传着许多有关店铺的故事。现今俞树枝住屋原是“益春堂”中药店。县城有个叫董六斤的老中医移居汪口后，于腊月与汪口富豪级士绅俞理臣合伙开设的。那年三十夜“吃隔岁”时，俞理臣家里的一个长工想讨主人欢心，因嘴笨好心却说了坏话：“理臣先生，你们家好了，今后看病吃药都不用出钱啦！”主人听后很不高兴，认为这是个不好的兆头，就把中药店全部转让给董老中医一家了。

11

12

在汪口当地开店的，多是做些小本营生。官场和商场从来不相隔，由官场“下海”可能会如鱼得水，也是由来已久的事情。那些商业巨子，如俞理臣、俞严彰、俞庆椿、俞圣英、俞念曾、俞光鉴等都曾经有从事政治活动的经历，这也是经商成功的重要背景。他们或中途改从政为从商，或退休后利用丰富的人脉资源，乘扁舟浮游江湖，经商聚财。他们过州府，闯码头，拓业于他乡，做木头、粮食、盐业等大宗生意。他们以诚信闯天下，靠辛苦赚大钱，携巨资回乡置良田，建大厦，落叶归根，安享晚年。

历史是一位不知怠倦的行者，总是毫不踟蹰地前行。一些明清时期声名显赫的汪口商人就像陨落的流星，但毕竟曾经辉煌过！他们向当今经济社会传递着丰富的文化信息，引发世人对徽州商人精神的思考。

果戈理说过：“当歌曲和传说都缄默的时候，只有建筑在说话了。”了解一个村落的文化历史，最便捷的办法是走进宗族宗祠。

祠堂，是聚族而居的古村落的“眼睛”，由于它重要的功能而成为全族人心目中的圣地，因此，族人总是把“风水”最好的宝地用来建祠堂。清乾隆五十二年（1787）竣工的汪口俞氏宗祠前临大桥激流，其他三向被民居围捧，与粉墙黛瓦、徽派民居组合成一曲凝固的乐章。俞氏宗祠

14

是老徽州地区保存最完好的宗祠之一，2006年，汪口俞氏宗祠被列为第六批全国重点文物保护单位。汪口俞氏宗祠工程之浩大、设计之周密、结构之严谨，堪称清代徽州宗祠典范。俞氏宗祠重建至今已220多年，仍坚固稳定、巍然屹立，足见当时能工巧匠的智慧卓尔不凡。

“只有千年宗族，没有三代冤家”，汪口俞氏宗祠是一座和谐、辉煌的族史展览馆。一拨拨南腔北调的游人，仰视着这精美绝伦的雕刻、散发着历史气息的匾额，有惊叹，有思索，也有不解。更多的是在那些已远去的祖先身上，寻找对于祖先的崇拜。这是一份对文化的谦恭敬畏，对婺源古徽州文化的谦恭敬畏。

汪口俞氏宗祠雕刻精美绝伦，是一座凝固的三雕博物馆。这等精美只有在“繁荣时代”的“富庶家族”才能拥有，二者缺一不可。没有繁荣时代，就不会有技法熟练的雕刻匠师；这样的匠师通常身价不菲，只有富足的望族才能雇得起。这样的作品能够经世而传，是汪口俞氏的功劳，也是俞氏家族绵延近千年，对祖先虔诚祭祀的必然。

历史的巨人行走到民国后期，汪口除俞氏宗祠外，还存在好几座祠堂，如孝友堂、培源第、明善堂和立爱堂，及四公祠、鉴三六公祠。

15

13. 钟楼悬垂
14. 俞氏宗祠
15. 俞氏宗祠门当木鼓

◀ 13

16

17

18

19

20

21

16. 17. 精美木雕
18. 俞氏宗祠木拱
19. 20. 21. 木雕梁架
22. 砖碉门罩

22

23

24

建鉴三六公祠的人叫俞严彰，是一个有故事的人。俞严彰，字敬昌，严彰本不姓俞，系由金竹坑继汪口母舅二十四世祖俞宗仁为嗣。某年祠堂公祭，严彰因有要事迟到受到凌辱，族人说他迟到，是一个不是俞姓的“不忠不孝不仁不义”杂种。知书达理的俞严彰受到极大刺激，愤愤不平中，决定在官路正街上独建祠堂，称“鉴三六公祠”，并从其曾孙起另立门户，自排行第。俞严彰是一个敢想敢做敢当的君子，除怒建鉴三六公祠外，还为婺、休、歙三县民众打赢县城“应虹坝”官司。2002年11月25日的《黄山日报》第3版，刊登了一篇《毁应虹坝案》的文章，讲述了一段俞严彰与县城地头蛇斗争，拆应虹坝为民争利的史实。

宋代，中国就有了较完善的乡约制度，只因外族入侵，很快被人遗忘。南宋后，婺源人朱熹重新启用乡约，使乡约声名鹊起。到了明代，朝廷大力提倡和推广乡约。汪口乡约所是早于俞氏宗祠的宗法自治场所和组织。汪口乡约所始建于何时无考，乡约们只负责调解邻里与家庭纠纷，处理影响不大的忤逆事件，协调行会之争等。如果乡约们对事件处理、调解不成功，只要他们认为有必要，就提交祠堂公议裁决。据史料记载，汪口乡约所在历史上曾数毁数建，最近一次是在“公社化”时期被拆。2011年，旅游公司在原乡约所旧址，恢复重建了乡约所。

汪口的古民居，一进门必是或大或小方方正正的天井，映出一方永远敞开亘古不变的天空。汪口是国家4A级景区，不乏列入景点户的古民居，如养源书屋、一经堂、大夫第、懋德堂，及乡约所、俞氏宗祠等华堂巨构。但汪口保留得更多的是如生训堂、守训堂、积善堂、述德堂、政德堂、慎知堂，俞运行宅、俞广利宅、江桂斌宅、俞远富宅、俞广太宅、俞灶树宅、俞建华宅、俞有金宅、俞桂生宅、俞永春宅、俞亮飞宅等众多非景点户古民居，它们都被列入了县级重点文物保护单位。

村西水口的平渡堰在西距汪口约300米河中，因其形状类似木工使用之曲尺，当地人俗称“曲尺堨”，是昔日赫赫有名的婺源的“四大古建”之一。有民谚曰：“江湾祠堂汪口堨，方村牌楼太白塔。”其中“汪口

23. 懋德堂
24. 懋德堂小姐绣楼
25. 一经堂

25

26. 俞氏宗祠的庭院

27

27. 飞檐翘角
28. 养源书屋正厅
29. 养源书屋门楣
30. 养源书屋

堨”指的就是平渡堰。

汪口因地处双河合口处，水流湍急，尤其是洪水涨发时更为凶险，常发生覆舟溺人事故。清雍正年间，著名经学家、音韵学家江湾人江永见此情形，为免除乡民的“覆舟之患”，他全面考察了这段河流，观测各个时期的流量，精心筹算，倡议以筑堨来平水势。江永考虑到筑堨后又不能影响航运，于是将堨设计成曲尺形。这样的结构，在不使用闸门的条件下，成功解决了蓄水、通舟、缓水势三大难题。这是江永先生的天才构思，且此堨历经200多年无数次洪水冲击，至今仍片石无损。水利专家说这是三峡大坝都没能解决的技术难题，是水利建设史上的一项奇迹。

有“书香”美称的汪口素来重视教育，教育馆塾，也是汪口古建的大手笔。心远书院、岩筑山房等，都是教育馆舍。如今汪口保存完好的古代教育馆舍，还有养源书屋与存舆斋书院两处学馆。

建于清光绪年间的养源书屋是子弟启蒙场所。创建此书屋者俞光銮，赐封奉直大夫。为恐有不肖子孙将书屋田产变卖，就通过县衙，于光绪十年（1884）三月二十三日下达《光绪十年知县吴鄂为养源书屋所颁告示》并刻石立碑于书屋围墙。这份勒石告示，实为有官方“授权”的“红头文件”。

28

自宋至清，汪口当地的进士举人没留下多少故事，却留下身为汪口外甥、明代进士游应乾在心远书院刻苦读书的故事。

游应乾，婺源县济溪人，在村里读完私塾后到汪口心远书院深造。明嘉庆年间中进士，历任户部主事、南京刑部郎中、宁波太守、两浙盐运使、广西太守、云南按察使、南京太常寺卿、户部右侍郎，卒后赠户部尚书。他的家乡济溪至今还流传着他在汪口读书的故事。

29

30

游应乾母亲是汪口人，他青年时代，家境贫寒。他的父亲有织麻袋手艺。为照顾在汪口借读的儿子游应乾，便长年在汪口村为一家粮店编织麻袋。父亲常把东家招待下饭的咸鸭蛋省下来，带回给住在外婆家的儿子补充营养。久而久之，汪口人知道了这事，当面取笑他：“孝子、孝子，孝敬儿子吃咸鸭子！”父亲听了这话顿生闷气，心想，今夜要看看儿子是不是在读书，要是不在读书，一定要狠狠打他一顿，以解心中闷气。外婆家也是困难户，家中点灯的油用完了都没钱买。游应乾便抓来萤火虫，放进南瓜藤叶的空心杆里，借着萤火虫发出的微弱亮光，很认真地看着书。父亲这晚半夜起床见此情此景，什么话也不说了。

功夫不负有心人，游应乾中进士后，在户部任高官。回乡省亲时，排场大，官船大。游应乾嫌汪口村靠河边的屋角阻碍拉纤，下令锯掉屋

31

32

33

31. L形石坝
32. 曲尺堨处中流砥柱石刻
33. 远眺曲尺堨

角，以雪汪口人嘲笑父亲“孝子”之耻。这时，游应乾的外婆在众人的搀扶下，颤颤巍巍地来了，她指着跪在自己面前的外孙骂道：“畜生，锯了半条街的屋角，可以歇手啦……”

汪口古建虽然在岁月长河中毁损不少，但其建筑的基本技艺至今未失传。比如木雕，汪口村就有俞有桂、俞友鸿兄弟俩分别成为国家与江西省非物质文化遗产代表性传承人。俞氏宗祠进入国家重点文物保护单位榜单，村落被定为中国历史文化名村、世界文化遗产国家预备名单。这些国家名片，说明在中国日渐见少的古村落中，汪口占有很高的地位。

（本文摄影：徐天一　李传玺　毕新丁）

Wangkou

In a traditional village, we can find the most essential living principles of an agricultural people. Different civil spirits make different cultural temperaments in villages, and Wangkou conveys an atmosphere of old business port. In Ming and Qing Dynasties, Wangkou was an important business port in southeast Huizhou, where shops stood in great numbers. Along the 600-meter Zheng Street, there were more than 80 shops; 18 docks spread all over the waterway, as noisy and bustling as it could be. To know about the history of a village, the most convenient way is to get into its ancestral halls. The ancestral hall of Yu family is known as the Museum of Three Engravings, because of its exquisite and elegant engravings. Pingdu Weir beside the water gap in the west of the village was built almost 300 years ago, and because its shape was like a carpenter's square, it was called by the locals Quchi Weir. Having advantages like sailing, slowing the flow of water, and drought-resisting, etc, it was one of the far-famed "Four Ancient Constructions" in Wuyuan. Though a great number of ancient constructions have been damaged as time goes by, their basic functions have been preserved until now. For example, Yu Yougui the two brothers have been ranked as the unique inheritors of National Intangible Cultural Heritage, the Ancestral Hall of Yu Family as a key National Cultural Protection Site, and the village as China's historic and cultural village and listed on the Preparatory Directory for World Cultural Heritages of China. All these name cards on national level prove that Wangkou occupies an important position among the ancient villages in China.

（译：梅新慧）

理坑理源

理学渊源

理坑

文/汪发林

理坑村众多的明清古建筑，是理坑昔日辉煌的物证。因为有了它们，就像家里有了压箱底的宝物，主人自然有了底气。理坑，曾经因理学的辉煌而辉煌，又因理学的式微而式微。

婺源北部的沱川乡，境内群山逶迤，峰峦叠翠，溪壑纵横，峡谷幽深。整个沱川乡的地形地貌就像是一个绿色宝盆，外围险阻，内部平坦，景色秀美，颇似陶渊明笔下的桃源仙境。沱川余氏的聚居村落，如篁村、鄣村、河东、河西、理坑等，就仿佛是撒落在这绿宝盆里的几颗珍珠。余氏族人世世代代在这里繁衍生息，或默默无闻，或名扬天下。

沱川余氏的始迁祖，是北宋末年的余道潜。他原本是安徽桐城人，宋政和八年（1118）进士，曾任浙江桐庐主簿。他迁居婺源的原因，据民国版《婺源县志》记载，是“时朱勔采奇石异卉以供贡献，将次桐庐。道潜曰：‘吾岂剥民以媚权贵？若不去，终必有祸。’遂挈妻、子之婺源沱川。”而民间传说，余道潜与朱熹的父亲朱松是同科进士，两人在徽州府郡的紫阳书院相识，彼此交情甚厚，相互邀约，时常优游林下。道潜受朱松之邀来婺源游历时，为婺源的秀丽山川所迷醉，异常钟爱，遂萌生隐居此地之意。

余道潜从桐城举家迁居婺源沱川时，其最初的择居地即是篁村。沱川余氏之后裔开始舍弃往历的八十二世，尊道潜为婺源沱川余氏始祖，即一世祖。一百多年后，六世祖余德忱从篁村迁居三溪（今称“鄣村”）。又过了一百多年，十世祖余景阳又自鄣村择居理源（今称“理坑”），时为洪武八年（1375）。余景阳之所以迁居理源，是因为他以贡生出身、后历官至池州路佥判的父亲余元启在理源修筑了书院，为了守护父亲的书院，他把家搬迁到书院里。

在余景阳迁居理源之前，这里是个金姓聚居的村落，现今村中还有金家巷、金家井、金家桥、金家圳等历史遗迹。其中的金家井，附近村民至今仍天天从那井里汲水出来洗洗涮涮。据相关史料记载，被誉为“水中瑰宝”的婺源荷包红鲤鱼，就是余懋学从宫廷带入婺源的，而最初就放养在这口金家井里。

但“世间风水轮流转”，“三十年河东三十年河西”，不到一百年的时间，余氏在村中就越来越强盛，在人丁数量和科举功名上完全盖过了金姓。金姓只好纷纷举家外迁，把地盘拱手让给余氏。

因为余道潜与朱松的特殊渊源，更因为朱姓在婺源的崇高地位，沱

1. 理源河水街
2. “走过历史”

1

2 ▶

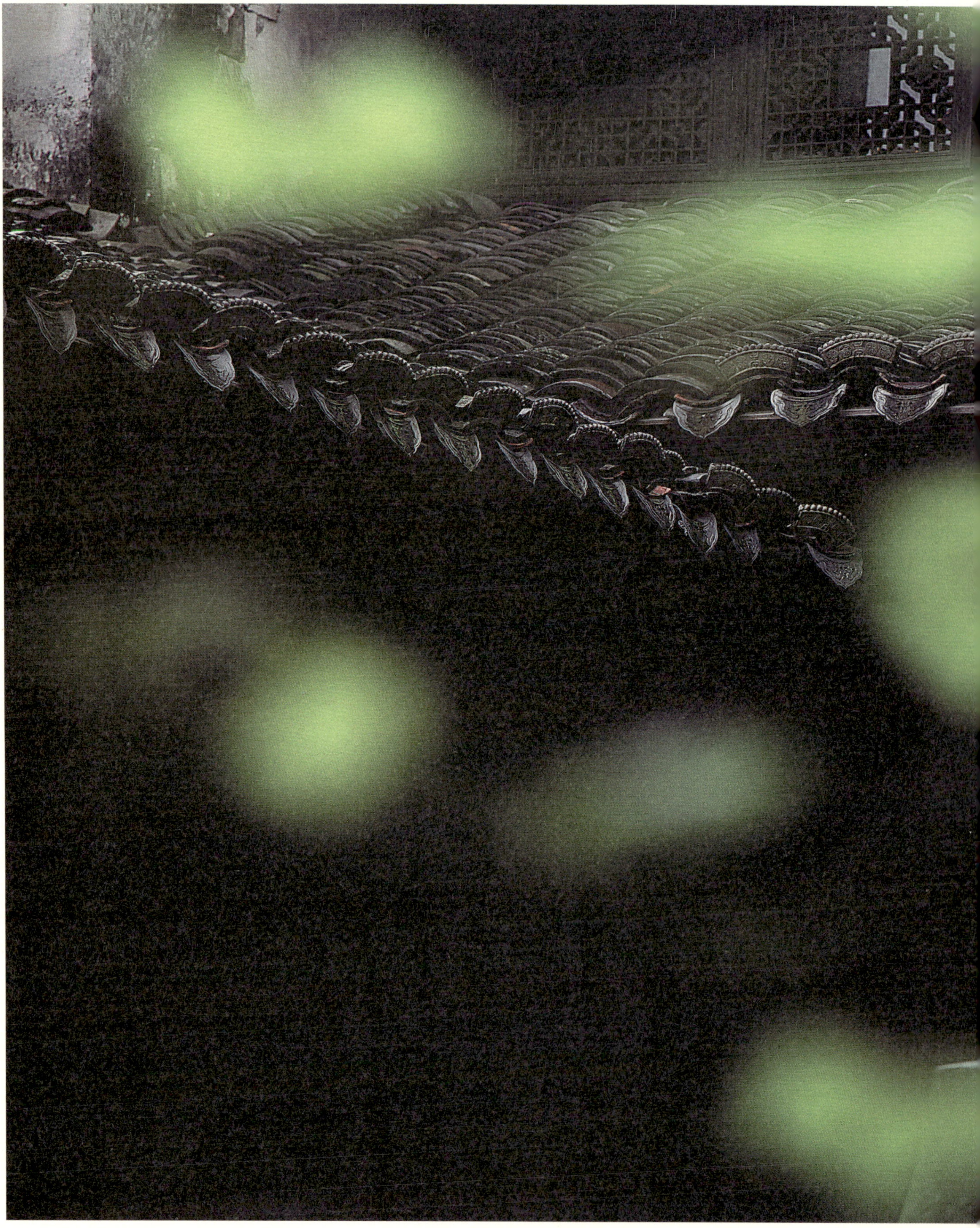

3. 梦幻黛瓦

4

5

川余氏世世代代崇儒好学，并对沱川境内的朱姓人家颇为礼敬，从不敢小觑。理坑自然也不例外。事实上，从余景阳迁居理源开始，他就有意识地用儒家的“修齐治平”来严格管教和约束后代儿孙；余氏族人极力崇尚“读朱子之书，服朱子之教，持朱子之节，秉朱子之礼”，并将其作为理坑余氏宗族的“铁定”传统，代代秉承。

余景阳之后，其子余公顺开始在官府的政治舞台上亮相，他“明洪武丙子（1396）以荐为人才，官吏部，试时务策中。奉敕蕲黄、吉安等处公干，又差江西勘问胡党”。此后，陆续就有余相、余嵠、余璧、余墺、余世显、余世荣、余世儒等一大批人，或以科举，或以著述，渐渐为世人所知。到了明代隆庆至万历年间，从这里走出的“兄弟进士”“兄弟尚书”余懋学和余懋衡，不仅成为乡间佳话，更是成就了理坑作为“理学渊源”的辉煌。

从空中鸟瞰，理坑村落位于一条由西南向东北延伸呈布袋形的山谷的中段，山谷长约5公里，村落则处于山谷最宽处。整个村落形如一只大圆盆，呈“S”形穿村而过的理源河，则仿佛是阴阳鱼的分界线，把村落分成东西两大块，颇似一幅巨大的太极图；而众多明清时期的古建筑，则如珠宝镶嵌其上。这些古建筑，有民居，更多的是官邸和商宅。

4. 浓阴下的庭院
5. 司马第
6. 过街券门
7. 石雕佛龛

如今，走进理坑，我们还能寻找到诸多的历史遗迹：余景阳与妻程氏合葬墓、余懋学故居“尚书第”、余懋衡故居“天官上卿”、余自怡故居“官厅”、余维枢故居“司马第”、余世荣故居“大夫第”……据相关部门统计，理坑历史上曾出过七品以上官宦36人，进士16人，文人学士92人，著作达333种582卷之多，其中5种78卷被列入《四库全书》；村内现存明清古建筑120多栋，其中5处被列为国家重点文物保护单位。理坑于2005年入选“中国历史文化名村”。

现在我们就去理坑神游一番吧。

沿理源河而上，首先映入我们眼帘的，是理坑水口的理源桥，这是座用条块石料砌筑而成的单孔石拱桥，始建于明神宗万历二十八年（1600），由里人余传迁独资建造。拱桥南题“理源桥”，北题“溪山拱秀”。桥上建有五开间的廊亭，桥亭的门额西南题“山中邹鲁”，西北题“理学渊源”，东南题“衡峰兆汉”，东北题“朱源忠义”。余还独资建造了文昌阁及“文人第一楼”。

6

穿过理源桥，沿河溪石板路行200余米，就到了理坑的入村牌楼和天心桥。楼在左，楼下过道两侧架有木条凳，桥在右，与牌楼连成一条笔直通道。天气好的时候，每天会有很多村民坐在这儿聊天，因此，牌楼与天心桥一起形成理源的公众“聚会中心”。而走过入村牌楼，即真正走进理坑的“辉煌与精彩”，那些各具特色的明清古建筑次第展现于我们眼前。

7

官厅，其正名为“驾睦堂”，系明崇祯时广州知府余自怡奉旨敕

8

9

建，后来改称为“友松祠”，现为国家重点文物保护单位。官厅的院门正对着理源村的主巷道，水磨青砖石库门坊，高大轩昂的青砖门楼作四柱三间五凤楼式，贴“富贵万字”砖，中央上下枋门雕“双龙戏珠”，顶层中间镶嵌“圣旨”石碑；院门内侧有木披檐，上盖青瓦，檐下有四组木质斗拱，上下枋之间隐刻“圣旨”二字，枋下又有青砖仿木单拱。二进，正厅五间，三面回廊，轩廊木质卷棚，方柱雕础，青砖铺地，深天井。楼梯从右侧上，楼上为“走马楼”。正厅重檐，下堂二廊三方单檐斗拱。后间为双天井。正厅右面还有余屋，三进一天井。余屋外部墙面与正屋连为一体，浑然无痕。官厅的建筑规模和规格，在婺源农村较为少见。

余自怡（1594—1639），字士可。生而颖异，受业于余懋衡，思想上深受余懋衡影响，也把朱熹的性命之学作为自己终生的追求。天启元年（1621）中举人，崇祯元年（1628）中进士，任湖南湘阴县令。湘阴地方偏僻，百姓刁蛮。前任县令在税收课征上不但繁重，而且严苛，闹得民怨沸腾。余自怡到任后，“革火耗，清蠹弊”，深得民众好评，百姓都很乐意交税。同时，他还与老百姓“约法六章”，把官府的职责与百姓的义务

19

共有九人官服趋奉，另有童子一人，上刻有“九世同居”四字，故此图
“九世同居图”（又名“百忍图”）。天井左右梁枋上雕刻着脍炙人口
戏文：左边上面是“满堂福”，下面是三国戏“三英战吕布”；右边上
是“九寿宫”，下面是杨家将之“穆桂英戏挑杨宗保”，人物栩栩如生

此民居小院为圆拱门，大门为石库门，水磨青砖，外部形制一般
“九世同居”楼的主体形制是普通的三间两厢，有“退步”，其附属建
多而复杂。主体之后是厨房、仓储、杂物间等四面围合的天井院。侧面
三层为晒楼。主屋后面的厦屋也是三间两搭厢，朝向与主体相垂直，可
是供伙计们住的。主体屋前厢房的“护净”及“退步”的隔扇，雕刻都
为精美。“退步”隔扇的格心上还有雕着仕女人物的开光盒子。正房二
的中央，还有座祖宗神橱，神橱像个小小的建筑模型，玲珑剔透，工艺
为精美。

“九世同居”是徽州民居建筑木雕常用的题材之一，取典于明代
江浦江的郑义门，九代不析炊。据光绪版《婺源县志》记载，明代理坑
余准，“少孤，事母孝，及长，有志圣贤性命之学，仿浦阳郑氏家法立
七章，世为子孙守”。由此可见郑义门事迹经余准仿效，在理坑影响
大。该屋前堂梁枋、雀替精刻戏剧人物造型，周围雕以龙凤松鹤、花卉
鱼。门、窗、护净均雕工精致。从屋内层层叠叠过分堆砌的雕饰来看，
屋不会是余准时期即明代的建筑原物。《婺源县志》又载，清代沱川有
座“五世同堂”，其一是余时履，“道光十年亲见七代，五世同堂”；

山阴知县的余懋孳，被授中书科中书舍人的余垣，曾任山西临县知县的余维枢，等等，可以说，明代是理坑人在理学追求上的“光明季”。

从明入清，理坑人继续在理学追求上孜孜不倦，直到清王朝覆灭。这期间，从理坑走出的著名人物有余先觉、余光耿、余绳武、余龙光、余嵩、余殿邦、余家鼎等，其中又以余龙光祖孙一脉为杰出代表。

除了前面提到的著名建筑外，理坑
云溪别墅，清道光年间建筑，国家
余启官，号云溪，早年在广东经营茶业
仕途，决心以商兼儒，还乡后在村中建
读，一举得中进士，终以光禄大夫。该
地约300平方米，全木结构，分前厅与后
院宽敞明亮，梁枋雕刻精美，环境幽雅，
后人余纯烈，系著名簪缨仕女画家，笔
要多，又兼生性风流，先后纳妾七房，
香，风流倜傥。

大夫第，明万历年间东粤提举余世
大木构架保存尚好，楼上有五挑的插拱，
刻作鳌鱼喷水，水注宛转回还，造型流
正在修葺中。

小姐楼，是一个完全的天井式四合
一条夹弄，后檐墙临街开门，进门就是
弄与次间之间用雕花隔扇相隔，堂屋的

定得清楚细致，再也没有突然冒出来的苛捐杂税了，湘阴境内一片安宁祥和。

明代崇祯年间，天下并不太平，外扰内困，“时方多事，廷臣议加楚饷，湘一邑增赋至四千馀缗”。余自怡反对按人头摊派，坚持按田亩计税，从而使湖南新增的税收减少了一半，三湘大地的百姓都受其福泽。

后来，余自怡出任广州知府。广州一带是出产珠贝的地方，自然是富庶之地。但余自怡率先垂范，厉行勤俭节约，他“清冤狱，绝请托，严武备，饬文治”，使官府一改之前的奢靡之风，廉政为民，办事高效，社会经济繁荣，百姓称颂不已。广东沿海一带经常有海盗骚扰，余自怡就想方设法加强军备，打击海盗，保护百姓。他任广州知府的那几年，政绩突出。就在朝廷准备提拔重用时，他却积劳成疾，殉职于任上，年仅46岁。

余自怡一生清洁廉明，死后身无资产，还是他的同僚们凑钱帮着入殓殡葬的。广州百姓对他十分景仰，在学宫里设了余自怡的木主神牌，祭拜不断。余自怡的著作有《鲁瞻文集》《经书疑义》《三教测》《三才蠡测》《浔关杂咏》《星槎集》等。

尚书第，明万历间工部尚书余懋学府第。国家重点文物保护单位。尚书第现仅存一座三间五楼式的青砖牌楼门头，1983年遭火灾后改建。鱼池还在，但花园已变为菜园。现尚存的牌楼较朴素，凹凸大，雕刻很少且稚拙简朴，构图作散点式，没有明显的层次感，灵芝砖拱下镂如意，中央的花枋处浅刻“尚书第”三字，显是明代建筑无疑。据载，色泽鲜红、头小尾短、背高体宽、腹圆肥厚、形似荷包的“水中瑰宝”婺源荷包红鲤鱼，就是因余懋学而传入婺源的。

余懋学（1539—1598），字行之。他自小聪慧，读书过目成诵，16岁中秀才，24岁中进士。他在江西抚州担任推官，断案如神，非常有威望，当地百姓对他很敬重。不久调入京城，升任南京户科给事中。

余懋学素以“直节”著称，为官一任，建章立制，裁减经费，节约开支，可谓丹心赤诚。但为此也得罪了那些一贯冒领和滥用官银的官宦，这些官宦怀恨在心，千方百计地中伤余懋学。万历二十一年（1593），时年55岁的余懋学不得不辞官回乡。回乡之后，他闭门著书，或与志同道合

10

11

12

8. 快乐的理源河小桥
9. 理源河溪埠
10. 木雕楼
11. 雕花门扇
12. 休闲的天心桥

13. 天官上卿
14. 小姐楼
15. 云溪别墅
16. 荷叶形窗楣
17. 宝瓶形漏窗

13

14

徽州古村落

18. 木雕退步
19. 20. 21. 雕花门扇

隔扇均可拆卸。太师壁紧贴
见。二层楼在天井四周都向
巧的挂落，花枋以上的槛墙
为华丽。天井地面用小卵石
合头的前面是个花园，有两
部装有细木隔扇窗，正中间
花或雪梨。左右两间槛墙外
枋，也都雕刻得很饱满。明
头相顾，造型生动。彩凤下
有花园，显然当初是个客
楼”，想必是当地的习惯，
向花园或小院的，都被称作

九世同居楼，本名“诒
第，系理坑村木板雕饰最为
饰，房梁之下有雕刻精致的
两只狮子上还重叠雕出和合
骑门梁中央有一个开光盒子，

18

徽州古村落

22

二是余培仁，“同治十年寿八十有九，亲见七代，五世同堂，请旌建坊”。“九世同居”楼可能与上述其中某一位有关，系为祝寿而建，且用“郑义门”为典实。

花厅，其正名是“三省堂”，取义于孔子《论语》“吾日三省吾身”，建于明末，占地约800平方米。此屋原主人为余万和，明崇祯间官商，在广州开纺织行“万和江号”，其丝绸远销海外。花厅把苏州园林和北京四合院的建筑风格糅合在一起，门楼为石库门，砖雕有“如意”“双龙戏灵芝”等，十分考究、精美。内部为回廊式格局，并建有走马楼，木雕、石雕亦很精致。

23

川东甲第，典型明代建筑。占地约300平方米，原屋主不可考。此屋坐西朝东，正对着朱原峰。大门门楼俗称“故宫楼”，全木结构，如五指伸开，自上而下，层层飞檐呈八字形展开。

理学渊源，清末建筑，占地约400平方米。原屋主为余道生，建于光绪七年（1881）。此屋的特别处，是其门楼上方镶嵌石碑一方，碑文由“钦命礼兵两部侍郎、前安徽学政、都察院副御史、巡抚陕西湖北等处地方，提督军务兼理粮饷邵亨豫”题写。碑文历述了余道生、余华、余元遴祖孙三代的官职和恩宠荣耀。如此“明目张胆”地把自己“家底”亮于外者，笔者在婺源乡村行走所见，仅见一例。

崇德堂，建于清代嘉庆年间。该建筑高大气派，窗户上方饰有荷叶形窗楣。屋内天井下置一大鱼缸，承接天水，经年不腐。门楼前摆放着一

24

对形制古朴的旗杆石墩。诸多建筑特别处，显示出原主人余启官先商后儒再官的人生历程。

鱼塘屋，在村落前沿，滨河路北侧，共有六幢。东边的三幢很小，正屋三间结构，有楼；左前侧有一间敞厅，无楼，底层平面因而呈曲尺形。进门便是敞厅，敞厅和正屋明间临水做美人靠。敞厅右边是一方石砌

22. 秋熟理坑
23. 崇德堂
24. “画下来”

25

26

27

25. 理坑全景
26. 巷道
27. “照下来”

的鱼塘，塘内水从前面溪中引入，塘边有石级挑出池壁，经石级可下到水面。鱼塘前面有一小的条形花坛，种南天竺之类。房子没有一般住宅必有的后杂院。西边的三幢有很大的花园，除花木外，园中亦有鱼塘，两口方形，一口椭圆形，砌筑俱平整。傍池有三间花厅，无楼，装修精致。这六幢房子，村民俗称“鱼塘屋”，真名不可考，疑是“学堂屋”的讹传，并可判断是昔日文人学士的读书雅会之所。

理坑村众多的明清古建筑，是理坑昔日辉煌的物证。因为有了它们，就像家里有了压箱底的宝物，主人自然有了底气。理坑，曾经因理学的辉煌而辉煌，又因理学的式微而式微。但物换星移时过境迁，理坑终于在进入21世纪后迎来了它的“第二春”——随着旅游业的兴起，理坑声名鹊起，来自全国各地的美院师生，每逢节假日，就如过江之鲫般汇聚到理坑来写生，“写生经济”已经成为理坑人经济生活的一大支柱。坐在巷道里的写生者密密麻麻，穿行在小道上的写生者络绎不绝，成为今日理坑的一道特别亮丽的风景——这恐怕是理坑的先辈们万万没有想到的吧？

（本文摄影：吴建平　方德才　徐天一　毕新丁）

Likeng

Likeng in Tuochuan, Wuyuan County, is an ancient village where the Yu Family gathered and lived for generations. Descendants of Yu family believed in Confucianism and were fond of learning; for generations they "read Zhu Zi's books, accepted his doctrines, followed his moral principles and obeyed his rules." Likeng, where the neo-Confucianism originated, had a glorious time since Ming Dynasty. A remote village as it was, accomplished people emerged in large numbers, getting famous for imperial examinations or writing books, such as Yu Xiang, Yu Ying, Yu Qiang, Yu Ao, Yu Shixian, etc. From the reign of Longqing to Wanli, Ming Dynasty, Yu Maoxue and Yu Maoheng who came out of Likeng bought the most glorious moment for this village. Since the end of Ming Dynasty till complete collapse of Qing Dynasty, villagers in Likeng continued their pursuit in neo-Confucianism. During this period, famous people like Yu Xianjue, Yu Guanggeng, Yu Shengwu, Yu Longguang, and Yu Song came out of Likeng, among which the most outstanding were Yu Longguang and his grandchildren. Entering Likeng, we can still find many historical sites, like Minister's Residence: Yu Maoxue's old house, Yu Maoheng's old residence, Yu Ziyi's old residence, Yu Weishu's old Residence: Sima Mansion, Yu Shirong's old residence: Dafu Mansion, etc. Throughout history, there have been 36 officials above the seventh rank, 16 successful candidates in the highest imperial examination, and 92 scholars or men of letters came from Likeng, altogether publishing 333 works in 582 volumes, among which 5 works in 78 volumes were listed in *Complete Library in the Four Branches of Literature*. There are more than 120 ancient constructions from Ming and Qing Dynasties preserved in the village, 5 of which were listed key national cultural protection sites. Likeng was named China's historic and cultural village in 2005. As we enter the 21st century, students from art academies all over the nation come to Likeng to draw, paint or sketch from nature, approximately 20 to 30 thousand each year, which brings a second spring to this ancient village.

（译：梅新慧）

虹关

文/毕新丁

自古至今，虹关村始终以她亘古未变的内涵，山高水长的存在，持久地散放出历史的静远与韵律。800年中，虹关人先是靠山吃山、种粮种茶聊以自给，继以盛产徽墨而名动天下。

1

2

1. 虹溪
2. “仓库”
3. 古道台阶（为方便行人推车，在同一侧台阶沿凿一小口，使台阶成坡道）
4. 通津桥

婺源浙岭头上，战国时期吴国与楚国的国界碑——“吴楚分源”碑已屹立了1 700多年。“国界碑”旁，是连接安徽徽州府与江西饶州府的徽饶古驿道。一条以村名命名的虹溪，为这条古道增添了几分灵动。吴楚界碑下，徽饶古道边，就是以制造徽墨名动天下的婺源虹关村。

在两晋“永嘉之乱”时，中国出现了第一次人口南迁高峰，许多士族渡江南下寻找能安身的“世外桃源”，此时来婺源定居的有九族。其中的詹氏作为北方的士族阶层，南渡时不仅举族而迁，而且带有众多的佃客和部曲（私家武装）。据《詹氏谱乘》记载：曾任南陈东阳郡赞治大夫的詹氏四十七世詹初是詹氏婺源始迁祖。

据说，在国家危难之时，詹初见后主陈叔宝仍在大建宫室，生活奢侈，不理朝政，不由得忧心忡忡。隋军南下时，后主仍自恃长江天险，不以为然。见陈国和陈后主都已无药可救，詹初便逃了出来，先歙县篁墩，后婺北庐源（今浙源乡庐坑村），后代再宋村，而虹关。在婺源，詹氏得以繁衍生息，遂成为婺源望族。

虹关《鸿溪詹氏宗谱》载：虹关初名“方村段”，最早在五代初期由方姓建村。据传，在虹关附近浙岭头茶亭因免费施茶而闻名的方婆（方婆，指五代时今婺源的一位方姓老妪。她在浙岭头茶亭设缸施茶于过往行人，分文不取。殁葬浙岭头，路人感其德，拾石堆冢，名为堆婆冢。有后人在茶亭挂“方婆遗风”茶旗，以示怀念）。就是这里方家的媳妇。北宋宣和二年（1120）徽州休宁方腊举行农民起义，被朝廷镇压，方氏村民受到歧视、排挤，方姓被迫外迁，方村段逐渐颓废。数年后，庐源詹氏黄隐公二十一世孙、当时居方村段附近宋村的有名的堪舆家詹同，发现颓废的方村段完全符合“枕山面水，河曲地宽”的八字择吉口诀，是理想的建居风水宝地，遂迁居于此。詹同始建虹关村时便有祥瑞之兆，遂改“方村段”为“虹瑞湾”，后又先后易名“鸿溪”“虹关”。

3

虹关虽然村基风水好，但也不是完美无缺。因此，始迁祖詹同定居后，族人便按“藏风得水”的要求，开始对村落风水有缺陷处培土筑堤、改水垒坝，或建造桥梁、亭阁、庙宇，或广植树木、挖渠引泉。这就是风水学上所谓的“障空补缺、引水补基”。詹氏迁居虹关不久，始迁祖詹同就过世了。后裔们根据詹同生前的遗愿，村里每添一男丁，就要挑十担土去填高湖山、大鄣山之间的风水缺陷。此后，子孙相继，经过几个世纪的努力，不但接通了高湖山、大鄣山之间的“龙脉”，还陆续建起了通津桥、平公堨、龙门堨，开通了长生水圳，培植了樟、桂、檀、楠树等，这些浩大工程逐渐完善了村落风水。

4

乡村是一个民族深埋于地下最古老的根，那里有民族记忆的基因。自古至今，虹关村始终以她亘古未变的内涵，山高水长的存在，持久地散放出历史的静远与韵律。800年中，虹关人先是靠山吃山、种粮种茶聊以自给，继以盛产徽墨而名动天下。

婺源制墨始于南唐，其墨属于徽墨范畴。宋代以后，沱川、虹关、岭脚等地村民世代经营婺墨，而婺源著名的墨坊

5

都集中在虹关。

虹关詹氏经多次迁徙才定居，是一个移民村落。虹关地狭人众，明代以后，随着人口的繁衍，其生产生活资料日趋缺乏。为谋生计，虹关人大量外出经商，并逐渐以经营造墨业为重点。在“重教兴学”环境中成长起来的虹关学子们，取仕不成则出门经商。明至清再到民国，有多少年轻人闯荡苏浙沪，参与开辟了称雄中国的徽州墨业。

这些有文化的墨商，都有一种高度的文化自觉。例如国学生詹广明，一个做墨业的生意人，却喜欢结交尊长与社会名流，在与他们的交往中，他时常爆出有关圣贤经义的论点名言，且一套一套的。这些名流长者若不是亲眼所见、亲耳所闻，都不相信一介生意人这么有文化。有文化、知礼仪、重诚信的商人想不发财都难，于是乎“誉益噪，而贸益隆”。因而，虹关墨业繁盛持续了近400年。

5. 晒台

6. 虹关村古宅的天际线

虹关的子孙们都承袭了造墨的基因。在中国历史上称雄几百年的“徽墨”商人中，虹关墨商是一支无可匹敌的劲旅。他们足踏江南苏、浙、沪的墨业大市场，手伸到北方的皇城根，创造了如“詹成圭”“詹大友”“世宝斋”“八宝药墨”等一个又一个不朽的徽墨品牌。

当时的长江中下游流传着“无徽不成镇”的说法。其实，“无徽不成镇”这句话还有后半句——“无婺不成帮”。这后半句用在虹关墨商身上再确切不过了。离开了虹关墨商，“徽墨”就缺了一角，不再完整。

明、清两朝，虹关是徽墨的主要产地之一，是最著名的“墨乡”，其生产量占婺墨产量的70%左右。1982年周绍良著《清代名墨谈丛》载

6

“婺源墨铺大约在百家以上，仅虹关詹氏一姓就有八十多家，在数量上远远超过歙县、休宁造墨家，在徽墨中是一大派别”。

虹关制墨起于何时，《鸿溪詹氏宗谱》中未见记载，但其祖辈早在明末即开始经营墨业却是有据可查的。虽然虹关詹氏家族以制墨、营墨闻名于世，是徽墨家族传承的典范，“然世间多遗漏了婺源……一些著述也绝少婺源墨品的记载”（林欢《清代婺源虹关詹氏制墨家族史概略》，见《徽州文博》2012/03期）。

清代詹真良等编修的《鸿溪詹氏宗谱》卷首《序》中，对詹元秀（1627—1703）生平经历有较多记述：詹氏第三十世詹元秀改进了技术，光大了家业。他往返于安徽、浙江、江苏一带做墨业生意，因其质量标准高，所售墨品从不与人讲价，用现代语言就是詹元秀拥有“定价权”，因此获利颇丰。

平
安

詹武龙（1652—1719）。北京故宫藏有詹武龙墨二锭：一为“钓璜”墨，一为“尚古”墨。詹武龙的墨锭朴实少文，为百姓和士人所喜爱。清康熙间他还制有“江汉朝宗”墨锭，邱学敏乾隆年刻本《百十二家墨录》中对此有记载。詹武龙是一个谦和厚重、友笃重义之人。其事迹还被收入县志。

詹鸣岐（1665—1737）。詹鸣岐为清初制墨家，墨品选烟精良，型制古朴端庄，雕镂浑茂流畅，文士视若珍宝。故宫藏有其“文华上瑞墨”。嘉庆十七年（1812），日本东瀛市河氏《米庵墨谈》中载有其墨品，足见其墨曾享誉日本。

詹方寰（1686—1769），国学生。詹方寰创“世宝斋”墨肆，其制作的墨世称“方寰墨”，其模制甚精，烟质亦细。虹关水口有“鲤鱼跳龙门”景。清乾隆初，詹方寰创制“龙门墨”曾畅销天下。故宫博物院收藏有詹方寰“壶中日月”墨。《米庵墨谈》中也记载了詹方寰的墨品。

詹成圭（1679—1765）。詹成圭在雍正年间侨居苏州，堂号“玉映堂”。他立足苏州进行墨的产、销，取得骄人业绩。詹成圭制的墨以做工华丽、技艺精湛而著称，一直受古今仕宦名人追捧。

詹子云（1682—1745），国学生。詹子云墨堂号“文鉴斋”。尝制“八宝药墨”“龙鱼”等墨锭，颇受人重视。詹子云制的墨不仅在国内士大夫阶层得到好评，而且在日本也颇有威望。康熙年间，日本人松井元泰曾远涉中国，向詹子云等徽墨名家请教制墨秘技。当代日本书法家宇野雪村、当代著名藏墨家周绍良等，都记述了詹子云的业墨事迹。

《鸿溪詹氏宗谱》，张絅伯(1885—1969)、张子高（1886—1976）、周绍良（1917—2005）、林欢等现、当代藏墨家的相关著作，以及《婺源虹关·中国历史文化名村申报文本》中，虹关有名有姓有业迹的墨业名家就有70多位。

清末以后，虹关詹氏制墨在社会变革的大潮中，全行业由凋敝到基本终结。比如洋务运动后，中国引进了西方自来水笔、铅笔与现代油墨业，给传统制墨业生存、发展带来了严重挑战。出生于1900年的詹沛霖，18岁就业上海墨行工作，是虹关村经营墨业的人群中头脑最灵光的人，他

8

9

7. 舞龙灯的彩灯
8. 9. 石雕

◀ 7

秉承了徽商敢为人先的豪气，审时度势，适时从营墨变身经营印刷材料。在资产日厚时又华丽转身，改营纸业，成为中外闻名的“纸头大王”。

自古虹关村高官不多，然而，墨商、官吏兼文人的三十五世詹应甲是一个例外。詹应甲，是虹关名墨家詹国淳之子，在1784年只不过是苏州一个公费资助的生员。那年乾隆南巡，他竟在皇帝面前献赋，乾隆一高兴，钦定他二等，不能说不是个奇迹。4年后詹应甲中举人，先后在湖北天门、远安、汉阳、汉川等县衙门当差。12年后升迁到汉阳知县，又过了21年，才升到了宜昌府通判、直隶州知州。詹应甲为官二十余载，廉明守法，政声卓著。天门有其督民修筑的“詹公堤”。有《赐绮堂集》《古愚诗抄》《省吾斋墨谱》《湘亭归省诗集》等著作行世。詹应甲卒后，时任湖广总督的林则徐为其题墓志铭曰：“南畿名邑数婺源，笃生人杰昭代繁；汪江朴学世钦重，才华惟郡脱篱藩。令一县，尹一州，大才小试殊优优，所谓伊人对松楸。”

所谓虹关高官不多，是指担任实职的高官不多。然而虹关人有钱，捐个大夫当当，实如探囊取物一样容易，如詹若鲁、詹胜专、詹同文等就是奉直大夫。《鸿溪詹氏宗谱》载詹同文“加捐布政司经加二级，诰授奉直大夫……”

10. 继志堂外观
11. 长人巷
12. 大有宅大成堂会客厅
13. 石雕

10

11

虹关这个古村落确实有点儿与众不同，除了盛产徽墨与徽墨名家，还出过世界最高的长人詹世钗。詹世钗（1841—1893），字玉轩，乳名五九，身高达十尺三寸（3.19米，比身高2.31米的美国芝加哥巨人桑迪·艾伦高出0.88米），是当时虹关人设在上海的“徽州玉映堂墨铺”的造墨工匠。

12

据设在墨尔本唐人街的澳华历史博物馆记载，1865年时，詹世钗在经商期间巧遇对他感兴趣的英国人，遂聘请世钗于英国伦敦出道表演，随后又于欧洲各国、美国和澳大利亚巡回演出，洋人称其为“中国巨人”（“Chang the Chinese Giant”），这同时也是他的艺名，世钗于各国巡回演出中见过世面，据称通晓多达十种西方语言。

13

与詹世钗相依为命的中国妻子早逝，后于1871年在造访澳大利亚期间，与悉尼公理会的来自英国利物浦的妇女凯瑟琳·桑特利（Catherine Santley，生于1847年6月）结婚，育有二子埃德温（Edwin，生于1877年，中国上海）和欧内斯特（Ernest，生于1879年，法国巴黎）。

1878年时，世钗从舞台上退休，尔后在英国英格兰的伯恩茅斯（Bournemouth）开了一间中国茶馆兼中国古董店“Oriental Bazaar”，出售中国茶叶、丝绸及青铜器等古董珍玩。1893年，第二任妻子也逝，4个月后（1893年11月5日），詹世钗卒于英格兰·伯恩茅斯，年仅52岁。

虹关有巨人事，从清代宣鼎《夜雨秋灯录》卷四《长人》篇可得到证实：“长人者，徽人，造墨为业。每出市上，小儿欢噪走逐之，呼曰‘长人来’。一日，西洋人遇之，以为奇，以多金聘之去。”

詹世钗一家可谓“长人之家”。民国《婺源县志·轶事》记载：清道光年间（1821—1850），虹关有一户主詹真重，字衡钧，出生未满月，体重达一钧（15公斤），俨然六岁童；成人后身躯高达八尺（即2.48米，按历代尺度变迁表，清每尺折合为0.31~0.32米）。詹真重生有五子，长子世钟，躯体如其父，有臂力，客游豫省时，军门见而奇之，特保举六品衔招至麾下效用；其四子即前面所说的詹世钗。

虹关如今还流传着许多长人轶事，如：长人读书写字的桌子，是一个2米高的大橱，橱顶配上一块桌面，人坐在高凳上，以橱为桌，读书写字。长人睡的床，是一张2米长的满顶床，将脚端床头板抽去，用一只大箱子接着搁脚。又如：咸丰十年（1860），太平军一部在皖南与清兵交战，先后路经虹关，村人为避战乱纷纷躲之，唯长人独立于自家堂前，太平军和清兵见如此高大之人，甚奇，均不敢冒犯，悄悄远离而去。

深藏于山重水复之间堪称徽墨世家的虹关詹氏，其墨业经营具有强烈的地域特色和家族色彩，经营墨业发财的虹关人不少，他们将利润流回家乡辟基拓产，大兴土木，光宗耀祖，使村内民居建筑蔚为大观。例如，虹关制墨业大亨詹成圭，他在苏州营墨致富后，便在家乡虹关为四个孙子每人建了一幢豪宅，分别是为长孙建的玉映堂，为次孙建的愿汝堂，为三孙建的留耕堂，为四孙建的虑得堂。

受封建制度影响，当时商人在社会中的地位是富而不贵，所以他们留下高大雄伟的宅子，聊以自慰。虹关墨商在村内所建豪宅现存的还有许多，如继志堂、礼和堂、丛是堂、务本堂、玉鉴堂、棣芳堂、笃庆堂等等，一座比一座豪华，一座比一座繁复，一座比一座气派。清一色四合结构，砖雕或石库门楼、仪门、三间四厢、走马楼，水磨青砖门面、花瓦门罩、翘角飞檐，一样不缺。占地面积最小的继志堂170平方米，占地面积最大的丛是堂达340平方米。

虹关的大宅是墨商们拥有巨额财富的物质见证。现存的这些大宅都有敞亮的天井，晴天，阳光明媚，清风徐来，家人围坐于天井之中，泡一壶婺绿香茶，茶香袅袅。就着暖阳清风，慢慢品饮，那是神仙一

14

15

样的日子；若是阴雨天，雨滴从天井四周落下，敲打着蓄水的大缸和青石地面，嘀哒作响，似乎在讲述着祖先创业的历程。

16

虹关现存古民居的装饰、门楼的砖雕及房屋梁坊上的木雕，也与徽墨密切相关。虹关做墨的作坊多与住宅相连，其古民居外观上与婺源县其他古村落民居风格大同小异。其独到之处是把墨模设计的雕刻技艺运用于木、砖、石材上，众多豪宅都可以从它们的雕刻装饰上看到许多墨模的画面，连梁枋上也散发出徽墨的清香，这是虹关明清古建筑有别于其他地方的一个显著特征。

17

虹关不但古建筑与墨业有关，村里的大街小巷也以墨为名，不愧有“墨乡”之称。如运墨的徽饶古道，以墨业名家命名的玉监堂巷、大有巷、斯美巷、子云巷、方寰巷、侔三巷、玉映堂巷等。每一条街巷的深处，都有虹关墨商的传奇。

在婺源乡村，以观音、公关、汪华、华佗塑像最为普遍，唯独虹关与众不同。在虹关村头徽饶古道旁，有一石造神龛。龛内有一尊立于明代洪武年间的晏子石雕坐像，村人称之为“晏公老爷”。不但逢年过节要进香朝拜，就连正月迎灯，都要专程到村头神龛前迎舞，请晏公老爷赏灯。明代结束了元代160多年统治，由同属安徽老乡的朱元璋坐了天下。虹关乃至婺源人分外珍惜这种安定的日子，盼望这种安定的日子能够天长日久，于是搬出春秋后期辅佐齐国三代国君的晏子，以期大明朝也有像晏子一样的睿智人物，长期辅佐朱元璋坐天下。

虹关立晏子石雕坐像之举，既有历史意义，又有现实意义。教育部把“晏子使楚”编入小学语文课本，与虹关“村头树人，水口树木”不谋

14. 长人詹世钗故居玉映堂门楼
15. 继志堂内部
16. 留耕堂
17. 老消防蓄水池

18. 春季的古村落

季

而合。这从一个侧面反映出虹关村对培养人才之高瞻远瞩与良苦用心。

读过私塾的人都知道，学堂里有“敬惜字纸”的废纸篓，师生写过字的纸，都是小心翼翼地揉成团，然后虔诚地轻轻放进字纸篓里。待篓满，先生就会将字纸送到指定地点焚烧。

虹关人不但在私塾“敬惜字纸”，就是百姓日常生活也有一套“敬惜字纸”的仪式。村口汪帝庙大院里有一个“敬惜字纸”的大炉子，村里每家都有一个写有“敬惜字纸”的小竹篓，家中但凡有废纸，都要放到这个竹篓里。每隔十天半月，就有人背着一个同样写着“敬惜字纸”的大竹篓，挨家挨户收集小竹篓里的废纸，统一到汪帝庙大院“敬惜字纸”的大炉子里焚烧，然后将纸灰倒入河中让水冲走，而不是拿纸灰去当肥料用。逢年过节，祭祖烧了写有字的包封，那纸灰也不会当肥料，也是要倒入河中。这体现了村民敬重圣贤，尊重文化的理念。人们说，糟蹋了字画会受到老天爷惩罚瞎眼睛。村里的盲人，常常由家人搀扶着到处去捡字纸，然后送到干净处烧掉，以求老天爷开恩，让自己重见光明。

如今想来，人们烧字纸除了对文化的敬畏，其实也包含着环保意识在里面。垃圾废纸的这种处理方式，也值得当代管理者探讨仿效。

虹关故事一箩筐，“国民党婺源县政府看‘晚报’”就是其中一个。

1949年新中国成立前，婺源县、休宁县都隶属安徽省屯溪市管辖。时婺源县虹关乡、休宁县溪口乡各有一个邮政所。婺源邮政，都通过安徽休宁溪口邮政所至婺源虹关邮政所这条邮路到达婺源县城。邮路上休宁县有处地方叫梓坞，分里梓坞、外梓坞两个村。1948年前后，里梓坞是解放军某支队驻地。

虹关当地人詹新泉是婺源虹关邮政所邮递员。他每天肩挑一担不超过60斤重的邮品，往返于虹关与休宁溪口村之间。70里山路，詹新泉每天一个来回。邮路要经过外梓坞村，驻扎在里梓坞的解放军，每天派人在外梓坞詹新泉经过的路上，借当天婺源县政府订的报纸到驻地阅看。第二天，把头一天借的报纸还给詹新泉，然后再借走当天的报纸。就这样，国民党婺源县政府收到的报纸，都是迟一天的“晚报”。

世界各国的“邮政法”都明确而严格规定，邮件在途运输不受检

20

21

19. 新春舞龙灯

20. 21. 村口古樟树

◀ 19

22. 虹关远眺

23

查、扣押……解放军与詹新泉有两条约定：一是只借公开发行的报纸，不借信函文件；二是借去的报纸保证连折迹都不变地完好归还。在近两年的时间里，双方都很默契地遵守这两条君子约定，直至屯溪市解放。

北方人喜欢在村边种槐树、杨树，婺源人则喜欢在村边植樟树。从祖宗选中住地开始，就在村庄周围种树栽樟，年复一年，代复一代，千年古樟在婺源随处皆见。因为樟树长寿，生命力强，四季长青，预示着村庄的兴旺。所以婺源人从爱樟，发展到崇樟、敬樟，直至将它神化。当地有小孩难养者，用红纸写上其生辰八字贴在樟树上，意为过继给樟树老爷即保平安。

由永济茶亭前行20余米，有棵硕大无比的千年古樟树屹然独立于溪畔。虹关詹氏始祖詹同迁入时，就对此荫宅之株“爱若甘棠，视同樛木”。如今古樟枝柯横斜，郁郁苍苍。其胸径3.4米，冠幅3亩许，有“江南第一樟”之誉。民国时，虹关人詹佩弦将古人吟咏虹关古樟的诗文，编成《古樟吟集》刊行，此诗文集共收录诗文50余首（篇）。一书专咏一树，这等雅事在全国也不多见。

今天的虹关，虽已不复往昔的辉煌，但历经数百年的风风雨雨，正焕发着古朴典雅的风采，让人迷醉……

（本文摄影：詹鸿生　徐天一）

23. 千年古樟

Hongguan

Opening the ancient map of warring states, we can find the boundary marker between Wu State and Chu State, the stone tablet with the engraving "Demarcation of Wu and Chu", which was destroyed and rebuilt repeatedly for more than 2,000 years. In the reign of Kangxi, Qing Dynasty, the famous Calligrapher Zhankui rewrote the four characters of "Demarcation of Wu and Chu", with vigorous strokes, each character weighing one thousand Jin. Hongguan Locates "at the head of Wu State and the end of Chu State" where dense forests grow on high mountains and people have little land for plantation. Therefore, going out to do business become one way out, which corresponds to the famous saying in Huizhou, "Deep mountains are not as remote as they seem to be, while little farmland may bring up many officials and businessmen." People who bought up in an atmosphere of regarding education as the first priority would try to seek an official career, or else go into business. From Ming to Qing Dynasties, and to the Republic of China, innumerable young people made a living wandering around Jiangsu, Zhejiang and Shanghai, taking part in building the brand of Huizhou Ink, which was then dominating in Chinese market. In history, the Zhan family in Hongguan was the most famous for making and trading Huizhou Ink, and had been taking the lead ever since the end of Ming Dynasty. Quantity may decide how high one can get; it is quality that decides the future. Hongguan Ink was favored in royal palace because of its refinement and delicacy, and among the people for its plain and practical effects. Among the 77 pieces of Zhan ink preserved in the Palace Museum in Beijing, 48 were made by the Zhan Family in Hongguan. As the Republic of China beset by enemies from within and without, and meanwhile, pens, pencils and printing ink were introduced into China, the ink production in Hongguan withered and finally drew to a close.

Many mansions built by ink businessmen are still preserved in Hongguan, such as Jizhi Hall, Lihe Hall, Congshi Hall, Wuben Hall, Yujian Hall, Difang Hall, Duqing Hall, etc. In front of the village is a thousand-year-old camphor tree whose diameter at breast height is 3.4 meters, and has a canopy of 2,000 square meters. It is called No.1 camphor tree in Jiangnan area and it is greeting visitors from home and abroad enthusiastically.

（译：梅新慧）

书声隐约出疏窗

岭下

文\陈朝曙

就是这个苏辙，历史在不经意间，让他子孙后代中的一支留在了安徽黄山脚下，又在不经意间，让他们人才辈出，从而使一个小小的地方星光灿烂，耀眼千里。这个地方，就是现在的安徽省黄山区永丰乡岭下村。

岭下在皖南中部、黄山北麓、太平湖北岸，现黄山市黄山区永丰乡境内，此地原名太平县泾阳乡。村民以苏姓为主，徽州人是讲究宗族源流的，这苏姓又是从何而来呢？他们可是宋代文豪苏辙的后裔。

在中国，凡是读书人都会知道宋代大文豪苏东坡，他的洒脱豪放和流传千古的诗篇，照亮了一代又一代文化人的心灵。由苏东坡，人们必然会想到那个写《六国论》，同样也是一代散文大家的他的弟弟苏辙，会想到他们俩生死相依的兄弟深情，想到那句哥哥思念弟弟所写下的“但愿人长久，千里共婵娟”的千古诗句。

1. 岭下村
2. 村庄一角（海宁学舍对面）

就是这个苏辙，历史在不经意间，让他子孙后代中的一支留在了安徽黄山脚下，又在不经意间，让他们人才辈出，从而使一个小小的地方星光灿烂，耀眼千里。

这个地方，就是现在的安徽省黄山区永丰乡岭下村。

苏辙早年曾当过安徽省绩溪县的县令，这也许就是四川眉山苏氏家族最早与皖南的缘分。苏辙在年老的时候，无辜被沦为元祐党人，昏庸的皇权使

1

2

这个天才家族的子弟无法苟活于世，不久就在北宋末期的混乱动荡之中去世。但是，谁也没有想到他的苦难却是子孙后代的福泽，到了南宋建炎皇帝赵构掌权时期（1127—1163），元祐党人得到平反昭雪。苏辙的曾孙苏继芳因此而受到朝廷的惠顾，沐浴皇恩，钦赐为乡贡进士，并被派往安徽，做了铜陵县的县令。

南宋是一个乱世，金兵的铁蹄长驱直入，本来就无心为官的苏继芳，在县令的位置上待了四年，早就想回到四川眉山老家，过那种耕读相伴的田园生活。现在眼看金兵就要打过长江，他便携一家老小急急踏上归乡的旅途，从安徽到江西，到湖北，归乡的心情异常迫切。但是，故乡愈来愈近的时候，却发现金兵与宋军的主战场正是三峡天险的入口处。焦虑万分的苏继芳只能藏匿一隅，作无望的等待。时间一久，宋军溃败的迹象显露无遗，苏继芳才明白，已无法再回到故乡去了，故乡已被战争阻隔在遥远的地方。在兵荒马乱之中，他又想到了皖南的崇山峻岭，在铜陵当县令的四年，他对皖南

3. 珠溪河穿村而过

4

的山山水水有了好感，那里山高林密，地广人稀，历来是兵家不争之地，也只有这些地方才能躲过金兵强大的马队。于是，苏继芳带着一家老小又一次顺江而下，在安徽的贵池重新上岸，然后往南走，往皖南腹地山高林密的地方走。从贵池到青阳，再到太平。进入太平的地界后，就真正地进入大山里面了。

有一天，他们走到一座高高的大岭上，挑夫的扁担突然断了，他们只有停下来休息。这时候向周围的山峦一望，他们眼前一亮——山形地势，似乎一点也不陌生，仔细一想，才发现这里竟有与四川老家的峨眉山差不多的样子。如此相像真让人喜出望外，亲切感也油然而生。既然挑夫的扁担突然断裂，看来这是天意，苏继芳立即意识到这是一个理想的栖息地和避难所。

既然是天授神意，居之必吉，那么，就叫“必吉岭”好了，由此，必吉岭之名应运而生。

他们驻扎下来以后，开始了拓荒者的生活：搭建山棚，开荒辟地，劳作耕耘。物质的匮乏使生存变得异常艰难，但是，人的顽强生存力使他们毫不气馁，毫无怨言，信心百倍地与大自然做毫不妥协的抗争。

落地生根，繁衍生息。

这不是传说的故事，在《苏氏族谱》中有详细的记载。在嘉庆时期所修的《太平县志》，人物栏的隐逸篇中，也记载了苏继芳弃官隐逸岭下的历史。

从那时开始，越过元朝，到了明初，经过一代又一代人的不懈努力，苏氏血脉从小家庭到大家庭，渐渐衍变成了一个家族，必吉岭这个弹丸之地再也容纳不下快速增长的人丁，必须要分支，要迁居。

岭下在必吉岭西侧的山下。

明朝初期，苏继芳的后代苏显荣一支迁到了岭下，在这里建立村子，随口把这里叫作“岭下”，意思再清楚不过了，就是必吉岭之下，这个名字一直沿用至今。后来这里人丁兴旺、人才辈出的时候，岭下这个简陋的名称也没有雅化，人们仍只是称其为“岭下苏家”。

根据家谱的记载，到了苏显荣这一辈，家里有兄弟十人，必吉岭上

4. 老山道
5. 村庄远景

建立的村庄已难以容纳下众多的人口，必须要分支出来，要迁居他地。分支的时候，把十兄弟称为十甲，苏显荣排行老六，称为六甲，他选择的迁居地就是必吉岭西侧的山下。据说苏显荣是最早迁居出来的，因为儿子要外出上学，往返很不方便，他便决定搬到山下居住。当时，山下面是一片茂密的原始松树林，常有大群的白鹤飞翔其间。若干年后，人口多了起来，村庄发达了，他们建立了一个祭祀和议事的地方，也就是祠堂，就把它叫作“松鹤堂”。后来，松树砍伐了，白鹤也飞走了，村中的人只能把它叫作“六甲祠堂”。

苏显荣的其他兄弟，三甲和八甲留在必吉岭上，取名为“岭上”；二甲、四甲、五甲、七甲则迁往相距不远的石埭县的广阳、乌石、夏村（现均属黄山区）等地，因此，后来也就有“岭上苏家”“岭下苏家”“广阳苏家”等名称之分。

新的村庄建立起来以后，按照当时社会文化的要求，尤其是受宋代大儒朱熹的宗族伦理思想的影响，必须建立严格的宗族制度来管理村庄。宗族制度包括大量的家法族规，如“敦孝友”“笃人伦”“睦宗族”“勤生业”“节财用”“重家学”“守法度”等，用来规范族人的行为和思想。苏氏家族承继祖先的风范，重教兴学，耕读相伴，这使得家族中子弟拥有文化和思想又能诗善艺者大有人在，从而保持了家族向前发展的内在动力。

岭下村有三条路通向外面，一条是沿着村庄的河流往村后的西北角，走过五里缓慢上坡的石板路，到达泥田岭，过岭即为青阳县的地界，下岭十里即到青阳县的陵阳镇。上个世纪八十年代以前，岭下村和杜家村的居民平常赶集、逢年过节上街采办货物均是翻泥田岭到陵阳镇。这比到隔了一个太平湖的太平县城甘棠要近得多。上泥田岭的途中，路右边的来龙山上有处地方，叫松川，这里有瀑布和深潭，并建有凉亭，环境清幽，引人入胜，历来被苏村人当作名胜之地加以歌咏。松川的上方有一条石板路沿山而上，到必吉岭上的五福庙，

5

或者从村前对面的凤形山上斜岭而至五福庙，过五福庙再上去即到岭上苏村，从岭上苏村出山，可到青阳县的东堡乡。这是岭下与外界联系的第二条路，往昔岭下村的人外出经商均从这两条路到达铜陵的大通，从而进入长江水域。第三条路是沿着河流向南，出村口五里即到杜家村，从杜家村出去可到太平、石埭等地。这些通往外面的路每隔几里就有一座白色的亭子，里面常常置放茶水，供过路的人休息饮用。这种凉亭分两种，能够放七乘滑竿的叫长亭，能够放三乘滑竿的叫短亭。

五福庙又称“五猖庙”，是一座非常神奇的石庙，现在属国家级保护文物。此庙有两奇，一是在高山之巅，四周围皆远离村庄；二是全石结构，没有一根木头和瓦片，全是石墙、石柱、石梁、石瓦。

岭下的兴旺发达离不开维系生命的水资源，泥田岭、来龙山、松川等地流出的山体之水流入山坳里，渐渐汇聚成一条河，叫珠溪河，这条小河蜿蜒流过村庄，除山洪暴发的季节，平常河水流速缓慢，且长年水流不断。水中有砂有石，清澈晶莹，有鱼群嬉戏。

在岭下村的村口，曾有五座高大巍峨的石牌坊耸立于道旁，牌坊上分别镶嵌“流芳千古”“表正伦常”“冰清玉洁”“德协坤贞”“光争日月”的石匾。可惜的是这五座牌坊在“文革”中全部拆毁，石材用去修筑水库。（2012年底在文化部门的动议下，从水库底下将原来的石材取出，准备重新修复这五座牌坊。）从牌坊处北望村庄，群山环绕，古木森森，与南面水口共同形成一个天然圈椅，聚气生财。村口曾有一亩丹桂，每到深秋时节，十里飘香。

6

7

岭下苏村作为一位文化名人后代的居住地，在清末民初的时候，人才辈出，大放异彩，除了名扬海内外的文学家、中国文坛大师级的人物苏雪林外，其他人物还有：苏式敬，清浙江布政使司、盐运使；苏成美，号苏百万，经商，业资百万，商号遍布各地；苏锦霞，清浙江瑞安、兰溪、钱塘等地知县；苏俊，举人，清安徽宿松县教谕；苏文卿，清河南巩县知县，父苏成美逝后，辞官承接父业，成第二代苏百万；苏锡岱，民国初南京总商会会长；苏锡第，清举人，北洋时期财政部次长；苏文选，清举人（与苏锡第叔侄同科），民国初国会议员。

当苏显荣在岭下建立村庄的时候，另一个显赫姓氏的族人也迁居到离它仅五里的卓村建立了村庄，这便是杜家村。珠溪河向南流淌五里即到杜家村的村前。杜氏族人是晚唐诗人杜荀鹤的后代。杜荀鹤是大诗人杜牧的第二个儿子，他选择了贵池的长林贡溪这个山清水美的地方作为繁衍之地，果然人丁兴旺。这个地方后来隶属石埭县。至宋代有一支迁往太平的谭家桥等地，在明初的时候，始迁至卓村定居。

在杜荀鹤的后代中，有当过南宋吏部尚书的杜道一和南宋杭州太守的杜和卿，这是一个非常显赫的家族。他们迁居卓村以后，迅速发展，到明代的中后期，杜家村文风兴盛，族人杜质（字惟诚）曾是阳明学派大儒王龙溪的弟子，他和族人在村口珠溪河对岸的九龙岩建立明道堂，后改为九龙会，聚集附近的儒学弟子，研习儒经，切磋学问。并数次邀请王龙溪前来讲学。据史料记载，学林儒士、农工商贾皆蜂拥而至，前来听学的有三百多人，学风之盛，无可比拟。

村口现在依然保存完好的希贤桥，便是当时为方便前往明道堂而修建的。“希贤”二字来自于王龙溪的《书太平九龙会籍》一文，文中说 “（士子作为士农工商之首）应以希贤希圣为实学，以万物一体为实功，以明德新民为要务”。受王龙溪阳明哲学的影响，杜氏族人中人才辈出，一批硕学鸿儒，精进学问，成果斐然，一大批学术专著刊刻行世。

岭下苏村与杜家村毗邻而居，两大家族相互影响，他们的身上都流淌着唐宋时期灿烂文化的血脉。他们和睦相处，历代通婚，要么是苏家的姑娘嫁到杜家，要么是苏家的小伙子娶了杜家的姑娘。苏雪林（1897—1999，原名

8

6. 河边浣衣
7. 杜鹃花
8. 望月岭青山塔

9

苏小梅，作家、文学家）在她的作品中多次写到的贤惠善良并令其终生思恋的母亲杜浣晴就是杜家村人。

杜家村留下的古迹除希贤桥外，还有村外面青山口望月岭上的青山塔，它是杜家村的镇风之塔，建于明朝的弘治年间，塔身五层，高16.7米，直径2.23米，是传统的内室阁楼式，第一层南北相对两个门洞，其余均开三个窗口，塔内楼板、楼梯都是木制。登此塔，可一览周围的佳山秀水，它是黄山区现存最早的古塔。

在近代的杜氏族人中最著名的是杜冠英，他在晚清中法战争的镇海保卫战中立下汗马功劳，官至道员，获赠三品衔的殊荣。我国唯一的海防纪念馆——宁波镇海口海防历史纪念馆中，有杜冠英的蜡塑雕像和事迹展示，他作为一位令人景仰的民族英雄而永载史册。他在故乡杜家村的居所名叫“希范堂”，其仿照皇家建筑，三进三开间，左右有众多厢房，砖木结构，高大巍峨，气宇轩昂。厅堂宽敞明亮，正中高悬“希范堂”匾额，紫檀、红木家具摆放两边，十分雅致；隔扇腰板均刻写至理名言，十分罕见；屋后花园，分布假山水池，竹木扶疏，别致恬适。整个故居构造凝重古朴，雕刻精细，虽经漫长的历史风雨，古貌犹存，风景如旧，为黄山区仅存的一幢清代民间官邸，是安徽省文物保护单位。

10

11

如果没有海宁学舍，岭下在人们心中的形象必然大打折扣。有了它，人们就会相信从小能在这样一个优美的学舍里受教育，长大以后必然是大师级的人物。

它是一幢二层结构的小楼，由于设计上融入了西洋风格的元素，使它在一片白墙黛瓦、风檐翘角的徽派建筑中显得格外引人注目。在它刚刚建起来的时候，苏村人就把它叫作“小洋楼”，它的前面是珠溪河上游的松川溪，后面就是崇善堂，门前有两棵桂花树，小院子里有一棵紫薇，春天的时候，紫薇开出满树的红花，像一团火一样地燃出院墙之外。

“海宁学舍”四个字，是民国时期安徽省长马振宪（马联甲）于1924年题写的。

除了外观的洋气、不同凡俗外，它的内里只有三开间，而且都很小，每间只有几个平方米，上了木板阁楼，前面一厅，一窗面对山川；后面一厅，就像是小姐的卧房，一头放一张床铺，一头摆一个大书橱，中间后窗下放一张书桌；前厅与后厅用镂花雕窗隔开，后窗面对村庄。这样的结构让人立刻联想到，一位聪明伶俐才气逼人的小姐，坐在前面的窗前，面对窗下的流水和佳木葱郁的山林，纤指弄琴，一缕缕悠扬的琴声，飘然而出，随清澈的河水流淌，润漫在山林之中。然后，她又回到后面，坐在后窗前，按照老师的要求，做她的功课，或者背诵古文，偶尔赋诗作画……

12

13

9. 杜冠英故居（希范堂外墙与侧门）
10. 隔扇刻字腰板
11. 隔扇刻字腰板
12. 海宁学舍内院古紫薇树
13. 马振宪题写的舍名

14

15

这样精致、时髦的小洋楼似乎是专门为一位才女所修建，它的规模之小，好像只能让一二位闺秀容身其中，这让我们更有理由相信，苏雪林小时候就是这样在里面生活的。

非常幸运的是这幢小楼完整地保存了下来。在上个世纪六七十年代的那场浩劫中，在"破四旧"的风吹雨打中，未遭拆毁也算是一个奇迹。当年苏百万家族创造的商业辉煌已湮没在历史的云烟之中，而这幢小楼却屹立在珠溪河畔，为那个时代立此存照。它现在作为省级文物保护单位，已做了修缮和保护，成了岭下苏村的一个标志，一位文坛大师故乡的象征，一个文化意义上的美之所在，永远令人向往。

不过，苏雪林小时候并没有在这所小洋楼里读过书，她的成长和受教育与这所小洋楼关系不大。这幢小楼于1914年建成，这时候的苏雪林已经是一个十七岁的大姑娘了，刚刚随家人从安庆回到岭下。并未在这个新学堂里上过课。不过她对海宁学舍的感情很深，曾填词《青门引·题海宁学舍》：

"篱畔多黄菊，衬托秋光一幅。书声隐约出疏窗，村居何事，闲课儿童读。小园半亩青山曲，蔬果随时足。不羡人间肉味，新霜过后千畦绿。"

16

苏雪林的爷爷苏锦霞当年回到岭下，实际上所过的是贫穷的生活，但俭朴贫穷的生活却改变不了一个人崇尚教育的心志，在他日渐苍老健康半失的暮年，竟然下决心花费巨资以建学舍，可见他那百年大计教育为本的理念是多么执著。

岭下村的省级保护文物还有苏氏宗祠。

徽州人在经商致富以后，回到故乡，大兴土木，建祠堂、筑豪宅是他们一贯的作派。苏成美致富以后，回到故乡，与苏式敬共同为岭下村建立了一座崭新的苏氏宗祠，对村里人来说，修桥铺路，固然可志可奖，但更重要的还是要修建祠堂，没有祠堂，一个宗族就没有灵魂；没有祠堂，一个宗族就没有历史和传统；没有祠堂，一个宗族就没有凝聚力。现代社会的人们很难理解宗族制度下建祠堂的意义，也很难理解祠堂在当时人们心目中的位置。有祠堂的存在，就有一个小小王国的和谐与安宁，就有这个王国之中臣民们的光辉与荣耀。

17

与此同时，苏成美也建起了他自己的豪华巨宅“宝善堂”。名称取自古语“以善为宝”。体现了房子主人的人生理念和经营理念。苏式敬同时所建的耕礼堂，在建筑风格上以庄重和舒适为主，体现的是耕读相伴、诗书传家的精神，规模并不大，只有前堂、后堂和侧屋数间。宝善堂规模却要大得多，除大堂之外还有若干个小堂，皆是四水归堂的典型徽派风格，大小房间达九十九间之多，曲折连环，自成一体，人入宅内，虽有廊道连接，却如入迷宫，不知方向。内部结构异常复杂，却大而不乱，正像他后来建立起来的庞大的商业王国，从南到北，涉猎多个行业，却管理得井井有条。

一个人的故乡情结是令人难以理解的。

岭下村给当代人留下的最精彩的一幕是苏雪林以103岁的高龄从宝岛台湾回到故乡。1998年5月22日下午一点，年高104岁的苏雪林先生回到大陆参加安徽大学百年校庆，随后在5月27日，她坐在轮椅上回到阔别七十年的故乡永丰岭下村。回到故乡的激动，让她似乎陷入了极度复杂的情感之中，在当年结婚的房间里，她长时间默坐，最后竟说：“这是我的家，我不走了。”让在场的人潸然泪下。

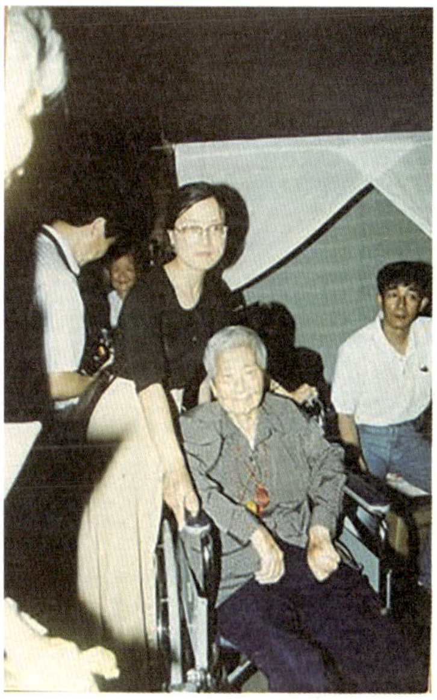

18

14. 苏氏宗祠大门
15. 剥笋衣
16. 苏雪林结婚使用的荆乐堂
17. 海宁学舍临河的一面
18. 苏雪林回到故乡在当年的婚房

19

20

19. 苏雪林墓
20. 墓前台阶

从故乡岭下村出来后，她还上了黄山，创百岁老人上黄山的纪录。

1999年4月21日下午3时零5分，在台南成功大学的附属医院里，了却了桑梓深情的苏雪林走完了她104岁的漫长人生旅程，驾鹤西去。根据她生前的遗嘱，骨灰运回故乡岭下，安葬在母亲墓旁。1999年8月，跟随她的唐亦男教授和台湾的其他教授及专家，护送她的骨灰到达黄山区。墓地位于岭下村对面斜岭下的凤形山上，墓台周围的栏杆为白色大理石，墓碑是青石，正面镌刻“苏雪林教授之墓”，背面是用隶书竖写的“棘心不死绿天永存”两行八个大字。墓碑旁边是一块石制匾额，上书“流芳千古”四个字。这块匾额原是从村前的牌坊上拆下来的，现在用在苏雪林的墓地，是再恰当不过的了。

岭下村是苏雪林成长的起点，曾经是她坚决要离开的地方，然而也是她至死爱恋的地方，是她人生的终点。1939年苏雪林在她的散文中深情写道：“我深信我的母亲常在我身边，直到我最后一日。”现在她终于在漂泊了七十多年后回归到了母亲的身边，回到了故乡。

也就是在这一年，海宁学舍小院中的古紫薇树，在苏雪林回乡以后，迸发出新的生命力，夏日临近，古枝遒劲的树干上，绽放出满树美丽的花朵，一簇簇鲜艳的花儿争放在学舍的墙头，宛如一幅绝妙的画。它是为了迎接苏小梅魂归故里吗？

（本文摄影：吴建平　李素萍　方德才　李传玺）

Lingxia

Lingxia locates in Yongxiang Township, northern bank of Taiping lake, Huangshan District, Huangshan City, and is the hometown of Su Xuelin, who was a famous writer, scholar and professor in modern history. People surnamed Su in Lingxia are all descendants of Su Che, a great scholar in Song Dynasty, for example, Su Xuelin was a grandson of Su Che after 33 generations. In the early years of the Republic of China, Lingxia entered into a glorious period with talented people coming forward in multitudes. Besides Su Xuelin, Su Shijing, once the governor of Zhejiang province, Su Chengmei, a very wealthy businessman, Su Xidai, president of Nanjing's Chamber of Commerce, and Su Xidi, vice-minister of Ministry of Finance of Beiyang Government all came from Lingxia village. Two ancient constructions were entitled as cultural relic protection sites in Anhui province. They are Haining School House, designed in an authentic western style, and the magnificent Ancestral Hall of the Su Family. Beside Lingxia is another village called Dujia Village, where gathered descendants of the famous poet in Tang Dynasty, Du Xunhe. Young people from these two villages have been related by marriage for generations; therefore, Lingxia and Dujia village are really close. Du Guanying from Dujia Village was a national hero against French invaders in the reign of Guangxu, and his private residence "Xifan Hall" still exists and was also entitled as a cultural relic protection site in Anhui province. Su Xuelin migrated to Hong Kong and Taiwan after 1949, returned home in 1998 at the age of 103, died and was buried there afterwards.

（译：梅新慧）

别有天地非人间

查济

文/李传玺

755年春天，李白接受汪伦的邀请，来到了泾县桃花潭一带，在这里他写下著名诗篇《赠汪伦》。这期间，他还写了这样两首诗：『二人对酌山花开，一杯复杯尽开怀。我醉欲眠君莫笑，明朝有意抱琴来。』『问余何意栖碧山，笑而不答心自闲。桃花流水杳然去，别有天地非人间。』相传这两首就是李白在紧邻桃花潭的查济所作。

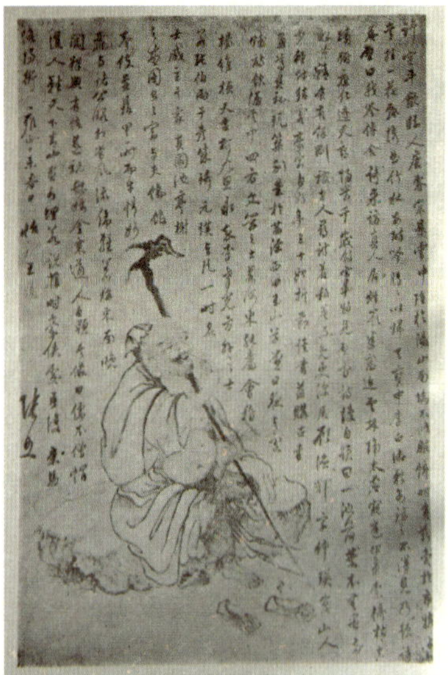

李白访歙县许宣平。此像为康熙进士、著名书画家张照绘。雍正十年怡亲王（允祥）题

1

2

3

唐天宝十二年（753），李白第三次来皖。这年秋后，他由砀山来到皖南，随后两年，他走遍了皖南的每一个县。755年春天，他接受汪伦的邀请，来到了泾县桃花潭一带，在这里他写下著名诗篇《赠汪伦》："李白乘舟将欲行，忽闻岸上踏歌声。桃花潭水深千尺，不及汪伦送我情。"也写下了这样两首诗："二人对酌山花开，一杯复杯尽开怀。我醉欲眠君莫笑，明朝有意抱琴来。""问余何意栖碧山，笑而不答心自闲。桃花流水杳然去，别有天地非人间。"

相传后两首就是李白在紧邻桃花潭的查济所作。得知李白来到桃花潭后，早闻李白大名，曾在朝中历任中书郎、校书郎，已退居故乡查济的查师模急忙邀请李白来此休栖几天。李白到查济后，查师模以当地美酒和"青山云雾茶"热情款待，并陪着李白四处赏玩。查济，这个太平湖畔的徽派古村落，因印着诗仙李白的足迹而自豪，也因此而充满了诗意。

查济那时已建村130年。查氏宗谱记载，查姓原是周朝伯禽的后代。周惠王（前676—前650）肇封查邑（今山东济阳），公元前314年周赧王姬延（号东安），改姬姓为查姓。如今查济一族则是查姓三十九世祖查文熙传下的。查文熙生于南朝陈宣帝太建初年（569），隋炀帝大业三年（607）明经及第，受封为天台宰，后任宣州刺史，唐朝建立后，又召兼任池州刺史，从此往返宣、池两地。有一次，他途经现查济一带，被这里秀美的山川所吸引，唐高祖武德八年（625）致仕后，便将家迁到了这里。查济村从此诞生。

由于查文熙是从中国最早的科举走上仕途的，所以查氏后人一直重视教育。在祠堂里，读书做官的，祖宗牌位靠前；习武经商的，牌位往往靠后。村里的孩子必须读书，学费由祠堂负责，有天资及考上秀才的学生，送到有名气的学校，由名家老师一对一培养，学费由家族负担。建于明万历五年（1577）的济阳家塾（又名"缉熙堂"）的"学规"与"学制"仍然被当今的教育家们所称颂，其"学规"为：学孝悌以重人伦，隆学校以端士习，黜异端以崇正学，讲法律以儆愚顽，训童子以禁非为，明礼让以厚风俗。其"学制"为：一要循序渐进，二是熟读精思，三读书以百遍为精，四学问之功全在讲贯，五写字务要庄重端楷。由此，自建村以

4

来，查济人丁兴旺，人才辈出，合族和谐，生活安康，百业繁盛，经济富庶。明清两代，出进士15名，翰林2名，举人55名。建有宅院近万座，人口号称10万，许溪两岸上下十余里，房屋鳞次栉比，有祠堂108座、庙宇108座、桥梁108座，村外有钟秀、平岭、巴山、石门四门，绕村有如松、青山、巴山三塔，附近黄山、九华山一带，也有查济人捐资修建的路亭。查济不仅闻名于皖南宣州、徽州，甚至名播全国。

当年查文熙何以看中这里？这里四周环山，山上有茂林修竹，中间为小盆地，适合开垦成良田，三条溪水——许溪、岑溪、石溪从山间蜿蜒而来，

5

1. 李白在徽州的画像
2. 溪边原水榭木柱的石臼
3. 溪中小水坝与顺水石条
4. 俯视德公厅屋
5. 许溪

6. 鸟瞰查济

7

8

9

10

7.8.9.溪上石桥
10.元隆桥
11.红楼桥
12.财神桥牌楼
13.桥上藤帘
14.溪畔洗濯

似乎给这里输送来无穷尽的生机与活力。根据中国古代风水学原理，选址必须背山面水，左右围护（背山是来龙，左右围护是青龙、白虎，前有池塘或河流，水前又有远山近丘相对应）。这里正是理想定居地，相信不仅可以让人在此修身养性，而且会带来种族繁荣。

查文熙的后代们开始沿着主溪许溪两岸构筑新居。但他们又不能忘了自己的根，既然祖籍是山东济阳，那就把溪左岸称为“济阳”，溪右岸根据自己的姓称之为“查村”，两处合起来，就是“查济”。

让我们沿着许溪走进查济！

由于是山中来水，自然清凉澄澈，同时带来山中大量细沙平铺于水底。细沙铺底的溪水让人产生一种舒缓的亲近感，细沙对水中杂质起到一种过滤作用，同时映衬出溪水的碧透，在阳光照射下，似乎有层层杳缈的金光从水底浮上来，即使在月明之夜，也有丝丝银光在水中摇曳。查济先人们在起屋造村时，肯定先集全族人对溪水两岸作了一番改造——两岸全用山石垒起作为岸墙，既防山洪暴发时对河岸的冲击以及可能带来的崩塌甚至改道，又方便岸边人行走，使两岸同整体建筑风格相协调，也使河岸显出一种别样的美。（这就是中国古代家族力量和优势的体现。）沿溪的道路大部分修在河北岸，中国人讲究朝阳，当然也是实际需要。试想，在冬天，下雪，上冻，河南岸的路肯定不好走。路中间用长条石铺就，每隔一段，会在岸边砌一长条石凳，供往来人休息；也会择一稍宽处，砌一道台阶伸向水边，好让岸边的人家走到水边洗涮。既然是山溪，必然有丰水期与枯水期，为了让丰水期水流通畅，枯水期有水可用，查济人对许溪还作了这样看似不经意的改造——石台阶处，你会看到有几根长条石横拦在水中，形成一道小石坝，围成一个小水潭，即使是枯水期，这里的水也是满满的。流水在小水潭里面轻轻打着旋，在溪流转弯处，以及这些小石栏的下方，你会看到总有几根长条石顺着水的流向，或护在岸边，或躺在下泻的水口，它们既挡水又引导水，即使丰水期，水也不至于使着性子肆虐。

有水必然有桥。如今三条河溪上仍然架着二三十座老桥，有名的18座，在许溪上的就有12座。这些桥的名字都很别致，如“富春”“培元”

11

"重经""义仓""麟趾""凤凰""红楼"等，有的是祝福、有的是希望，有的诗意盎然、有的意境深远。从造型上看，基本上分平桥与拱桥两种。平桥简洁，就是用长条石搭于两岸，窄的，直接担着；宽的，还会在河中间砌一桥墩。看徽州河中的桥墩，基本像一迎风破浪昂然前行的船，迎水方，稍稍昂起，前端呈尖状，便于分开水流，减轻桥墩对水的阻力；背水方，方方正正，显得非常稳重。拱桥就地取材，用当地的石头垒就，宽的，一个长长的弧，像长虹卧波；窄的，规规矩矩的半圆，倒映于水中，画出一个非常饱满的圆。这些桥的建筑看似简单，实则显出工匠们不凡的工艺。石石相扣，在没有水泥的那时，如果没有精确的计算，没有高超的打制手艺，建桥是难以想象的。由于这些桥都已经很有年头了，有的石头被风化形成了小小的罅隙，于是有小树长出，就着那么点泥土水汽，当然长不高，但也生机勃勃。有的长出了藤蔓，每到春天，向上的爬上了桥面，向着行人探头探脑；更多的是向下，一丝丝一条条向水面伸去，似乎为圆圆的桥洞挂上了一面绿帘。

我们来看看几座桥。

沿着许溪河南岸慢慢前行，你会看到一座小佛塔，八边形石柱，阴线条刻着佛陀坐在莲花上，看年代，竟然是嘉庆十五年十二月十七日。往前不远，一座石拱桥映入眼帘，这座桥的特别之处在于，上面砌了道典型徽式马头墙，墙上书写着"紫气东来"。北岸一棵大树稍稍向河中倾斜，浓密的树枝轻轻地笼罩着水面，极像一位慈母亲切地搂着自己的儿子；南岸紧挨着墙跨路盖了座二层木牌楼，转过去，马头墙正中和牌楼上层都修了座小神龛，供着财神，迎向东方。东方是太阳升起的地方，是阳气升腾的方向，它寄予着一村人一族人的希望，希望财运、希望生活一如春风一如

12

13

14

15

16

17

朝阳。这是“财神桥”。

由西向东的许溪河，流到扁官巷突然折向北，这是它在村中的第一个拐弯处，正对着扁官巷的是元隆桥。此桥是平石桥，本极普通，可南岸巷口的人家极不想让此处普通，北山墙离河岸已经很近了，这点空间还能有什么作用吗？主人心思灵巧，以长石条伸向河中，放上圆圆的石础，紧贴山墙建了半座小亭，因位处巷口，极易通风，夏日依在亭中靠河边的美人靠上，听着拐弯处溪水的絮语，看着沉入水中的星星，真有飘飘欲仙的感受。小亭基座同桥面相平，从远处望去，好像就盖在桥上，配上那屋檐流畅的下弧线，两侧向上翘起的亭角，亭角下挂着的红灯笼，有凌空欲飞之势。小亭让溪水拐弯处获得了点缀，让平常的石桥获得了灵魂。

查村最大的石桥是天申桥，它位于许溪河中游，是一座平拱桥，桥长10米，宽也10米，乍一看，方方正正，但在桥下仔细观察，你会发现，此桥实为两桥，中间相隔尺许，由于桥面相连，人们又称它为“双桥合璧”。此桥名来自《诗经》：“保右命之，自天申之，千禄百福，子孙千亿。”关于它的建造，有两种说法：其一是兄弟二人争相向母亲行孝，为方便年迈小脚的母亲出门，各自建造了一座桥，桥建好后，二人都希望母

18

亲走自己的桥。你们争什么呀，本是兄弟，连成一体不就行了，母亲如此教导，使两座桥并到了一起，后人看到此桥走上此桥，都会想起这位母亲的教导，兄弟同理连枝，更应该同心同德。另一种说法是从实用出发的，桥头是六世祖祠，由于临溪，前面空间小，不便于众人行走，不便于祭祀活动的开展，故而把两桥并到了一起。应该说后一种说法是对的，但我宁愿是前一种说法——它的教诲至今还有警示意义。

红楼桥也是查济一景，它的桥孔最圆，由于位处上游，地势较高，有人又说它的圆孔就是一个取景框，透过它的圆弧和垂下的缕缕绿丝，向下游看去，河水清澈，两岸爬满了绿萝，开着各色的花朵，河畔有人洗菜，有人担水，人们忙碌着，说笑着，一派祥和景象。既然能在桥头修半亭，为何不可在此修个亭？诧异间，桥头一座红楼映入眼帘，这桥名也由

19

15. 红楼
16. 天申桥
17. 宝瓶状漏窗
18. 紫气东来桥
19. 查济传统竹编

20

21

22

此而来。红楼有两层，呈方形，如今的下层是一家工艺品店，一位年轻的女子正用蒲草编着一把把精巧的团扇；二层是座方亭，为查济的制高点，放眼望去，座座民居错落有致，尽收眼底。如果说许溪河是一棵大树的主干，那么一条条小巷就是它繁茂的枝丫，深深的院落就是它沉甸甸的果实。

稍加观察，你就会发现，每座桥要不连接着两边的主要巷道，要不有座大宅矗立在桥头。中国人讲门向，大门不能正对着人家的屋角，更不能迎着大路，当然也包括街巷，那像一支“箭”，象征着凶恶。为此，必须避开它，办法就是把大门稍稍斜向旁边，或者在门前单砌一道照壁，把那邪恶之箭挡回去，实在不行，就在门头高挂一面镜子，叫作照妖镜。正因此，处在桥头或巷口的人家，其门向往往都不正，避免正对着桥头或巷口。既然查济历史上出了那么多人才，曾经那么兴盛，必然有许多豪门大宅隐于其中，现在还有哪些呢？凤翥堂、德公厅屋、宝公祠、二甲祠、翔义堂、洪公祠、爱日堂、叙伦堂等。鉴于徽民居总体格局的相似，这里我们重点细数几个有特色的。

去查济，不能不去德公厅屋，因为它是元末明初的建筑，年代既久，建筑格局还隐藏着主人的矛盾心结。它位于扁官巷内，门楼始建于元顺帝十年（1342），隔一个天井的厅屋，则是其后代在明初为纪念其父而建。门楼与其说是这座厅屋的大门，不如说是一座独立的牌坊。它是因元顺帝敕封永德公为“明羲官”而建造的。共有四层，下三层皆有精美的砖雕，第四层是皇帝御书“圣旨”（外对街巷）和“明羲官”（内对厅屋），下两层的砖雕在“文革”期间被毁，上两层的砖雕与御书，不知是因为红卫兵同志够不着，还是因为那“鲤鱼跳龙门”太过生动以及元朝皇帝的御书难得，心下不忍而幸免于难。厅屋不大，三间，外形也和普通民居差不多，但内里让人大开眼界，支撑它的竟是十六根楠木立柱！令人不解的是，其后代何以有如此财力，能藏着如此奢华？当地人考证，其四个儿子继廉、继善、继福、继和均为明初洪武时代的封疆大吏与重臣（广西兵备使、湖北按察使、两河漕运使、浙江按察使），他们既为其父曾经的受封而感到荣耀，一心想为此纪念，但又觉得那是前朝之事，若太过张扬，必然是对当朝皇上的不敬，特别是朱皇帝疑心特重，喜欢滥施淫威滥杀无辜，于是就来了这一个遮遮掩掩的做法——将牌坊改造成门楼，用金贵的木料构造外形普通的厅屋。元朝建筑在整个皖南甚至整个中国已不多见。或许就是这一楠木结构，让它得以穿越漫长时间，奇迹般留存至今。

走进查济，过了“凤翥堂”和“财神桥”，一座气势不凡的大祠矗立在河的南岸，这就是宝公祠。它始建于明仁宗洪熙年间（1425），是查济目前保存的最大的祠堂。大门是新修的，不见当年“颜色”，迈进大门，方见其美轮美奂。大梁上的大浮雕，既是木雕精品，又以其大而显出罕见之气度，几十根一人抱不过来的银杏木柱，让人震惊。其他古村落的祠堂以及大宅也都有精美三雕，但往往不会顾及柱础。这里的柱础，人称之为“石磉”，同木柱的规格相当，不仅大，而且雕刻着一幅幅精美的图

23

24

20. 二甲祠
21. 德公厅屋牌坊泥雕
22. 德公厅屋牌坊
23. 24. 宝公祠

25

26

27

28

25. 宝公祠飞檐翘角

26. 27. 28. 宝公祠内不同雕刻的柱础

29

30

31

案，构思精巧，工艺精细。国家文物协会会长，古建筑大师罗哲文先生说：“这里的石磉之大，雕刻之精，可与北京故宫的媲美。”祠堂分三进，用途与他处的基本一致，但其后进却突显了对教育的重视。后进是祖宗牌位所在，是合族人祭奠先人的地方，同它处祖宗牌位排列不同的是，这里采用了先读书科举后练武经商的顺序。更奇绝的是，一般二、三进之间天井均为水池，也都有护栏，但这里却于护栏处设立了美人靠，这在其他古建筑中是罕见的。何以如此？是建筑设计别出心裁吗？不是。后进的二楼上，往往把家族中读书优秀的子弟招来，请名师对其设“小灶”进行单独培养，这美人靠就是给那些子弟读书累了时用来休息的，或者让他们更轻松温书的。它们体现了家族对后代培养的苦心孤诣。

二甲祠，也是一座明代建筑，嘉靖四十四年（1565）修建。大门右侧一座跨路牌坊门楼，正面刻着“仁让坊”，反面刻着“瑞凝午道”；门前平行立着一座“四代一品”牌坊（已倒，仅剩坊脚）。两边的马头墙显得非常高峻，大门门楼木质结构，精雕着“空城计”等戏文图案，祠内也

32

33

34

是见木不见砖，清一色的木板屏风镶嵌祠内每个部落，有的屏风板上还写着当年祠堂的收支账目。这个祠的特色在于它的大门，两块大型汉白玉石鼓分立两侧，中间是一道高1.5米左右的“门塞”，这是一般人家所不具有的。据传，只有王府世家才能享有，有代表尚方宝剑之意，任何官员见到必须跪拜，且不能擅自进入。为什么二甲祠会有这般等级？这和它的名称以及前面那个“四代一品”牌坊是相关联的。此支族顺治年间出了个查曰炜，曾代皇上祭祖，钦赐“代驾王”及“帝简劳臣”的匾额；康熙年间又出个查之恺，曾任广东游击加都督衔，因屡立战功，被康熙封为“救驾王”，并赐建“四代一品”牌坊。正是因为一朝出了这样两个人物，所以才能享受“塞门”这般待遇。

叙伦堂，虽然也是村中的一个景点，但游者往往会忽略它。其实它也有很多值得大家关注的特别之处，它也是明代民居，但同徽州常见民居不同的是，首先，它不设马头墙，而是凤形墙，一道优美的波浪线，让它在众多陡折生硬的线条中，显得柔和亲切；其次在于它天井的建构与情调，本是一字天井的小院子，到了清代，可能是家中出了位诗人，也可能是为了方便进出，居然盖了座连廊，将前厅与门连接起来，于是天井变成了两个五平米见方的小庭院，拐角再栽上几盆蜡梅、绿竹等，夏季绿意盎然，冬天蜡梅吐蕊，既可以坐在厅堂、连廊享受悠悠清凉，也可以凭室内小窗欣赏雪中风骨，一道连廊，将朴素实用与诗情画意完美地结合在了一起。

29. 叙伦堂凤形马头墙
30. 糊有《申报》的老板壁
31. 卍字形砖壁
32. 钱纹腰板
33. 二甲祠瑞凝午道牌坊门楼
34. 二甲祠汉白玉石鼓

35

36

37

38

当年曾有诗人这样描绘查济："十里查村九里烟，三溪汇流万户间。祠庙亭台塔影下，小桥流水杏花天。"受太平天国战争的影响，到光绪末年，查济仅剩人口4 000余人。新中国成立后，1954年、1960年两次山洪冲毁了不少建筑。"文革"期间，拉倒牌坊18座，拆掉了70%以上的祠堂、厅屋。查济走到了近乎毁灭的边缘。改革开放后，随着人们对传统优秀文化的日益重视和关注，查济重新走进了人们的视野，经过抢救性保护与修复，如今的查济，仍然保有元明清建筑200多幢，祠堂5座，古庙3座，古桥30多座。花砖黛瓦、翘角飞檐、小桥流水，别有天地，再次吸引众多游客甚至学者、艺术家涌向这里。

35. 叙伦堂天井连廊
36. 熏黑的梁架
37. 寂寥的街巷
38. 翔义堂美人靠拱撑繁华木雕

（本文摄影：吴建平　方德才　李素萍　李传玺）

Zhaji

Zhaji locates about 60 kilometers to the southwest of Jingxian County, whose east is Taohua Pool, behind is Taiping Lake, and west are Yellow Mountain and Jiuhua Mountain. The famous poet Li Bai once wrote two poems for Zhaji, both among his best, which cannot be matched by any other ancient village. The long-praised school regulations and systems are a powerful driving force for Zhaji's prosperity. In Ming and Qing Dynasties, 15 successful candidates in the highest imperial examination, 2 members of the imperial academy, and 55 successful candidates in the imperial examination at the provincial level came out of the village, when back then there were almost 10,000 residences and 100,000 people. Along the two banks of Xu Rivulet, row upon row of houses stretched for several kilometers, with 108 ancestral halls, 108 temples, and 108 bridges. Up until now, more than 200 constructions from Ming and Qing Dynasties, 5 ancestral halls, 30 bridges are still standing in the village. Three rivulets, Xu, Cen and Shi converge and form Zhaji River, which winds through the village, and because of large fall of terrain, clean water pours down like a waterfall. Along the river many a stone bridges were built up and down and connect people together. These age-old bridges have lived through many changes, vines wrapping through them, which are very much like jade aching across the river and echo with gray bricks and black tiles from afar. In history, Zhaji gave birth to talented people from generation to generation, and accordingly, there are quite a lot of halls and mansions, among which some representatives are Fengzhu Hall, Degong's House, Baogong Ancestral Hall, Erjia Ancestral Hall, Xiangyi Hall, Honggong Ancestral Hall, Airi Hall, Xulun Hall, etc. Degong's House was built in Yuan Dynasty, which is rare in the South of Anhui Province, or even China. You couldn't help but exclaim at the consideration of transforming the memorial archway into a gateway, and the way of using precious timber to construct commonly-seen houses. The giant stone block in Baogong Ancestral Hall, the conspicuous door stopper in Erjia Ancestral Hall, and the wharf wall of Xulun Hall are all radiating unique charm. When you come to Zhaji, please slow your steps and pay attention to the flowery walls, gray bricks, overhanging eaves, bridges and rivulets, they are all exceedingly interesting.

（译：梅新慧）

附录：古徽州地图

Appendix: A Map of Ancient Huizhou

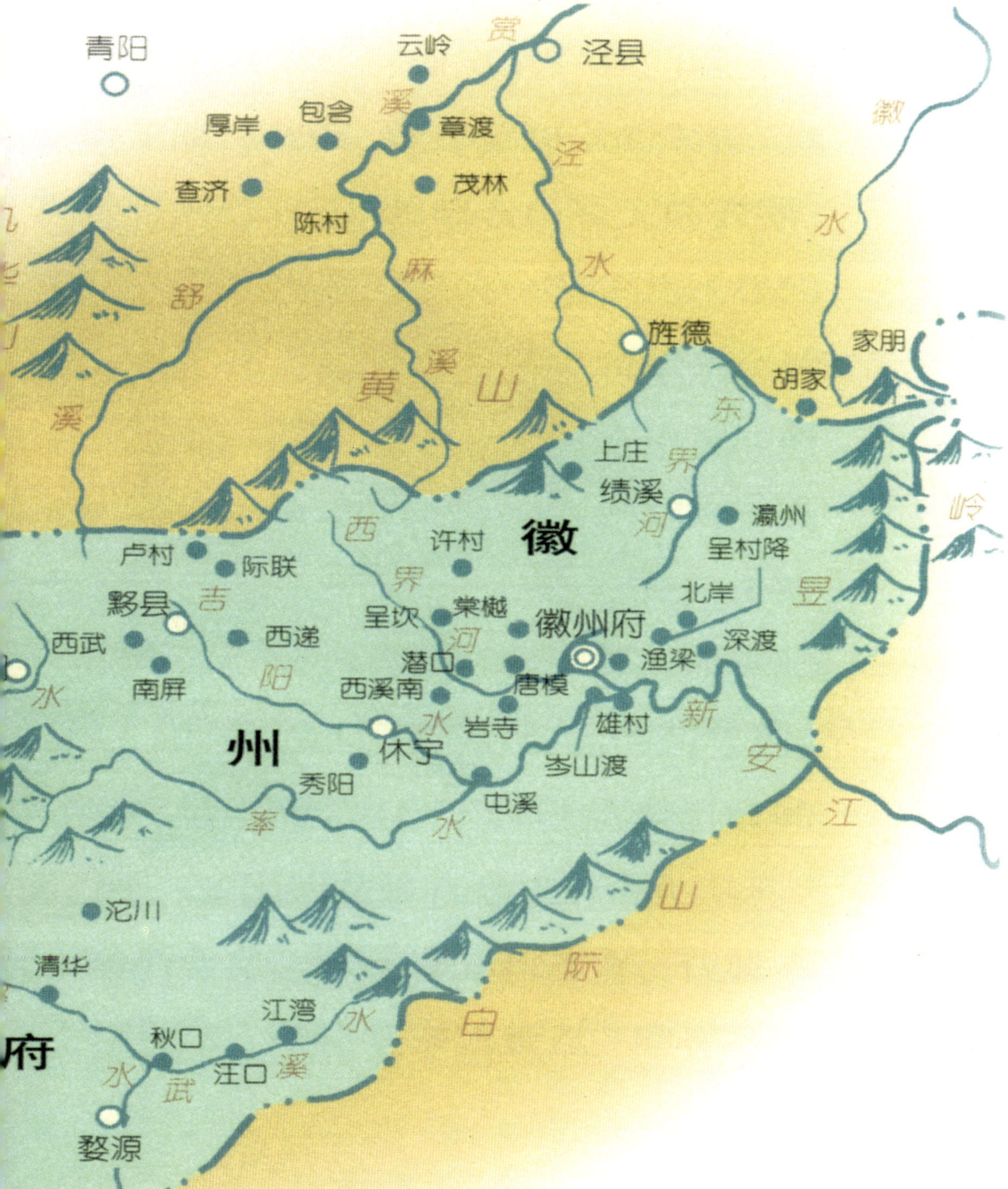
青阳
云岭
泾县
赏
溪
厚岸
包含
章渡
徽
泾
查济
茂林
陈村
水
舒
麻
水
溪
旌德
家朋
黄
山
胡家
东
上庄
界
绩溪
岭
西
许村
徽
瀛州
河
卢村
际联
界
呈村降
吉
北岸
昱
黟县
呈坎
棠樾
徽州府
西武
西递
河
深渡
潜口
渔梁
南屏
阳
西溪南
唐模
水
雄村
新
水
岩寺
州
休宁
岑山渡
安
秀阳
屯溪
率
江
水
山
沱川
际
清华
江湾
水
白
府
秋口
溪
汪口
水
武
婺源

后　记

去年3月，老朋友期源萍给我打电话，说想请我担纲编写《徽州古村落》一书，我心里一愣——怎么找我呀。她说，你以前不是写过一些这方面的文章吗？

是呀，但那是偶有所感信笔而至，这可是要系统梳理啊。

她让我考虑考虑。

考虑的结果，我决定答应下来。一方面这么多年我和爱人徐静跑了不少古村落，另一方面我们确实喜爱这个徽文化的“实体”。同时，我喜欢挑战自己，接受下来，也能逼迫自己更深入地走进徽民居，探寻其已经逐渐隐入历史背后的身影。

于是去年一年只要有时间我们一家就往徽州跑，清明、五一、中秋、十一，全泡在了徽州的古村落。

这本书便是去年走进徽州古村落的结晶。由于受时间的限制，我自己没能全部编写，请对此有研究的胡迟、雪女、徐静、陈朝曙、王金萍、毕新丁、汪发林等分担了一些编写任务，在此，对他们表示感谢。此外，还要感谢梅新慧、杨菁菁对本书所做的翻译工作。

在走进古村落的过程中，有三位老人家让我感动。呈坎的罗会定先生，已经七十多岁，仍然奔走在呈坎古迹保护修复的第一线，而“公家”每月仅仅支付他500多元的工资，他有怨但无悔。我们去时，他的讲解不仅让我对呈坎，对罗东舒先生祠有了更为深刻的理解，而且扫除了我一些关于古村落知识的盲点。虹关的詹庆德先生，是上海的大学老师，退休后回到故乡，一方面搜集整理古村落的史料，一方面给各地来的游客充当义务讲解员，正是他，引着我们走进了徽民居的“后堂”，使我对徽民居的格局有了更全面的直观感受。渚口的倪笃庆先生，从村支书的岗位退下来后，便致力于渚口的保护和利用，只要有人去游览参观，不论多忙，他总会跑来一一打开那些厚重的大门，给众人讲解指点，他还引着我去看了一些散落在村中各个角落的珍贵遗存。他们本该安享晚年了，可是仍然在为古村落奔忙，他们的精神着实令人钦佩。在本书出版之时，我向他们表示感谢，更祝愿他们健康长寿！

我的几位摄影家朋友吴建平、方德才、李素萍、殷娅等，不计经费、不顾辛劳，一趟趟深入古村落，拍摄了大量精美的图片。江西师范大学的詹鸿生、绩溪的唐祖怀以及小朋友徐天一也有很多贡献。在此向他们诚挚地说：“‘军功章’里，有我的一半，也有你们的一半。”

著名美学家、90高龄的郭因先生，在今年盛夏为本书作序并题写书名，后辈的我在此深深一揖，也送上我深深的祝福。

书就这样出来了，假如你没去过徽州，由此你喜欢上了徽州；假如你已去过徽州，由此你对徽州有了新的认知，我，也包括本书策划与编辑都将感到欣幸。

任何东西都有这样那样的不足，相信本书也是如此，何况我们仍处于深入感知的过程中，真诚地欢迎你帮助指出来，那时，我在心里，将最激动地对你说：你，我终生信赖的朋友。

Afterword

My old friend Qi Yuanping called me last March and asked me to compile the book *Ancient Villages in Huizhou*, which gave me quite a surprise. I wondered why and she told me it was because of my previous experience.

That' s true, and I wrote those essays by sudden brainwave, but this time we need a systematic research and examination.

So she gave me a couple of days to think it over. As a result, I decided to accept the task. On the one hand, for so many years Xu Jing, my wife, and I have toured a lot of ancient villages in Anhui; on the other hand, we do love this "entity" of Hui culture. Meanwhile, I like challenging myself, and this assignment could make me study further into Anhui local-style dwellings and explore the fading history behind the scene.

Since last year, my family visited Huizhou frequently and spent most of our holiday in the ancient villages. After the tour and research, we wrote this book. Because of the limited time, I share some of the writing assignments with several experts in the field. Now I' d like to express my gratitude to them—Hu Chi, Xue Nv, Chen Chaoshu, Wang Jinping, Bi Xinding and Wang Falin.My sincere thanks go to Ms. Mei Xinhui and Ms. Yang Jingjing for their painstaking efforts in the translation of this book.

During the tour in the ancient villages, there are three old men who touched me so much. Mr. Luo Huiding in Chengkan, who is in his seventies, still tries his best to do everything for protection and restoration of historical sites. He only gets 500 Yuan from "the public" per month, which makes him complain but never regret. His great explanation shows a deeper understanding of Luo Dongshu ancestral temple and removes my blind spot on ancient village knowledge. Mr. Zhan Qingde in Hongguan, a university professor from Shanghai, who comes back to his hometown after retirement, collects the historical materials of the ancient villages and begins volunteering as a docent for the tourists all around the world. He guides us into the "back hall" of Huizhou dwellings and gives me a more comprehensive feeling on the pattern of them. Mr Ni Duqing in Zhukou, is committed to the protection and restoration of the dwellings after his retiring from village secretary. As long as someone visits, he always ran to open the heavy doors and explains one by one to all tourists no matter how busy he is. What' s more, he guides me to see a few precious relics which scattered in the corners of the village. They could have enjoying their old age well, but still hustle for the admirable career. I hereby acknowledge with best thanks and wish them longevity and health!

Several of my photographer friends, including Wu Jianping, Fang Decai, Li Suping, Yin Ya, took a lot of beautiful pictures in the ancient dwellings despite of the expense and hardship. Mr Zhan Hongsheng from Jiangxi Normal University, Mr Tang Huaizu in Jixi and my young friend Xu Tianyi also contributed greatly to the book. Hereby I' d like to express my gratitude sincerely to every one of them.

Mr Guo Yin, a famous 90-year-old researcher of Aesthetics, wrote the preface and an inscription of title for this book this summer. I also send my heartfelt greeting to him as a junior.

Finally we succeeded to finish the book. If you fall in love with Huizhou because of our work, or have a new knowledge from this book, it would be a great honor for the authors and editors.

The world is imperfect, so is this book. Still we are on the way of research and study, and welcome the readers' advice or comments. Please accept my appreciation and I will always take this friendship to my heart.

（译：杨菁菁）